本书为国家社科基金项目"我国弱势劳动者群体的就业积极行动制度

张霞 刘勇 张小军◎著

我国弱势劳动者群体的就业积极行动制度研究

——积极促进我国弱势劳动者群体就业的制度思考

西南交通大学出版社
·成都·

图书在版编目（CIP）数据

我国弱势劳动者群体的就业积极行动制度研究：积极促进我国弱势劳动者群体就业的制度思考／张霞，刘勇，张小军著. —成都：西南交通大学出版社，2015.11
　　ISBN 978-7-5643-4420-7

Ⅰ. ①我… Ⅱ. ①张… ②刘… ③张… Ⅲ. ①边缘群体 – 劳动者 – 权益保护 – 研究 – 中国 Ⅳ. ①D922.504

中国版本图书馆 CIP 数据核字（2015）第 287723 号

我国弱势劳动者群体的就业积极行动制度研究
——积极促进我国弱势劳动者群体就业的制度思考

张　霞　　刘　勇　　张小军　著

责 任 编 辑	罗爱林
特 邀 编 辑	顾　飞
封 面 设 计	刘海东

出 版 发 行	西南交通大学出版社 （四川省成都市二环路北一段 111 号 西南交通大学创新大厦 21 楼）
发 行 部 电 话	028-87600564　028-87600533
邮 政 编 码	610031
网　　　址	http://www.xnjdcbs.com
印　　　刷	成都蓉军广告印务有限责任公司
成 品 尺 寸	170 mm × 230 mm
印　　　张	12.5
字　　　数	235 千
版　　　次	2015 年 11 月第 1 版
印　　　次	2015 年 11 月第 1 次
书　　　号	ISBN 978-7-5643-4420-7
定　　　价	48.00 元

图书如有印装质量问题　本社负责退换
版权所有　盗版必究　举报电话：028-87600562

目　录

导　论

一、研究背景、国内外研究现状及研究意义

（一）研究背景

在当前全球经济持续不景气的背景下，我国经济发展也受到许多影响，由此导致我国劳动者的就业压力越来越大，其中弱势劳动者群体面临的就业问题尤其严重。根据国际劳工组织在 1958 年《就业与职业歧视公约》当中的有关规定，所谓弱势劳动者群体是指那些由于诸如性别、年龄、残疾、家庭负担，或社会、历史、文化等原因而一般被认为需要给予特殊保护或援助的劳动者。比如说，在 2008 年的全球金融危机当中，我国突然失业的农民工就高达 2 000 多万人，而总数过两亿的农民工由于历史上遭受的不公平对待一直被公认为是我国当前最为脆弱的劳动者群体。此外，没有工作经验的青年、高龄劳动者、残疾人、妇女等劳动者群体也因为各种原因和情势而经常处于弱势地位，就业比较困难也被认为是弱势劳动者群体。本书将致力于探讨我国可以采取哪些措施来解决弱势劳动者群体的就业难以及如何将这些措施长效化、法制化的问题。

（二）国内外研究现状

在解决弱势劳动者群体的就业问题方面，国外比较成熟的经验之一就是建立体现针对弱势劳动者群体的积极行动制度，它是指对一些基于生理的、历史的、社会的或时势的原因而处于弱势地位的特定劳动者群体采取特别的保护、照顾或优惠措施的制度。在国外，西方国家中包括法学、经济学、政治哲学、社会学在内的学者在 20 世纪下叶以来首先提出积极行动制度的概念，并围绕这个制度是否应该推行进行了非常热烈的探讨，形成了比较成熟的研究。

赞成推行这一制度的观点认为：① 从公平的角度来看，现有的形式平等制度事实上会导致对某些弱势群体的不利，因此必须制定针对弱势群体的积极行动措施，对他们所处的不利地位和脆弱性进行补偿；② 实行积极行动制度可以增强弱势劳动者群体的技能和就业能力，最终变得不再弱势；③ 实行积极行动措施是维护多样性的需要，而多样性的人之间的交流更具有创造性，更能够为雇主和社会创造效益；③ 实行积极行动措施是维护社会和谐与稳定的重要手段。

反对推行这一制度的观点则认为：① 积极行动措施人为地创设了一个特殊的群体权利，并且往往以限制或剥夺个体权利为后果，而这本身就是在制造新的不公平，这是积极行动措施面临的最大挑战；② 积极行动措施会造成很多不效率的结果；③ 该制度容易引发它自身会导致否定能力标准以及被滥用作为操控政治选票的工具的道德疑问。

但是，尽管存在的争议很多，总体上赞成的人却比反对的人更多，因此积极行动措施在世界范围内还是被普遍采用，并形成了专门的法律制度。

在国内，有部分学者主要对于美国的积极行动计划（涵盖教育、就业等方面的政策，后发展为法律制度）的由来、基本情况做了一些介绍，但是专门对就业积极行动制度进行的研究非常欠缺，已有的少量文献（李薇薇、Lisa Stearns, 2006）也主要是对国外的一些做法进行介绍，而对这些做法是否公平、有效以及具体到我国应当如何建立该制度则很少有人进行深入的分析和探讨。这种理论上研究的欠缺或不成熟直接导致了我国在制度上的不完备以及实践中的混乱：在很多领域缺乏相应的专门立法，而已有的一些立法，如《残疾人保障法》等又往往因为规定过于原则，缺乏具体的执行程序，实施效果不好。实践当中出台的很多具体措施也往往是应景式的临时政策和做法，其结果要么以影响经济效率为代价，要么违背基本的公平和平等价值而为人诟病。

（三）研究意义

本书的研究具有重要的理论价值和实践意义：① 在理论上，可以弥补我国当前在这方面一直缺乏比较深入和系统的研究的缺陷；② 在实践上，可以为我国弱势劳动者群体的就业问题的解决提供必要的理论指导和支持，最终通过建立和完善我国相应法律制度的实现对弱势劳动者群体就业的有效保障，进而确保国家、社会的稳定与经济的持续繁荣。

二、研究任务

（一）厘清就业积极行动制度的基本内涵

简言之，就业积极行动制度就是指对弱势劳动者群体给予特殊保护和照顾的制度。从世界范围来看，针对弱势劳动者群体的积极行动措施分为永久性的特别保护措施和暂时性的积极行动措施。

前者主要基于弱势劳动者群体的生理弱势而做出，包括：① 针对妇女以及孕产妇实施的特别保护措施；② 针对残疾人的特别保护措施；③ 针对高龄劳动者的特别保护措施等。

后者主要基于弱势劳动者群体的弱势社会地位而做出，包括：① 资源调配制，即政府将某些特定的社会资源特别分配给受保护群体；② 配额制，指雇主必须雇佣、提升、培训一定比例的弱势群体成员；③ 设定一定的任务或目标的制度，它往往要求雇主事先确定一个改善就业代表性不足的劳动者群体的就业比例的目标和形式；④ 保证上述措施得以顺利实施的审查、报告制度或有关措施等。

（二）对就业积极行动制度的公平性和有效性进行研究

当前，经济形势的突变如经济危机和经济萧条是导致各种积极行动措施出台的直接原因，但深层次的原因主要是基于公平和效率的考量。首先，由于积极行动措施是采取不平等或区别对待的方式达到目的的，所以它通常容易受到公平与否的质疑。但是本书希望通过研究证明，积极行动措施不但没有违反公平，反而恰恰是实现真正社会公平的必要手段。其次，积极行动制度的有效性往往也容易引致争议，本书将集中对此进行研究，包括研究在政治上采取积极行动措施是否能够使国家更加稳定、社会更加和谐以及在这些措施是否能够带来经济上的收益，如果有损失，收益是否能够多于损失。

（三）研究如何界定就业积极行动制度的适用对象

如果要在我国建立就业积极行动制度，首要应当解决的就是怎样确定其主体范围，包括：由谁来制定和实施特别就业保护和照顾措施，哪些弱势劳动者群体可以作为特别就业保护，照顾措施的对象以及为什么。

（四）研究采取何种标准建立我国的就业积极行动制度

本书将研究应该采取何种标准来确定积极行动措施的内容，并确保其公平性和有效性。由于在实践当中永久性的积极行动措施一般争议较少（尽管也有，详见第四章我们对女性禁忌劳动标准的讨论），所以本书的研究主要集中在争议较多的暂时性积极行动措施方面。我们认为，采取暂时性积极行动措施必须遵循以下标准：① 除非有迫切的必要，否则应尽量避免直接给予某个劳动者群体以特别优惠待遇，以免引发不公平和不效率的争议。② 特别的就业保护措施的采取不应当以强制为原则，而应当以促进和激励为原则。例如，政府可以通过各种补贴的方式来促进雇主自愿雇用、提升一些弱势劳动者群体成员。③ 那些特别的照顾性就业保护措施只能是暂时性的，一旦被保护的劳动者群体的就业困难得到了显著改善，该措施就必须予以取消；否则势必造成严重的新的社会不公。

（五）研究我国具体应当采取和可以采取何种积极行动措施

在制定有关就业积极行动措施的时候，除了要重视反对针对弱势劳动者群体的各种歧视之外，可以考虑采取诸如既针对弱势劳动者，也针对用人单位的就业配额、就业补贴等措施以及单独针对弱势劳动者群体的就业培训、创业培训、就业服务、心理指导等措施和制度。

（六）研究如何将我国的就业积极行动措施制度化、法律化

从世界范围内来看，都倾向于将针对弱势劳动者群体的就业积极行动措施制度化、法律化。在就业积极行动法律制度当中，应当包括诸如就业积极行动措施的概念、适用范围、采取就业积极行动措施的原则和条件，就业积极行动措施的表现形式、措施的执行周期和执行终止的原因以及政府、社会、用人单位和劳动者各自的职责、权利、义务、责任等内容。

三、研究目的、研究内容与研究方法

（一）研究目的

本书的研究目的主要包括以下几个方面：第一，研究的总的目的是希望通过研究能够形成对就业积极行动制度的整体认识，填补国内目前在这一领域进行系统而深入的研究的空缺，并为建立与完善我国的就业积极行动制度提供有益的参考和建议。第二，从理论上厘清什么是就业积极行动制度，以及其适用的对象和范围，对于何谓弱势劳动者群体进行法律界定。第三，对于就业积极行动制度面临的公平性和有效性争议进行介绍、分析，并从理论上为就业积极行动制度提供公平性和有效性依据。第四，对促进我国各弱势劳动者群体的就业，从就业积极行动制度的角度进行思考，并提出具体而详细的制度完善意见和建议。

（二）研究内容

研究的主要内容包括导言和正文。其中，导言主要对本书的选题原因、意义、国内外的研究现状以及研究的目的和方法等进行简单的介绍；第一章对就业积极行动制度的有关概念进行界定，其重点在于对什么是就业、就业积极行动制度，以及就业积极行动制度可以采用哪些形式进行介绍和探讨，并对就业积极行动制度的适用对象——弱势劳动者群体进行法律界定，最后确定我国的弱势劳动者群体包括残疾劳动者、女性劳动者、青年劳动者、高龄劳动者以及农民工；第二章就实践当中对于就业积极行动制度所存在的公平性和有效性争议进行分析，并提出建立我国就业积极行动制度的总体构想；第三章对如何建立我国残疾人就业积极行动法律制度进行了探讨；第四章对如何建立我国的女性就业积极行动法律制度进行了研究；第五章对如何建立我国的青年就业积极行动法律制度进行研究；第六章对建立我国高龄劳动者就业积极行动法律制度进行了思考；第七章则对如何积极促进我国农民工就业提出了一系列的法律制度建议。

（三）研究方法

本书具体采用的研究方法主要有：第一，综合运用多学科的知识和研究工具进行交叉研究的方法。本书重点运用法学、政治哲学、经济学、社会学等学科知识进行研究。第二，比较研究的方法。本书通过对国内外的各种观点和有效做法进行比较的方式展开研究。第三，理论与实践相结合的方法或者规范研究与实证研究相结合的方法。课题组积极组织调研，坚持在有关理论的指导下，充分立足实际，始终将建立一个在理论上与实践上都公平而有效的就业积极行动制度作为本书研究的终极目标。

第一章　就业积极行动制度界说

一、就业的概念

就业的概念有广义和狭义之分。从广义上来说，就业既包括根据劳动法规定的在劳动者与用人单位之间订立劳动关系的活动，也包括根据公务员法等有关行政法律法规规定的在纳入公务员编制和事业编制的劳动者与国家机关、事业单位之间订立劳动关系的活动，还包括劳动者自主创业的活动。从狭义上来说，就业通常仅指任何为了劳动报酬或福利（如工资待遇和社会保险待遇）而从事的工作（它主要表现为用人单位雇佣劳动者和劳动者受雇的行为或状态）和劳动者自主经营就业（如举办企业或成为个体商户）的活动。

根据国际劳工组织的有关定义，就业是指在一定年龄阶段内人们所从事的为获取报酬或为赚取利润的活动。凡在规定年龄内属于下列情况者，均属于就业者：① 在规定期间内，正在从事有报酬或有收入的职业的人；② 有固定职业，但因疾病、事故、休假、劳动争议、旷工，或因气候不良、机器设备故障等原因暂时停工的人；③ 雇主或独立经营人员，以及协助他们工作的家属成员，其劳动时间超过正规工作时间 1/3 以上者。可见，国际劳工组织认为就业不仅包括雇佣与受雇的行为或状态，还包括雇主或独立经营人员的自我劳动。国际劳工组织的这个定义并没有明确将在国家机关从事的工作排除在外，可见国际劳工组织采用的是就业概念的广义说。在对本书有关内容进行研究时也采用广义说，即在本书的语境里，就业不仅限于劳动法意义上用人单位与劳动者之间的雇佣活动，还包括劳动者的自我就业行为以及适用公务员法调整的就业行为。

（一）劳动雇佣意义上的就业

劳动雇佣意义上的就业是实践当中最为常见的就业形式，在我国是由劳动法明确规定的内容，它分为两个部分：首先，它意味着一个雇佣行为，即劳动者通过与用人单位签订劳动合同而获得工作的行为；其次，就业意味着被雇佣的状态，即劳动者获得工作之后在用人单位工作的状态。在实践当中，判断某一行为或状态是否属于就业通常以用人单位和劳动者之间是否建立了雇佣关系为前提。这种雇佣关系往往既可以通过书面或口头的劳动合同建立，也可以通过考核、考试的方式建立；既可以通过明示的方式建立，也可以通过默示的方式建立。一般情况下，我们讲的就业主要存在于具有商业性质的场合，企业为了获得利润而雇佣劳动者，而劳动者则为了获得收入而向企业贡献劳动力。但是，事实上就业不仅仅局限于企业与劳动者之间的关系，也广泛地存在于公共机构（包括国家机关）、非营利机构和家政服务当中。从本质上来说，问题不在于在哪里工作，而在于一个人受雇于他人是为了获得一定的报酬，如果你的工作没有报酬，就不是就业而只能被称为"志愿者工作"（volunteer work）。当然，因为就业通常会在用人单位与劳动者之间产生一定的依附关系。例如，劳动者为了获得工作总是处在被动一方，需要接受用人单位的领导和管理，所以往往不能与用人单位形成完全平等的关系。正因如此，它属于劳动关系领域，而有别于在一个民事交易中形成的完全相互平等的关系。

综上，雇佣意义上的就业概念有其固有的两个含义：从就业的主体来说，在劳动者一方包括除自雇劳动者之外的所有具有合法劳动资格的劳动者，而在用人单位一方则既包括雇佣劳动者的企事业单位和个体工商户等传统的雇主单位，也包括雇佣劳动者的国家机关或公共机构。应当注意的是，这里的劳动者不包括在国家机关或公共机构工作的公务员和其他国家工作人员；从就业的内容来看，就业不仅限于缔结劳动关系的场合，还包括劳动者在受雇之后的整个劳动过程。因此，讨论与就业有关的问题也不能仅限于讨论在缔结劳动关系时发生的问题，还必须讨论在劳动过程当中所出现的情况。

（二）适用或准用公务员法的就业

在世界范围内，对于就业概念的认识都是以劳动法意义上的就业为其主体认识，而这一就业形式往往局限在企业和公司等用工领域，但是很多国家的法律在规定有关就业问题的时候，事实上往往又超越了企业和公司的用工范围，而将其覆盖至国家工作人员的劳动范畴。对此比较典型的立法例就是各国的有关平等就业法案，如美国的《民权法案》（第七编）和《就业年龄歧视法案》《残疾美国人法案》等都明确规定其适用对象涵盖国家工作人员的就业。就我国来说，我国的国家工作人员（包括行政机关、司法机关、人大、政协以及政党机关享有公务员编制和事业编制的人员）因为直接适用或准用《公务员法》的规定，因此与《劳动法》上的劳动者有严格区分，乃至我国一些名称当中冠有"就业"的立法，如《就业促进法》往往也不包括国家工作人员的就业。本书之所以将国家工作人员的就业也纳入研究的范围，是因为对就业弱势群体的就业保障必然涉及这一部分劳动者的就业问题，如对妇女和残疾人的就业促进就必须包括促进他们在国家机关和事业单位当中作为国家工作人员而实现就业的内容，否则无法体现对他们的平等保护，更不用说对他们的特殊照顾了。

（三）劳动者自我就业

劳动者自我就业在当前是劳动者实现就业的非常重要的一种形式，在某种程度上甚至是各国最为鼓励的一种就业形式。它不是由劳动者与用人单位通过建立一定的劳动关系或公务关系来实现的就业，其就业目的也不是为了通过出卖劳动力而获得劳动报酬，它是指劳动者以进行自我劳动，自我经营的方式来作为维持自己和家庭生活的收入来源，其获得的主要是利润收入。实践当中比较常见的自我就业情形包括个体工商户、自由职业者、工程承包人、开设公司企业以及其他不通过出卖劳动力而获取收入的行为。

二、 就业积极行动制度的概念

（一）就业积极行动制度的由来

理解就业积极行动制度的关键在于理解何谓"积极行动"。严格说来，积极行动发端于美国的积极行动计划，其英文表述为"affirmative action"，国内亦有人从字面意义上将其译为"肯定行动"，其基本含义为对处于弱势地位的社会群体给予特殊照顾的计划或政策。由于积极行动蕴涵了对于另一部分未获照顾群体的不平等，因此亦有人将其称为反向歧视（reverse discrimination）或积极歧视（positive action）。本书将其统称为积极行动。

1. 美国的积极行动制度

积极行动最早起因于美国的反歧视运动。美国历史上存在着非常严重的种族歧视和性别歧视。林肯时期的南北战争打响了大规模反对种族歧视的第一枪，但是美国的种族歧视并没有随之消失，相反直到 20 世纪中叶，美国仍然是一个种族歧视大国。性别歧视在美国历史悠久，直至 1869 年美国怀俄明州通过了美国第一个承认妇女选举权的《妇女选举权法案》，1920 年美国宪法修正案全面确立了妇女享有选举权的原则。

美国的种族歧视和性别歧视导致美国历史上爆发了大规模的民权运动，其中美国妇女在 19 世纪中叶开始兴起女权运动，最终导致了前述美国宪法修正案承认妇女的选举权。而美国现代最为磅礴的民权运动还是第二次世界大战以来的美国黑人民权运动。第二次世界大战爆发以后，美国不允许黑人参军，也不允许黑人受雇于国防工业和武装部门。这在战争当中引起了报国无门的黑人的极大不满，于是黑人纷纷起来反对针对他们的就业歧视、剥夺他们为国效力的机会，并组织了大规模的反对运动。迫于压力，当时的美国总统罗斯福于 1941 年签署了 8802 号总统令，规定"在国防工业或政府部门雇佣工人，不得因种族、信仰、肤色或民族血统而有所歧视"。第二次世界大战后，杜鲁门总统 1948 年签署 9981 号命令要求军队取消种族歧视，向所有人员提供平等待遇和机会。第二次世界大战结束后，美国经济得到了大发展，但是美国黑人的经济状况并没有得到根本改善。从 1954 到 1964 年间，美国黑人的家庭收入增长相对于白人要略快些，但实际情况是，到 1964 年时，黑人家庭收入与白人家庭收入之比和 1954 年时的结果相同，都是 56%，但是由于两者的增长基础存在差异，因此事实上黑人和白人之间的收入差距进一步拉大。在就业方面，黑人的失业率从 1948 年的 5.9% 猛增至 1954 年的 9.9%，直到 1964 年其失业率仍高达 9.6%。虽然同期白人的失业率也从 3.5% 上升到 1954 年的 5.0%，但黑人和白人的失业率之比由 1.7 上升到 2.0。这表明，同白人相比，黑人的就业地位非但没有好转，反而更加恶化了。[①]以联邦雇佣为例，1961 年 7 月，在整个联邦政府雇员中，黑人虽然占了 12.6%，但 GS-18和 GS-17 级（文职雇员的最高级别）的雇员中分别只有 1 位黑人。国务院系统的 3 674 名外交人员中，黑人只有 15 人。

黑人经济地位的持续弱势在很大程度上缘于美国的种族歧视一直未能断

---

① 张爱民：《"肯定性行动计划"的由来及影响》，载《历史教学问题》2002 年第 3 期，第 39 页。

绝，在就业和教育方面，针对黑人的歧视广泛存在。于是，20 世纪 50 年代以来，在美国兴起了著名的黑人民权运动，运动声势进入 20 世纪 60 年代以后愈发浩大。在此背景下，美国执政者被迫做出反应。1961 年，肯尼迪总统发布了 10925 号令，宣布美国政府有明确的义务，推动和保证所有人不分种族、信仰、肤色或民族血统，在受雇于或申请联邦政府职位时，在争取联邦政府合同时，享有平等的机会。命令规定，此后所有与政府签署合同的合同承包者将不因种族、信仰、肤色或民族血统而歧视任何雇员或求职者。合同承包者将采取积极行动，保证求职者的受雇和雇员的晋升不涉及他们的种族、信仰、肤色或民族血统。类似的行动将包括，但不局限于：雇佣、晋升、降级或调动；招聘或招聘广告；解雇或中止雇佣；工资等级或其他形式的补偿；学徒在内的培训和选拔。合同承包者同意在显著的、雇员和求职人可以接触到的地方，张贴由合同管理官员提供的包括有这些反歧视条款的布告。在该命令中，美国总统第一次使用了"积极行动"这个词。[①]这时候，积极行动主要是作为一种反歧视的政策而存在，直到 1964 年《民权法案》的出台（1991 年再次修订），反歧视以及积极行动才真正在法律上找到了依据。该法第二编全面禁止在旅馆、饭店、戏院、体育馆等公共场合与公共设施实行以种族、民族血统和宗教为理由的歧视行为，并宣布州与地方政府制定的此类歧视性法律无效；第四编禁止在公立学校实行种族隔离，保证个人不因其种族、肤色、宗教信仰与来源国而丧失平等的受教育机会；第六编禁止在联邦财政资助的项目和活动中，以种族、肤色和民族血统为由进行歧视；第七编则对禁止就业歧视问题进行了规定。

　　首先，在实体方面，《民权法案》第七编规定，禁止以下就业歧视行为：① 雇主因为一个人的种族、肤色、宗教、性别或国籍而没有雇佣或拒绝雇佣，或解雇，或在工资、就业期限、就业条件或就业特权方面歧视这个人；或者以任何会剥夺或倾向于剥夺任何个人的就业机会或对任何个人作为雇员的身份造成不利影响的方式来对其雇员或就业申请人做出限制、隔离或等级划分。② 雇佣代理机构因为一个人的种族、肤色、宗教、性别或国籍而没有提及（refer）或拒绝提及该人，或进行等级划分。③ 劳工组织因为一个人的种族、肤色、宗教、性别或国籍而排斥或驱逐某个成员；或者对其成员或成员申请人进行限制、隔离或等级划分，或者以任何会剥夺或倾向于剥夺任何个人的

---

① 华涛：《约翰逊总统与美国肯定性行动的确立》，载《世界历史》1999 年第 4 期，第 33 页。

就业机会或对任何个人作为雇员或申请人的身份造成不利影响的方式来对个人进行等级划分，或没有提及，或拒绝提及该个人；或者导致或试图导致雇主歧视的其他行为。④ 雇主、劳工组织或劳工联合管理委员会因为一个人的种族、肤色、宗教、性别或国籍而在学徒的身份、培训或再培训（包括在职）方面进行歧视。⑤ 任何就业决定都不得因为区别对待而导致在不同种族、肤色、宗教、性别或国籍的劳动者或群体之间形成不平衡的就业比例（如当时白人的受雇比例占到白人总数的80%，而黑人只占到黑人总数的20%）。⑥ 被告因为一个人的种族、肤色、宗教、性别或国籍而在有关雇佣和晋升方面的测试当中修改分数或任何测试结果的方式以排斥该人。⑦ 因为一个人曾经对就业歧视行为进行过指控、作证、协助或参与有关调查、程序、听证而受到雇主、雇佣代理机构、劳工组织或劳工联合管理委员会的歧视。⑧ 与就业有关的宣传、广告、印刷物进行基于种族、肤色、宗教、性别或国籍的歧视。⑨ 在导致区别对待的原因众多时，原告只需证明其中有一个是歧视因素即构成违法，而不论有无其他因素。

在程序方面，《民权法案》一个最大的创新就在于它设立了一个专门进行就业公平执法的权力机构——平等就业机会委员会（EEOC）。该委员会由五位经总统提名而由参议院同意后任命之委员所组成（五位当中不能有过半数来自同一政党），由总统任命一位主席与副主席，任期5年，由主席再任命一些办公室官员、执法人员、聘用律师、代理机构以及从事具体工作的助手来负责委员会事物。委员会根据参议院同意和推荐，并经总统任命设一法律总顾问（general counsel），主要负责管理委员会聘用的律师并处理委员会的诉讼事宜。委员会每年必须向总统和国会进行详细的执法情况报告。委员会主要享有以下权力：① 与有关地方、州或其他代理机构（公共的或私人的）或个人进行合作；② 向有关证人提供相关举证费用开支，并提供有关技术协助，为此委员会专门设立技术协助培训机构；③ 所有的雇主和雇员都必须服从和配合委员会的执法工作；④ 委员会有权受理劳动者的申诉并展开调查，举行听证，或者对一些就业歧视行为（如歧视广告等）主动进行调查，并对争议各方进行调解、协商、劝服等工作，但是委员会在这一阶段的所有工作不能对外公开，否则予以罚款；⑤ 在调解无效之后，委员会有权授权申诉人提起民事诉讼（委员会可以参加）或由委员会以自己的名义独立提起民事诉讼（申诉人可以参加）；⑥ 委员会可以对包括政府在内的任何雇主或组织或个人的就业歧视行为进行调查，但是不能对政府、政治组织独立提起诉讼，而只能交由司法部提起，申诉人可以参加，也可以在委员会和司法部都不提起诉讼的时候自己提起。此外，委员会不能对国会的行为进行调查，但根据《议会责任法案》，国会自己设专门委员会进行调查处理。

《民权法案》集中于规定反歧视，并没有直接对积极行动进行具体描述，但它是积极行动的前提。因为法律明确禁止歧视，相当于给包括黑人在内的少数族裔以及妇女等传统弱势群体提供了真正的平等机会，但是由于之前广泛存在的歧视对少数族裔以及妇女已经造成了严重损害，仅仅给他们以平等机会还不够，原因是他们缺乏参与平等竞争的必要能力。例如，黑人在历史上长期受到歧视和隔离，黑人的受教育程度普遍较低，竞争力普遍不如白人，如果突然让他们去和白人参与平等竞争的话，他们很难抓住机会，注定会失败多成功少。正如约翰逊总统所感叹的："虽然有民权法律方面的进步，但对于贫穷、失业、被剥夺了一切的绝大部分美国黑人来说，他们仍然如同生活在另一个国度。导致这种情况的基本原因首先是黑人陷于难以摆脱的贫困，其次是长期奴隶制度的毁灭性的后果。国家正在通过扶贫计划、教育计划、医疗计划，特别是伟大社会一揽子计划，来克服黑人的贫困。但差异盘根错节，相互加强。黑人将像其他人一样主要靠自己的努力来克服差异，但他们仅凭自身之力是无法做到的。"约翰逊的结论是："对于一个多年戴着脚镣的人，你不会仅仅解开他的脚镣，将他领到起跑线上并对他说'你自由了，可以与别人比赛了'，但是你怎么会相信你所做的是完全公正的呢？所以，仅开启机会之门还不够。我们所有的公民都须具有穿越机会之门的能力。这是为民权而战的下一场更加激烈的战斗。我们追求的不仅是自由，而且是机会，不仅是法律上的平等，而且是人的能力，不仅是权利和理论的平等，而且是事实和结果的公平。"①约翰逊总统的上述讲话实际上相当于对美国接下来大规模的实施积极行动计划提供的注脚，即反歧视仅仅是权利和理论上的平等，但是事实和结果却并非公平，而积极行动的目的就是最终实现结果和实质公平。

从美国联邦和国家的层面来说，在美国真正开始推动积极行动计划的是约翰逊总统在 1965 年颁布的 11246 号总统令 *Equal employment opportunity*。该命令是在《1964 年民权法案》正式生效两个月之后颁布的。命令发布前，美国洛杉矶刚刚发生了大规模的黑人动乱，可以说该命令属于带有安抚情绪性质的救急令。11246 号命令有两个贡献：一是命令宣布"美国政府的政策

---

① 华涛：《约翰逊总统与美国肯定性行动的确立》，载《世界历史》1999 年第 4 期，第 35 页。

是在联邦政府的雇佣行为中向所有合格者提供公平的机会，在雇佣行为中禁止因为种族、信仰、肤色或民族血统而实施歧视，在每一个行政部门和机构中，通过积极的、持续的计划，推动公平雇佣机会的全面实现。为此，命令要求所有政府合同承包者不仅要遵守反种族歧视的规定，而且要采取"积极性行动"，对特定的少数民族在招工和就业的各个方面采取特殊措施（special measures）去纠正自己的行为中可能存在的歧视，并记录采取具体措施的情况。二是根据该命令在联邦劳工部下设联邦合同履行办公室（OFCCP），专门负责执行 11246 号命令。联邦合同履行办公室在 1968 年发布 11246 号命令实施条例，联邦合同履行办公室负责审查所有与政府签订达到或超过 50 000 美元合同或雇工超过 50 人的合同承包商企业的反就业歧视计划，要求这些企业必须有实际的"积极行动计划"，并分别列出雇用妇女和少数族裔的特殊目标和时间表。而这个目标其实就是雇佣妇女和少数族裔的人数和比例。11246 号总统令和联邦合同履行办公室发布的 11246 号命令实施条例正式标志着"积极行动"的形成。①

1965 年以后，美国的积极行动迅速在全美很多地方和行业获得推行，其中又集中在政府项目招标、大学招生、招工三个领域。②比较典型的就是在政府招标方面，美国弗吉利亚州的里士满市规定，申请政府建设项目的主承包商至少应将承包项目总金额的 30% 分承包给少数民族企业（少数民族成员控股的企业，少数民族成员指黑人、拉丁裔人、亚裔人、印第安人和因纽特人）；在大学招生方面，美国加州大学、华盛顿大学法学院、杜克大学等大学纷纷制定了黑人等少数族裔学生或雇员配额制，要求大学必须招收一定比例的黑人学生；在招工方面，很多美国企业也主动制订了"就业积极行动计划"，旨在改善企业当中少数族裔代表性不足的问题。

总体来说，1965 年以后，美国的积极行动计划的发展经历了两个大的阶段：第一阶段是从 20 世纪 60 年代中期至 80 年代初，是积极性行动的兴盛时

① 考虑到民权法案禁止的就业歧视仅限于种族、肤色、宗教、性别或国籍五个方面，其涵盖的范围有限，继民权法案之后，美国国会又陆续通过了就业年龄歧视法和残疾美国人法等。这些法律依然遵循了民权法案的基本精神和原则，但是也有一些独特的地方。例如，残疾人法就规定了一个独特的特别针对残疾人的积极行动制度，即合理的工作调节（reasonable accommodation）制度，它是指雇主有义务为残疾人雇员提供便利设施，并进行工作重组、安排临时性的工作或调整工作时间、重新安排工作或适当调整有关工作测试内容、培训内容和培训政策等，除非雇主能够证明履行这些义务将给他带来不合理的、严重的困难。
② 王平：《美国积极行动政策简评》，载《贵州民族学院学报》（哲学社会科学版）2008 年第 1 期，第 45 页。

期。政府和白人主流社会皆对积极性行动持支持态度，是积极性行动历史上少有的政府积极作为的时期，政府为补偿黑人几世纪以来所遭受的不公正待遇或追求校园的多元化目标，积极推进积极性行动计划在高等教育领域的实施，配额制成为积极性行动的重要特征。同时，立法部门通过一系列法案的制定和颁布，进一步完善和加强了积极性行动。最高法院的法官们也为积极性行动辩护，认为多样化是压倒一切的国家利益，不需要提供任何证据，单凭不平等的现实和结果即可要求补偿，从而做出了一系列有利于积极性行动的司法判决。

第二阶段是从 20 世纪 80 年代至今，基本特征是限制积极性行动的推行。这一时期，政府部门缺乏积极推行积极性行动的热情。布什政府对积极性行动持反感态度，一度试图取消该政策，其间颁布的行政命令和政策法规大多没有实质意义，仅是沿袭惯例性的立法。其后的克林顿政府则迫于共和党的压力对积极性行动做出了修补但不终止的规定，大大削弱了其政策实效性。最高法院由于受到保守派势力的影响，对于积极行动采取严格审查制度，通过一系列判决宣布配额制违宪，认为这种照顾政策造成了对白人和男性的反向歧视，要求积极性行动必须是严密设计的，只有那些能提供明确证据的歧视行为才能得到补偿。到后期，美国部分州甚至进行全民公投，公然宣布取消积极行动。①如加利福尼亚州在 1996 年，密歇根州在 2006 年均取消了积极行动。

在美国，积极行动制度的发展经历了从兴起到衰落的过程，在这个过程当中一直伴随着尖锐的争议。赞同积极行动制度的观点主要认为积极行动是对弱势群体过往所遭受的损失进行补偿和实现多元和多样性的需要。这一观点在积极行动制度发展的第一阶段占据主流地位，但是反对者最有力的观点在于积极行动剥夺了非获益群体及其个人的平等权利，是对他们的反向歧视，特别是积极行动把以族裔和肤色为基础的少数族裔权利置于美国公民权利之上，损害了以勤奋努力和个人奋斗为基础的"美国精神"和工作美德。比如说，一位黑人富商是 20 世纪 90 年代从北非摩洛哥移居美国的投资移民，其远祖与当年被贩卖到北美的黑奴根本不沾边。而一位白人工人家住北方宾夕法尼亚州，其祖先在独立战争结束后移民美国，在南北战争时曾参加联邦军队，为维护联邦完整和废除奴隶制浴血奋战，其家族成员几百年来一直是废奴运动和民权运动的支持者。而且，由于宾州早在 18 世纪独立战争结束前就

---

① 张文静：《美国肯定性行动的政策变迁》，载《清华大学教育研究》2009 年第 5 期，第 82 页。

已立法禁止奴隶制，所以在这位白人劳工家族史上，没有任何人曾奴役过黑奴。可是，在申请进入宾州州立大学医学院的激烈竞争中，尽管白人劳工家族世代在宾州居住并以税金的形式向联邦和州政府交纳了大量金钱，尽管白人劳工的儿子勤奋努力、品学兼优，考试成绩和综合能力高于黑人富商的女儿，但他仍然有可能在入学竞争中输给新来乍到的黑人富商的女儿。显然，在很多诸如此类的个案中，这种只问肤色性别，缺乏具体问题具体分析，为一个黑人富家儿女在竞争中保留特别位置，却把一个白人劳工的儿子排除在外的现象是极不公平的。①反对者的观点在 1980 年代以后逐渐占据上风，最终导致美国积极性制度渐趋衰落。

在美国积极行动制度发展变迁的过程当中，美国最高法院的态度在很大程度上决定着该制度的兴衰。美国最高法院涉及积极行动的判例主要涵盖教育、就业和工程承包三个方面。其中，涉及教育方面最有名的案子是 1978 年的巴克诉加州大学案 Bakke V. Regents of the University of California，438 U. S. 265（1978）。该案的缘由是，加州大学戴维斯分校医学院从 1971 年开始推行一项特别招生计划，即对弱势群体和少数族裔给予保证特定入学比例的配额制，为此即使某个少数族裔学生的成绩没有达到一般性的要求，也能在配额制的保护下获得入学。本案的原告巴克是一位非常优秀的白人学生，他在 1973 年和 1974 年连续两年报考加州大学戴维斯分校医学院，面试成绩都很不错，但是最后都被拒绝，而同时比他成绩差不少的少数族裔学生却在配额制下得以入学。于是巴克将加州大学诉至法院，经过两次审理后，进入最高法院。最高法院九位法官，观点分为三派：第一派是以伯格和史蒂文斯为代表的四位保守派大法官，他们认为加州大学的做法侵犯了巴克的个人平等权利，其特别招生计划违宪，加州大学必须招收巴克；第二派是以布伦南大法官为代表的四位开明派大法官，他们认为加州大学的做法并不违宪；该案的裁决最终以第三派鲍威尔大法官的意见作出，他认为，加州大学的特别招生计划是种族排斥性质，巴克完全不能竞争为少数族裔特别保留的名额，因此他被拒绝给予法律的平等保护，加州大学的特别招生计划不合法，巴克必须被录取。但同时鲍威尔又认为，根据联邦宪法第一修正案，学术自由应得到保障，为此制订的"积极行动"计划也有其存在的理由。在真正的竞争过程中，学校为促进全校学生的多元化，也可考虑种族因素。对于鲍威尔的

---

① 任东来，陈伟，白雪峰：《美国宪政历程：影响美国的 25 个司法大案》，中国法制出版社 2004 年版，第 400 页。

裁决，布伦南分析道，根据种族的区别分类，表面出于良性目的，一旦滥用也会产生巨大风险，其后果完全和恶意区别分类一样。要合法解释这一区别分类，必须证明这样做的重要和明确的目的。他认为，特别招生计划的明确目的是纠正过去的社会歧视。有充分的根据证明，少数种族人数不足问题严重而且长期存在，过去歧视的不利条件阻碍了少数种族进入医学院，纠正过去的社会歧视就是解释为什么采用注重种族计划的原因。当政府有理由相信其纠正的罪恶是过去种族歧视的产物，政府就可以采取注重种族的计划，以期克服少数种族严重和长期的人数不足。按照这一审查方式，特别招生计划就是有效的。反对派观点的代表史蒂文斯则坚持认为，《1964年民权法案》第六章明文规定，凡联邦援助的教育项目，任何人都有权申请，不得因种族、肤色或民族血统被拒绝给予或受到歧视。国会的意图和当事人的权利都不容置疑。种族因素不能成为排除任何人参加联邦资助计划的基础。加州大学长期接受联邦资助，当然也不能例外。美国最高法院对巴克案的裁决充分表明，对于积极行动，美国社会存在极大争议。①

关于就业方面的著名案件是 1979 年的韦伯案（United Steelworkers of America v. Weber，443 U. S. 193）和 1987 年的 1987 年判决的帕拉代斯案（United States v. Paradise，480 U. S. 149）。韦伯案起源于路易斯安那州的一家铝业化工公司，该公司 39%的工人是黑人，但只有 1.83%的黑人是熟练工人。为了使黑人熟练工人的比例与黑人工人的总体比例相称，该公司将一半的培训名额留给了黑人工人。作为一名白人工人，韦伯因此没能获得平等的培训机会，于是将公司告上法院。在法院的多数意见中，开明派大法官布伦南认为，铝业公司预留培训名额完全是私人雇主的自愿行为（而非州政府行为），不在 1964 年民权法第七编的禁止之列，该培训计划也没有要求解雇白人并以黑人取代之，没有对白人的晋升造成实质性障碍。与韦伯案类似的是最高法院 1987 年判决的帕拉代斯案。该案涉及另一个南部州亚拉巴马州警察局黑人警察的比例问题。早在 1972 年，地区法院发现该局成立几十年来从未有过正式的黑人巡警时，就曾要求该局尽力改进这一现状，但收效甚微。直到 1982 年，该局也只有四名黑人警官，而且警衔都很低。地区法院于是下令，在以后的一段时间内，该局每提升一名白人警官，也应相应地提升一名黑人警官。尽管里根当局明确反对这种严格的种族配额制，但最高法院还是以 5

---

① 袁玉红：《美国积极行动政策与实践研究》，中央民族大学 2012 年博士学位论文，第 90-97 页。

比 4 的比例表示支持。在法院多数意见中,布伦南强调,亚拉巴马州长期歧视黑人导致的恶果,只有通过这种措施才能有效地消除,当黑人警官达到一定数量时,配额会自动停止,因此不会给无辜的白人警官带来过多的负担。但有些大法官却认为,即使采取其他不那么激进的手段,一样可以达到缓解歧视的效果。此外,最高法院在 1987 年同样以 5 比 4 的比例判决一起对妇女升职给予优先照顾的案例(Johnson v. Transportation Agency of Santa Clara County,California,480 U. S. 616)。①以上判例表明,在就业领域,美国最高法院对于积极行动的态度尽管还是有争议,但是多数还是持支持的态度。

涉及工程承包的著名案件是两个判决截然相反的案件,一是 1980 年的弗利洛夫案,二是 1989 年的里士满案。为了从根本上提高少数族裔的地位,联邦政府决定扶持他们所开办的企业。1977 年国会通过了 *Public Works Employment Act*,其中的少数族裔企业(minority business enterprises,MBEs)条款规定,凡受联邦政府资助的工程项目,必须预留 10%给少数族裔企业。少数族裔企业指的是,企业 50%以上的股份为黑人、西裔、亚裔、土著、爱斯基摩人或阿留申人所有。由于少数族裔企业的竞争力普遍比白人企业低,白人企业家自然难以接受这种预留措施,面对失去的工程合同,他们希望最高法院能推翻这一立法。1980 年的弗利洛夫案中,最高法院首次对少数族裔企业合同预留问题作出解释,法院多数意见有限度地支持了联邦立法,认为预留工程合同是实现政府紧迫利益的必要手段,但这种预留措施与政府目标之间应该紧密相连(Fullilove v. Klutznick,448 U. S. 448)。而在 1983 年弗吉利亚的里士满一案当中,1983 年该市议会通过一项立法,要求本市的一级承包商,将至少 30%的二级承包合同交给一个或多个少数族裔企业。由于这一规定,克罗森公司(J. A. Croson Co.)失去了本可能得到的承包合同,于是将市政府告上法庭。最高法院推翻了里士满市 30%的预留方案。在法院多数意见中,奥康纳大法官指出,虽然里士满市议会充分享有通过立法纠正歧视的权力,但统计资料显示,该市的少数族裔企业非常少,这样大比例的预留会让这些企业大发横财,这显然有失公平,也有违第十四修正案对州的限制。况且,以种族分类为基础的优待,仿佛是一种恩惠,有可能给受惠者带来耻辱感,加深他们的自卑,并导致种族敌视。因此,以种族为基础的立法,即使是出于善良的救济性目的,也应该与紧迫的公共利益紧密相连,而本案中,里士

① 胡晓进:《肯定性行动与逆向歧视——以美国最高法院的相关判决为中心》,载《南京大学学报》(哲学社会科学版),2008 年第 2 期,第 49 页。

满并没有这样紧迫的政府利益。

里士满案的最终裁决当然受到了布伦南法官的强烈反对。但是随着 1991 年布伦南的退休，最高法院的大法官的保守思想更为严重，对积极行动的司法审查逐渐开始变得严格，加上进入 1990 年代以来，美国社会认为积极行动不再有必要继续存在的呼声日益高涨。其中，1992 年《华尔街日报》和美国广播公司一项民意调查显示，2/3 的美国人认为积极行动政策已完成其历史使命，今后美国政府无需为补偿过去的歧视而特别照顾黑人等少数族裔。1996 年年底，加州通过公投，一致决定在公共就业、教育和工程方面，加州政府不应再对少数族裔给予任何特别照顾，加州大学也相继取消了积极行动计划。①2006 年 11 月，密歇根州也通过一项提案，全面废除积极行动计划，少数族裔与女性将不再仅仅因为自己的身份原因而获得照顾。此前，华盛顿州已经通过了类似的决议。②至此，美国的积极行动计划逐渐走向衰落。

从美国积极行动制度的发展历史来看，积极行动得到广泛支持的原因主要有两个：一是激烈的民权运动促使美国政府和社会不得不考虑弱势群体的利益；二是在美国二十世纪六七十年代对于长期受歧视的少数族裔和妇女确实有进行补偿和特殊照顾的紧迫需要。但是，进入 20 世纪 90 年代以后，美国社会渐趋稳定，民权运动不再是社会潮流，美国政府和社会面临的压力骤然减小，加上美国黑人等少数族裔及妇女的状况已经有了很大改善，积极行动的紧迫性也就不再那么明显，积极行动制度的衰落自然也就变得合理。它说明一个很重要的道理，任何体现对于某一弱势群体特殊照顾的积极行动政策都不应当是长期或永久性的（基于生理原因而给予的特殊照顾除外），一旦当该政策的目标达成，被照顾的弱势群体的政治、经济和社会地位得以真正改善的时候，积极行动必然就会被取消。

2. 其他国际组织或国家的就业积极行动制度

从联合国的角度，对于就业积极性的制度也能寻找到直接的法律依据。1979 年联合国通过了《消除对妇女一切形式歧视公约》，根据该公约成立了条约监督执行机构——消除对妇女歧视委员会，该委员会在其第 25 号一般性

---

① 而加州当时的转变实际上与白人在加州人口的比例已跌落到 50%左右有直接关系。由于白人在加州即将成为少数族裔，白人也将有同等权利要求积极行动政策的特殊照顾。如此一来，积极行动将失去原来的意义。

② 胡晓进：《肯定性行动与逆向歧视——以美国最高法院的相关判决为中心》，载《南京大学学报》（哲学社会科学版）2008 年第 2 期，第 50-51 页。

建议中特别强调积极行动对实现实质平等的意义。它阐述了公约的目的是追求妇女实质上的平等，要求缔约国采取有效的战略以纠正女性代表性不足的问题，以及实现男女之间重新分配资源和权利。而联合国国际劳工组织在1958 年的《就业与职业歧视公约》第 1、4、5 条当中规定，所谓的就业歧视包括：① 基于种族、肤色、性别、宗教、政治见解、民族血统或社会出身等原因，具有取消或损害就业或职业机会均等或待遇平等作用的任何区别、排斥或优惠；② 有关会员国经与有代表性的雇主组织和工人组织（如存在此种组织）以及其他适当机构协商后可能确定的、具有取消或损害就业或职业机会均等或待遇平等作用的其他此种区别、排斥或优惠。但是，公约同时又规定，以下情况不属于歧视：一是国际劳工大会通过的其他公约和建议书规定的保护或援助的特殊措施不应视为歧视；二是凡成员国经与有代表性的雇主组织和工人组织（如存在此种组织）协商，得确定为适合某些人员特殊需要而制定的其他专门措施应不被视为歧视，这些人员由于诸如性别、年龄、残疾、家庭负担，或社会或文化地位等原因而一般被认为需要特殊保护或援助。而上述歧视除外规定的第二条即是对就业积极行动的肯定性描述。国际劳工大会还在 1980 年通过了《老年工人建议书》（老年工人即为本书所称的高龄劳动者），建议各成员国在工作条件和社会保障事务中应考虑老年工人的特殊需要，使老年工人根据方便安排他们的工作时间，向他们提供非全日制就业和灵活工作时间，并确保工作时间逐步减少。同时，采取适当措施改善会加速老化的工作条件和工作环境；对超出有关老年工人的能力、导致压力或过度紧张的工作组织形式和工时进行变更，特别是限制加班工时；利用一切技术手段，调整老年工人的工作及其内容，以便保证健康、防止事故和维持工作能力。1983 年的《（残疾人）职业康复和就业建议书》则建议，对于那些不能马上找到全日制工作和可能不适宜于从事全日制工作的残疾人来说，各成员国应当根据他们个人的能力，为他们提供非全日制就业和其他工作安排。这些公约或建议为各国制定国内的就业积极行动制度提供了必要的依据和指导。

欧洲对于就业积极行动也多持肯定态度。例如，1995 年欧盟委员会将性别的积极行动解释为包括所有旨在促进男女机会平等的措施。1991 年意大利议会第 125 号令将肯定行动定义为为消除任何实际上有碍平等机会实现的障碍而采取的措施。1976 年 5 月欧盟《男女平等待遇指令》第 2 条 2 款规定：平等待遇原则是指不得基于性别，尤其是关于婚姻和家庭岗位给予任何歧视。第 4 款同时又规定：本指令并不影响为男女机会平等，尤其为消除影响妇女机会不平等而采取的措施。积极行动就是为消除该不平等而采取的措施之一。1997 年修订的《阿姆斯特丹条约》第 141 条规定：为保证男女工作中事实上的全面平等，平等原则并不妨碍成员国保留或采取特别优惠措施，使代表性不足的性别成员更容易从事职业活动，或防止或弥补就业中的不利地位。在该规定当中，欧盟提出了"事实平等"，也即"实质平等"的概念，作为弥补仅仅强调形式平等可能会导致对弱势群体不利结果的缺陷的理论依据。随后，欧洲法院在 1997 年的 Marschall v. Land Nordrhein-West-falen 案中作出了承认就业积极行动的判决。该案原告是一位男子，他与一位女同事同时竞争一个提拔的岗位，按照当地的法律规定，如果在较优越的职业领域内，女性比例少于男性，在资历、能力和专业水平相等的情况下，优先考虑提拔女性，除非男候选人具有专门对其有利的理由。但欧洲法院在判决中充分考虑了新修订的《阿姆斯特丹条约》。法院认定，在同等条件下优先提拔女性的国内立法不违反《男女平等待遇指令》，只要对所有候选人都给予客观的评价。①从欧洲国家来看，多数国家都有关于就业积极行动制度的规定。以英国为例，在英国法当中，对于积极歧视（positive discrimination）的规定也是一个重要的内容。所谓积极歧视，是与积极行动相同的概念，是指对传统上在就业当中没有被充分代表的妇女、少数民族、残疾人等群体予以优惠待遇，而其反面就是对传统上在就业当中已经被充分代表的群体给予差别待遇。不过应当指出的是，英国法在表述上尽管经常给人的感觉是它们是专门保护妇女、少数民族、残疾人等弱势群体的法律的，事实上它们的反歧视规定同样适用于对男性或非少数民族或非残疾人的歧视，而积极歧视将构成对男性或非少数民族或非残疾人的直接歧视，但在英国却不允许用一般性的理由来为直接歧视进行辩护，所以人们通常认为积极歧视除非是有法律的明确规定才能具备正当性。②英国《残疾歧视法》《性别歧视法》《种族关系法》《就业公平（性取向）规则》《就业公平（宗教和信仰）规则》都限制性地规定了一些积极歧视条款。如《性别歧视法》第 48 条就允许雇主实行单性培训计划和偏向性的雇佣行为(不论男女)，以改善以往没有被充分代表的性别群体的就业情况。《种族关系法》第 38 条、《就业公平（性取向）规则》第 26 条和《就业公平

---

① 李薇薇：《平等原则在反歧视法当中的运用和发展》，载《政法论坛》2009 年第 1 期，第 132-133 页。

② 但实际上根据欧盟法院的判决，某些直接歧视也是可以被辩护的（C-273/97 Sirdar v. Secretary of State for Defence，judgment of 26 Oct.1999）。

（宗教和信仰）规则》第 26 条也有类似的规定。而在对残疾人的积极行动方面，英国更是早在 1944 年的《残疾人就业法》当中就规定，凡是有 20 名以上雇员的企业，有义务雇佣 3%的登记残疾人雇员，公共部门则是自愿遵守。雇主必须有执行配额制的记录，如果低于配额，雇主则必须给予残疾申请人以优先权。英国政府 1946 年规定，电梯操作员和停车场管理员只能由残疾人担任。英国 1985 年的公司法还规定，250 人以上的公司必须在每年的年度报告中说明其过去一年当中在雇佣、培训、提升和职业发展中对残疾人的政策。

除了英国，德国、法国、比利时、荷兰、瑞典等其他欧洲国家也都有类似的立法。例如，在残疾人就业方面，多数国家都有规定残疾人就业配额制，如果没有达到法定的残疾人比例，雇主将会受到处罚。荷兰法特别强调在创造一个新的工作或岗位的时候要优先考虑是否适合残疾人。德国法也要求雇主在某个职位空缺时，应当首先检查是否适合残疾人，每个雇主都必须安装和维护适合残疾人的工作室、厂房、机器和工具，以使最大数量的严重的残疾人能够获得比较长久的就业。在希腊，法律规定公共部门的一定比例的职业必须由残疾人或其他受保护的群体来担任；在丹麦、希腊和意大利还规定，有视力障碍的残疾人可以获得话务员和物理治疗师以及教师的职业保留。此外，欧洲各国对青年劳动者的职业培训、高龄劳动者的就业机会保障等也都有特别照顾的规定，充分体现了对于弱势劳动者群体的积极行动。

3. 我国的就业积极行动制度

在我国，很少有人将针对弱势群体的政策和立法归结为积极行动制度，但事实上我国的积极行动政策和立法并不少见。我国当前的就业积极行动政策和立法主要集中于以下几个方面：

第一，针对少数民族的积极行动。由于历史原因，我国少数民族在发展方面总体上处于弱势，加上我国少数民族众多，民族团结问题非常重要，因此为了加速少数民族的发展和促进民族团结，我国的少数民族政策历来就是对少数民族采取各种特殊照顾和优惠政策。在政治上，我国法律允许少数民族聚居区实行区域自治，自治区享有一定的独立立法权；在经济社会生活方面，国家对于少数民族地区每年都会划拨远多于非少数民族聚居区的补贴经费，并制定各种倾斜性的政策来促进其发展；在教育上，一直实行各种升学考试给少数民族加分的政策；在就业上，也推行有限度的少数民族就业配额政策。可以说，我国的少数民族优惠政策已经实行了几十年，效果明显，少数民族的发展迅速，受教育程度和经济水平大幅度提高。总体来说，我国的少数民族政策因为蕴含了迫切的政府公共利益目标（促进民族团结和缩小发展差距），因此其正当性与合理性一直未受质疑。但近些年，国内已经出现了一些不同的声音，主要针对的是少数民族教育优惠政策（事实上它也是一个关乎少数民族就业的问题，因为是否受教育以及受教育的程度直接决定着就业情况的好坏）。原因是经过了那么多年的发展，现在很多少数民族与汉族之间已经实现了大部分或完全融合，彼此实际上已经很难区分，因此对那些与汉族家庭相比没有差别，甚至条件更好的少数民族家庭学生仍然给予加分优惠，对于汉族学生而言，实在是不公平，有违平等原则。其所引起的争议与美国积极行动后期衰落时的状况相似，即当美国少数族裔的经济状况和受教育程度已经得到极大改善的情况下，再坚持少数族裔的入学配额制就显得没有必要，因此当前我国少数民族教育优惠政策确实面临重构的问题。至于在就业方面对于少数民族的特殊照顾目前尚未引致社会争议，因此短时间之内尚没有重新思考和调整的必要。

第二，针对农民工的积极行动。我国的农民工主要来源于两个方面：一是农村富余劳动力，二是在城镇建设过程中因为征地而失去土地的农民。不论是哪一类，由于我国历史上长期实行以农辅工的城乡二元分割体制，农民无论是政治地位、经济地位、受教育程度乃至就业技能等各方面相对于城市居民而言，都处于弱势地位。为了弥补农民在历史上所受到的不公正对待，也为了促进农民境况的改善，当前我国采取了一系列的体现出对农民特殊照顾的政策和优惠措施。例如，为了促进农村学生提高就业技能，我国实行农村学生参加中等职业教育全免费制度，而城市学生享受不到这种优惠。另外，基本上各地都有专门针对农民工的职业培训计划和经费补贴，促进农民工创业就业的贷款和税收优惠政策等。当前从我国收入分配角度，农村收入和城市收入的差距仍然呈剪刀差扩大，在今后相当长的一段时间提高农民收入都将是我国发展当中的一个重要任务，因此体现对于农民或农民工的特殊照顾政策（积极行动）仍将长期存在。

第三，针对妇女和残疾人的积极行动。我国针对妇女和残疾人的积极行动的法律化程度在当前是最高的。我国有两部法律是专门针对妇女和残疾人进行特殊保护的，分别是《妇女权益保障法》和《残疾人保障法》，此外《劳动法》当中还有针对女职工保护的特别规定，国务院也专门颁布了《残疾人就业条例》以促进残疾人就业。在这些法律当中，都规定了不少针对妇女和残疾人的积极行动措施。例如，针对妇女就业问题，法律规定了妇女依法享受带薪产假、不安排重体力劳动、不安排夜班工作、用人单位按比例促进妇女就业等特别照顾制度；针对残疾人就业问题，法律规定了残疾人按比例就业、残疾人集中就业、政府补贴残疾人创业就业以及政府开发公共岗位促进残疾人就业等特别照顾制度。就目前而言，针对妇女和残疾人的就业积极行动制度亦尚未受到任何挑战。

除了以上群体之外，我国现有的积极行动还针对青年学生（特别是大学毕业生）、长期下岗职工等展开。所采取的措施主要是各种政府激励，包括专门针对大中专毕业生的创业扶助计划、信贷和税收优惠计划等。

（二）概念的界定

综上所述，我们可以将就业积极行动制度归结为，对一些基于生理的、历史的或社会的原因而处于弱势地位的特定劳动者群体（包括诸如妇女、残疾人、少数民族、年老劳动者等，在我国还包括农民工）采取特别的照顾或优惠措施的制度。该制度的核心是只对那些处于弱势地位的劳动者给予各种特殊照顾，而并非针对所有劳动者而实施。其目的在于通过对特定弱势群体的照顾，来改善他们的就业条件，提高他们的就业能力，最终实现充分和平等就业。就业积极行动制度在很多时候是以立法的形式体现的，[①]有时也以政府政策的形式予以表现。

积极行动的概念具体可以包括广义和狭义上的理解。从广义上来说，它涵盖了对一些特定主体实施的所有特别保护、照顾或优惠措施。严格说来，这些措施在实践当中主要包括两个方面的内容：

1. 永久性的特别保护、照顾或优惠制度

这一制度主要针对那些在生理上处于相对弱势的特定劳动者群体，如妇

---

① 如国际劳工组织 1958 年的《就业与职业歧视公约》规定，成员国可以为满足某些人员（他们由于诸如性别、年龄、残疾、家庭负担，或社会或文化地位等原因而一般被认为需要特殊保护或援助）的特殊需要而制定专门的保护或援助措施。美国 1990 年的《残疾人法》规定，雇主有义务为残疾人雇员提供便利设施，并进行工作重组、安排临时工作或调整工作时间、重新安排工作或适当调整有关工作内容、培训内容和培训政策等，除非雇主能够证明履行这些义务将给他带来不合理的、严重的困难。1986 年的英国《性别歧视法》则允许雇主实行单性培训计划和偏向性的雇佣行为，以改善以往没有被充分代表的性别群体的就业情况。我国的《妇女权益保障法》《残疾人保障法》《劳动法》也有类似规定。

女、残疾人和高龄劳动者等群体。这些劳动者往往因为其生理特征是不可改变的，由此产生的生理需要通常是永久性的（除非新的科技可以改变这些生理需要），因而这些特别保护、照顾或优惠制度通常也就具有永久性。它主要表现为：第一，针对妇女以及孕妇或产妇实施的特别保护措施。如众多国家和地区一般都规定妇女每月可以享有一定的生理假，禁止安排孕妇从事体力劳动、具有危险性的劳动和夜班劳动，应当适当调整孕妇工作时间，禁止解雇孕、产妇，必须给产妇提供产假以及产假津贴和工资待遇，允许妇女为了抚育婴儿而停薪留职等；第二，针对残疾人的特别保护措施，如尽量安排符合残疾人生理特征的工作、工作时间、工作地点，重组工作内容，为残疾人提供便利的生活和工作设施，对不适应工作的残疾人提供再培训和重新分配工作等；第三，针对其他人的特别保护措施，如禁止安排童工或年老工人从事危险或夜班工作。

2. 暂时性的特别保护、照顾或优惠的制度

这一制度是主要针对某些基于历史或社会原因而受到长期的和固有的歧视，并因此处于弱势地位或处于社会不平等地位的劳动者群体给予特殊保护、照顾和优惠的制度。对这些受保护群体而言，即使有反歧视法的保护，要求给予他们以平等待遇，但这些群体由于无法摆脱历史上已经形成的弱势地位，社会的不公平结构依然很难消除。[①]以我国的农民工为例，在就业的过程中，尽管现行《就业促进法》已经明确反对户籍歧视，据此雇主不能对农民工进行歧视，但是对农民的歧视和偏见根深蒂固并已经导致绝大多数农民都存在受教育水平和工作技能低等问题，因此即使他们可以与城市居民进行平等竞争，可在事实上他们仍是处于明显的竞争弱势地位。所以，为了促进社会公平，很多国家和地区采取一定的特别补救措施以改变这些弱势群体的现状。但是，这些措施往往具有暂时性的特征，一旦那些弱势群体的力量得到增强，当他们在就业市场上具备足够的代表性，并且对他们的历史偏见得以消除而保证不歧视他们的氛围得以自然而然地形成时，这些补救措施就将被取消。换言之，当传统的弱势劳动者群体变得不再弱势时，相应的就业积极行动制度就应取消。

---

① 以我国农民工为例，尽管在反歧视法（如《就业促进法》和《劳动合同法》中的反歧视规定）的调整下，雇主不能对农民工进行歧视，但历史上对农民的歧视和偏见根深蒂固并已经导致绝大多数农民都存在受教育水平和工作技能低等问题，因此即使与城市居民劳动者进行平等竞争，他们事实上还是会处于天然的不对等地位。

暂时性的积极行动制度通常表现为以下形式：① 资源调配制。即政府将某些特定的社会资源直接分配给受保护群体。如我国政府每年有大量的预算资金用于全国范围内重点针对弱势就业群体开展就业技能培训，从而提高他们的就业能力，促进他们公平就业。② 配额制，它是指雇主必须依法雇佣、提升、培训和提高一定比例的弱势群体成员。①如前述，美国很多大学有保证黑人学生或少数民族学生一定入学比例的规定，其目的在于保证这些学生今后能够获得社会地位较高的工作职位。②而印度始于 1990 年的预留配额制也要求大学必须录取较低种姓和部落成员的人数必须占到学生总人数的一定比例，这些规定和要求直接决定那些受到照顾的群体成员今后的就业形势。③ ③ 补贴制，它是指为了鼓励和吸引雇主照顾弱势劳动者群体就业而建立的补贴优惠制度。如向致力于促进弱势劳动者群体就业的企业提供政府合同或税收优惠等，其中美国主要采取提供政府合同的方式，④而德国则采纳了旨在鼓励雇佣残疾工人的税收补贴方案。⑤在实践当中，我国也有不少类似立法和政策，如我国对于吸纳特定弱势就业群体成员就业或参加职业培训的企业给予工资补贴以及对弱势就业群体成员创业给予税费减免、信贷优惠等做法即为适例。④ 设定一定的任务或目标的制度。它往往要求雇主事先确定一个改善就业代表性不足的妇女或少数族群等的就业比例的目标，具体采用的形式则多样化，并且允许雇主自己选择达到目标的方式。前已述的美国规定与政府有合同的雇主必须制定雇佣妇女和少数民族的特殊目标的制度即为适例。

以上是对积极行动概念的广义解释，而从狭义上来说，有人将积极行动

① 这在有些国家是直接以立法形式要求的。如我国《残疾人保障法》就规定，用人单位应当按照规定比例安排残疾人就业，并为其选择适当工种和岗位；国家对安排残疾人就业达到、超过规定比例或者集中安排残疾人就业的用人单位和从事个体经营的残疾人，依法给予税收优惠和各种扶持。比利时法律也规定，雇主必须每年空出 4%～10%的岗位给有能力就业的残疾人。

② See DeFunis v. Odegaard，416 U.S. 312（1974）and Bakke v. Regents of the University of California，438 U.S. 265（1978）。

③ 埃丽卡·李·纳尔逊：《印度采取的积极措施颠倒种姓地位》，《华盛顿邮报》，2006 年 9 月 25 日。

③ 根据美国的有关法案，美国政府规定，凡是和政府有五万美元以上合同的企业必须制定雇佣妇女和少数民族的特殊目标，否则将丧失政府合同。

④ 根据美国的有关法案，美国政府规定，凡是和政府有五万美元以上合同的企业必须制定雇佣妇女和少数民族的特殊目标，否则将丧失政府合同。

⑤ See Pfaff M，Huber W：*Disability policy in the Federal Republic of Germany*，in Public Policy Towards Disabled Workers：Cross - National Analyses of Economic Impacts ed，Robert Haveman et al.，Ithaca：Cornell University Press，1984.

的概念仅限于暂时性的特别补救措施，并不包括永久性的特别措施。①本书将对这两种措施进行必要的分析，但是以暂时性措施为主。

三、就业积极行动制度的对象——弱势劳动者群体的界定

（一）问题的提出

一般情况下，在社会强势群体与弱势群体之间容易发生歧视，主要表现为前者歧视后者。而就业积极行动制度在形式上则刚好反过来，它通常体现为对弱势群体给予特殊的保护、照顾或优惠，而这种特殊的保护、照顾或优惠，并不能由社会强势群体所享有，故表现为对传统上强势群体的歧视，积极行动被称为反向歧视也即这个原因。当前，在世界各国几乎都有专门针对弱势劳动者群体给予特别照顾的立法和政策，国际法方面，国际劳工组织以及其他一些地区性组织（如欧盟）也有相应的规定和要求。但是，尽管这种对于弱势劳动者群体的特殊照顾措施已日趋立法化和制度化，理论上对于究竟何谓弱势劳动者群体却一直没有得到很好的厘清。因此，有必要对我国弱势劳动者群体这个概念及其界定进行探讨。

合理界定弱势劳动者群体的意义，至少可以体现在以下三个方面：第一，制定有关社会政策或纲要所需。当下我国已经有大量的具有反向歧视性，或者说具有特殊照顾性的就业积极行动政策，其政策目标就是促进社会上某些处于弱势地位的劳动者就业，但是这些政策究竟指向谁却一直没有一个统一的说法，导致政策的制定具有盲目性，比较混乱，缺乏可操作性。第二，制定有关立法所需。社会政策往往缺乏必要的权威性和稳定性，很多时候也难以获得必要的正当性，因此必须通过法律化来实现其正当性、权威性和稳定性，但是任何法律都必须有确定的调整主体和对象，就业积极行动法律制度的建立必须对何为弱势劳动者群体做出界定。第三，实现社会公平，促进社会和谐所需。如果不能合理地确定何谓弱势劳动者群体，现实当中大量的特

---

① Lisa Stearns：《暂行特别措施——推进平等的工具》，载李薇薇、Lisa Stearns：《禁止就业歧视：国际标准和国内实践》，法律出版社 2006 年版，第 61-62 页。

殊照顾政策和立法就有可能造成社会不公，进而影响和谐社会的建设。因为错误地界定弱势劳动者群体，就意味着有可能错误地将社会资源给予不该给予的对象，而真正处于弱势地位需要帮助的劳动者却无法得到必要的资源。

（二）相关概念的澄清

1．社会弱势群体的概念

论及弱势劳动者群体，首先必须清楚何谓社会弱势群体，因为弱势劳动者群体属于社会弱势群体的一个组成部分。但是在当下，人们对于何谓社会弱势群体却尚存疑惑或多有争议，因此有必要重新对社会弱势群体进行界定，这将有助于我们进一步深入了解何谓弱势劳动者群体，以及怎样界定弱势劳动者群体。应当说，在我国对于社会弱势群体的讨论其实已经不少，这些讨论主要从社会学和法学的角度进行认识，现做一简要介绍。

从社会学的角度，有学者认为，社会弱势群体是指由于社会结构急剧转型和社会关系失调或由于部分社会成员自身的某种原因而造成对于现实社会的不适应，并且出现了生活障碍和生活困难的人群共同体。①或者认为，社会弱势群体是由于某些障碍及缺乏经济、政治和社会机会，而在社会上处于不利地位的人群。这些人之所以被认为是弱势群体，是因为在现有的社会制度和政策安排下，他们在经济、政治和社会生活中不得不处于较低地位，他们同主流人群不能平起平坐。②也有学者认为，社会弱势群体是一个相对的概念，即在具有可比性的前提下，一部分人群（通常是少数）比另一部分人群（通常是多数）在经济、文化、体能、智能、处境等方面处于一种相对不利的地位。③

从法学的角度，有的学者认为与社会强者（包括特权者即那些拥有法律之外权利的人和强权者即那些权利拥有充足、实现权利顺畅的人）相比，所谓社会弱者往往都表现为权利拥有不足或存在权利实现障碍的状态。所以，社会弱势群体即由于主客观原因所导致的、在社会生活中因为权利欠缺或存在权利实现障碍，处于社会不利地位的人群。④有的学者则将社会弱势群体划分为三大类：第一类是自然性的弱势群体，它主要是受生理原因（如性别、

---

① 钱再见、高晓霞：《弱势群体社会保护中政府责任的理论求证》，载《河南师范大学学报》（哲学社会科学版）2002 年第 6 期，第 1-5 页。
② 王思斌：《社会转型中的弱势群体》，载《中国党政干部论坛》2002 年第 2 期，第 19-22 页。
③ 李林：《法治社会与弱势群体的人权保障》，载《前线》2001 年第 5 期。
④ 冯彦君：《社会弱势群体法律保护问题纲》，载《当代法学》2005 年第 7 期，第 37-43 页。

残疾）或自然原因（如自然灾害）影响的人群；第二类是由社会性的或体制性的原因而形成的弱势群体，如失地农民、农民工；第三类是其他原因导致的弱势群体，如消费者、被拆迁人等。①还有学者认为弱势群体是由于自身能力、自然或社会因素影响，其生存状态、生活质量和生存环境低于所在社会一般民众，或由于制度、法律、政策等排斥，其基本权利得不到所在社会体制保障，被边缘化、容易受到伤害的社会成员的概称。②

以上关于社会弱势群体的概念只是罗列了极少几种观点，事实上如果全部到举出来至少有几十种之多。但是，观点的众多正好说明了一个它们都没有解决的问题，就是对何谓社会弱势群体几乎到现在仍然没有一个统一和确定的标准，认识非常混乱。我们认为，要解决这一困扰问题，应当从以下几个方面对社会弱势群体的概念加以认识：

（1）社会弱势群体的落脚点应当是"弱势"。对于何谓弱势，有学者认为主要体现为：① 身心弱势。如伤、病、残，老、弱、妇等。② 经济资源的贫乏。③ 社会权力资源弱势。弱势群体由于"远离社会权力中心"，掌握的资源很少，尽管人数众多，但他们的声音很难在社会中发表出来。④ 社会关系资源弱势。⑤ 社会声望和职业地位弱势。⑥ 教育和培训资源弱势。③这种观点对于弱势的描述非常具体，比较细致地归纳出了弱势的基本内涵，但是缺乏必要的抽象和概括。我们认为，弱势群体的弱势应当从"三个劣势"上加以认定：一是在资源的占有上，某个群体总体上处于公认的劣势；二是在能力上，某个群体总体上处于公认的劣势；三是在权利的享有和实现上，总体上处于公认的劣势。

（2）社会弱势群体强调某个群体的共性。群体性是社会弱势群体的基本属性，因此它通常会忽略该群体当中个体成员的个性。也就是说，尽管某个群体因为具备弱势共性而被归为弱势群体，但这并不意味着这个群体的所有成员都属于弱势，相反它也意味着并非某个非弱势群体当中的所有成员都处于社会强势地位。我们认为，之所以强调群体概念，而非个体概念，更多的是从统计上的成本节约和制度设计方便的角度出发。比如说，如果仅以前文所述的"三个劣势"来判断弱势个体的话，面临的一个重要问题就是：所谓

---

① 李昌麒：《弱势群体保护法律问题研究》，载《中国法学》2004 年第 2 期。
② 余少祥：《法律语境中弱势群体概念构建分析》，载《中国法学》2009 年第 3 期，第 64-72 页。
③ 周长明：《论弱势群体与和谐社会构建》，载《西南民族大学学报》(哲学社会科学版)2005 年第 9 期，第 134-138 页。

劣势是一个比较概念，甲比乙处于劣势，乙比丙处于劣势，丙又比丁处于劣势，如此比较下去，究竟谁是弱势个体则很难确定。而以群体比较则因为具有高度概括性，可以避免这种重复叠加比较的困难。例如，我们说妇女和农民属于弱势群体，这两者之间没有必要也无法进行比较，但相对容易统计和分类，在进行有关制度设计的时候也更加容易确定调整对象和范围。尽管这样的粗略做法可能并不公平，例如让有些弱势群体当中的非弱势成员享受了特殊照顾，而非弱势群体当中的弱势成员则无法享受必要的特殊照顾，但是当绝对的公平无法实现的时候，大致的公平或者说大多数人能够实现的公平也应当是社会可以接受的。

（3）要注意区分临时性弱势与长久性弱势。有些弱势群体是长久性或永久性的弱势，如基于性别、残疾的原因或某个长期的社会制度而处的弱势，而有些弱势群体是暂时性的弱势，如基于某个突发的自然灾害或某个特定的经济恶劣情势或某个短期的社会政策的影响下所处的弱势。通常来说，只有那些处于长久或者永久弱势的群体才能被认定为弱势群体。而那些短暂处于弱势的群体则不属于弱势群体。例如，因为经济危机而失业的劳动者就并不能简单地认定为弱势劳动者，金融业的白领们即使失业也可能比社会上的大多数人强，同样的道理在一些因为自然灾害而暂时处于就业困难的群体也不能简单地归为弱势群体。

之所以要做上述区分的原因在于，国家对于社会弱势群体往往要通过制定一些特殊照顾措施以弥补其弱势所带来的不利后果，而这些措施要得以顺利施行在很大程度上又赖于将其制度化、法律化。而如果某个法律或制度乃至政策所针对的对象有可能在很短的时间内就发生改变的话（从暂时的困难当中很快恢复过来），那么该制度或政策就会丧失起码的稳定性和延续性，给人以朝令夕改的感觉，从而进一步降低其权威性和执行效果。

（4）导致某个群体弱势的原因既包括生理上的原因（如身体残疾、性别等），也包括非生理上的原因（如历史、文化、制度等），但是这些原因都属于该群体自己无法控制的客观原因。需要说明的是，有学者指出，在概念上应该区分弱势群体和特殊群体，特殊群体即由于生理或体能原因，其权利和一切合法权益受到特殊保护与特殊对待的一部分人，包括妇女、未成年人、老年人、残疾人等，而特殊群体当中因为并非所有人都处于弱势地位，所以其不同于弱势群体。①我们认为，这种观点想要严格区分每个社会成员谁处

---

① 余少祥：《法律语境中弱势群体概念构建分析》，载《中国法学》，2009 年第 3 期，第 64-72 页。

于弱势，想法很好，但是明显缺乏可操作性，其理由就是存在前述统计和制度设计上的障碍。

（5）社会弱势群体具有应受特殊照顾性。这一属性凸显了社会弱势群体因为处于弱势地位，仅靠自身的努力无法彻底摆脱的情况下，为保障他们的基本权利和获得一个体面的生活，国家或社会有责任对他们提供特别帮助和照顾。这一属性体现的特殊照顾由于仅能由弱势群体享有，而非弱势群体无法享受，所以又体现出明显的反向歧视性。

综上，本书认为所谓社会弱势群体的定义应当是：在一个社会当中，基于生理或非生理的原因而在资源占有上、能力上以及权利的享有和实现上处于长久性或永久性弱势地位而应受国家或社会特殊照顾的社会群体。

2. 弱势劳动者群体的概念

弱势劳动者群体的概念是在社会弱势群体概念的基础之上发展而来的，弱势劳动者群体属于社会弱势群体的一个部分，两者属于种属关系。所谓弱势劳动者群体，前文已经提及。根据我国已经批准加入的国际劳工组织《就业与职业歧视公约》第一条第三款以及第五条之规定，弱势劳动者群体是指在获得职业培训、获得就业和特定职业，以及就业条款和条件等方面由于诸如性别、年龄、残疾、家庭负担，或社会或文化地位等原因而一般被认为需要给予特殊保护或援助的群体。这个概念揭示了导致某个劳动者群体处于弱势地位的原因（即性别、年龄、残疾、家庭负担，或社会或文化地位等原因），归纳了劳动者处于弱势群体地位的领域和范围（即在获得职业培训、获得就业和特定职业，以及就业条款和条件等方面），最重要的是，它指出了弱势劳动者群体的应获特殊保护和援助性的特点，这也正是本书所要着力论述的地方。

相对于社会弱势群体这个属概念，弱势劳动者群体作为一个种概念，既具备社会弱势群体的一些共性特征，也有自己的一些独有的特征，具体表现在以下几个方面：

（1）从主体来看，弱势劳动者群体仅限于在法律上有资格或能力参加劳动就业的劳动者。这一特点相当于排除了那些在法律上或者在能力上完全不具备劳动就业资格或能力的人。而社会弱势群体相较于弱势劳动者群体，其所涵盖的主体范围则更加广泛，包括了社会上所有处于弱势地位的人，不仅限于劳动者。例如，完全丧失劳动能力的老年人或残疾人等就可以被视为社会弱势群体，但不能被视为弱势劳动者群体。主体的不同也会导致其在法律上待遇的区别。弱势劳动者群体都由劳动法或就业法调整，而那些丧失劳动能力的社会弱势群体成员则由社会保障法调整。

（2）从弱势劳动者群体所处弱势的领域和状态来看，弱势劳动者群体的弱势往往体现在获得就业机会，获得就业培训以及就业条款和条件等劳动就业领域。这可以从两个方面进行理解：其一，弱势劳动者群体通常处于缺乏必要的资源、能力或存在权利障碍的弱势状态，也就是说他们首先是社会弱势群体；其二，这部分社会弱势群体通常在获得就业机会、获得就业培训以及就业条款和条件等劳动就业领域处于与其他群体相比较而言的不利状态。而这种状况往往在劳动就业实践当中易产生恶性循环的后果。例如，通常作为弱势群体获得良好教育机会的可能性更低，所以其与非弱势群体进行劳动就业竞争的能力也就更低，而不能实现充分劳动就业则必将进一步影响其改善弱势处境的能力和可能性。

（3）从导致某一社会群体处于弱势地位的原因来看，弱势劳动者群体和一般的社会弱势群体一样，都是由于生理的或非生理的客观原因所导致的。实践当中，生理的原因大致包括性别、年龄、残疾等原因，而非生理的原因则通常包括家庭负担、历史、文化、社会制度与社会改革等原因。通常情况下，基于生理因素的弱势往往具有长久性甚至永久性的特点，所以针对他们的特殊照顾制度也就往往具有长期性或永久性，而基于非生理因素的弱势则往往具有临时性或短暂性的特点，因此针对他们的特殊照顾制度往往也就体现为暂时性。但是对于弱势劳动者群体来说，导致其弱势的原因通常只限于那些直接导致劳动者处于劳动就业竞争弱势的因素，相比一般的社会弱势群体而言，其范围更小。

（三）界定标准的选择

1. 在劳动就业方面是否实质性地处于弱势地位

一般而言，劳动者相对于用人单位来说处于弱势地位并不会引起什么争议，但本书所指的弱势劳动者群体的弱势却并非是与用人单位相比较而言的，而是一种劳动者内部的对比结果，即基于一定的标准可以将劳动者分为弱势劳动者群体与非弱势劳动者群体。具体来说，在实践当中，要界定某个劳动者群体是否属于弱势劳动者群体，首先得看该群体是否在劳动就业方面处于实质性的弱势状态，所谓实质性的弱势状态通常体现在以下几个方面：

（1）自身劳动就业能力处于欠缺或不足状态，获得就业机会困难。导致这一状态的原因主要有诸如受教育程度低，或缺乏必要的职业培训经历，从而导致其欠缺就业所必需的实践技能或经验与见识，这些因素会直接影响劳动者的就业能力，进而影响他们获得必要的就业机会。

（2）自身缺乏改变艰难处境的必要资源，也没有相应的外部环境，而这加剧了弱势劳动者群体获得就业机会，改变自身就业地位的难度。导致这一结果的原因有的是因为在生理上具备永久性的缺陷，无法改变，如残疾劳动者；有的是所处的社会地位或环境过于艰苦，难以改变，如长期处于地理和信息封闭状态的农村劳动者，或者是被动承担过多家庭角色的妇女劳动者；还有的是社会制度在资源分配上（包括权利资源和经济资源）本身就存在不公，农民工和城市劳动者之间在这方面的差别就很明显。

（3）就业层次普遍偏低，尤其是在一些重要、优质行业中的代表性严重不足，并在一些低级行业上被固定化、身份化。比如说，在我国人们提到农民工，往往会将他们与他们所从事的较简单的工作联系起来，他们几乎就成了这些行业的代名词，一个最直接的体现就是，绝大多数农民工都在从事制造业和服务业工作，而且都处于一线岗位，很少处于管理岗位。

（4）就业条件比较差，就业不稳定。在职业当中获得相对稳定、舒适的工作岗位非常困难，通常从事脏、重、累、有毒有害或者报酬低下的工作，同时在岗位提升以及获得培训等方面难以获得必要的机会，而在用人单位解雇或裁员时则往往成为优先解雇裁减对象。

（5）在法律权利的享有和实现上也往往处于欠缺状态或存在实现障碍。现实当中一个普遍的例子就是，我国在劳动就业当中仍然存在大量严格以正式工和临时工来对劳动者进行身份划分，进而对他们提供不同的劳动条件和待遇的现象，而那些临时工往往就是那些弱势劳动者群体成员，其中最为典型的就是进城务工的农民工，而这些劳动者当下仍然欠缺必要的资源乃至应有的权利来维护自身的正当或者合法权益。另一个例子是，尽管我国已经有残疾人权益保障法，但在实践当中，由于该法内容的过于原则和严重欠缺有效的执行机制，残疾劳动者的弱势地位仍然没有得到改善，法律要求在工作场所当中普及无障碍设施的规定没有得到很好的贯彻和执行即为适例。

应当注意的是，某个弱势劳动者群体难以就业或处于劳动就业困境的状态要么是永久性的，要么是在相当长的时间内都无法改变的状态。这就使我们必须将弱势劳动者群体与那些非弱势群体当中偶尔处于失业状态或者受劳动力市场供求影响或者受某个特殊的经济情势或自然灾害影响而暂时难以就业的劳动者严格区分开来。这是因为，这部分人尽管处于失业或难以就业的状态，但是这并非因为其自身能力有问题。从社会群体属性来看，他们在正常情况下仍然属于非弱势群体，而且其面临的艰困外部环境往往具有偶然性和短期性，一旦外部环境发生了改变，他们的就业问题将很快得到解决。所以，不能说某个劳动者一旦失业了，或暂时不能工作，就加入弱势劳动者群体了，失业与弱势是不能画等号的。从这个角度来说，现在有的理论乃至立法、政策都不加区分地将那些失业达到一定时间的劳动者视为弱势劳动者并非科学的做法。

2. 是否因自身行为选择所致的弱势

某个劳动者群体是否属于弱势劳动者群体还应参考一个重要标准，即应得标准，也就是说该劳动者群体处于弱势地位是否属于应得。如果一个劳动者群体的弱势地位是应得的，那么尽管他们处于弱势，也并不能被认定为弱势劳动者群体，只有当一个劳动者群体的弱势地位是属于不应得的时候，我们才能说这个群体属于弱势劳动者群体。

对于何谓应得，罗尔斯认为，一个人基于自然天赋或社会环境的偶然因素而出现的不平等是不应得的；[①]德沃金也认为基于天赋或偶然的因素而获得的优势是不应得的。[②]我们赞同这种认识，认为应当承认基于遗传和环境的偶然因素所导致的弱势是任意的，不应得的，也是不公平的，因此社会应当努力消除它所带来的弱势影响，矫正其不公平性；相反，如果一个人的困境是由于其主观选择所导致的，那么其自身的弱势处境就是应得的，也是公平的，社会就没有义务去给予他特殊帮助，否则对于其他人来说是不公平的。

据此，界定弱势劳动者群体通常必须考虑某劳动者群体的弱势地位是否是由于该群体自身无法控制的客观原因，即诸如性别、年龄、残疾或社会制度等因素所导致的，如果是，则其弱势地位就是不应得的，该群体也就是所谓的弱势劳动者群体。具体来说，导致某劳动者群体弱势的非主观因素往往

---

① [美]罗尔斯：《作为公平的正义——正义新论》，姚大志译，上海三联书店出版社2002年版，第26-27页。
② [美]德沃金：《至上的美德——平等理论与实践》，冯克利译，江苏人民出版社2003年版，第332页。

包括两个方面：其一，自身无法控制的先天或后天的自然因素，如遗传、基因、生理现象以及事故等；其二，自身同样无法控制的社会环境因素，如各种长期存在的社会歧视以及某些法律制度或长期政策的失当等。

与此相反，如果某一类劳动者陷入困境是其自身的主观选择行为的结果，则不属于弱势劳动者群体。这些行为包括，政府或社会给予劳动者必要的教育、培训或就业机会，而劳动者自己选择放弃的行为；又或者主动选择辞职，宁愿在家赋闲领低保待遇的行为。

3. 是否需要给予特殊照顾，其弱势地位才能获得改善和解决

仅仅基于非自身可以控制的客观原因而处于实质性的弱势地位还不足以构成本书所界定的弱势劳动者群体，实践当中还要看该劳动者群体是否具有应受特殊照顾性，这可以从歧视性和非歧视性两个角度来加以分析。

首先，这个判断的前提是，在实践当中，歧视（包括社会歧视和制度歧视）通常是造成某个劳动者群体弱势的主要原因，但并非所有受歧视的劳动者群体都属于弱势劳动者群体。而某个受歧视的劳动者的群体是否属于弱势劳动者群体，取决于该群体本身在能力上是否处于实质性和长久性的弱势，是否只要消除歧视，给予其平等权利，其弱势地位就能够得到改善，还是需要给予特殊照顾，才能得到根本性的解决。

因此，如果某个劳动者群体平时由于受到歧视而存在劳动就业障碍，但是如果给予其平等权利和禁止歧视，其劳动就业问题就能够在短期之内得到解决或极大缓解的话，该群体就不能被界定为弱势劳动者群体。例如，艾滋病人、同性恋者、遭受相貌歧视或学历、血型、身高以及地理歧视的人等，尽管在有歧视的情况下，他们的就业存在很多困难，但是只要消除了这些歧视，而只考虑劳动者本身的能力因素，让他们参与平等竞争，则即使不额外给予他们特殊照顾，他们的处境也很快就能获得改善，从而不再处于弱势地位。对于这一部分劳动者群体的法律救济通常是直接的反歧视，即禁止就业歧视。

而对于另外一些长期受到歧视的劳动者群体来说，即使给予他们平等权利，也无法很快改善他们的就业弱势处境。这是因为，要么其弱势地位的形成具有生理上的永久性和固定性（如残疾、年龄、生育等）；要么其弱势地位是由于长期的社会制度歧视所造成的，其弱势地位已经根深蒂固，在相当长的时间内都无法得到根本性的改善（如农民工）。因此，这部分劳动者的弱势

地位如果要得到改善，必须要由国家或社会给予他们一些特殊照顾或优惠，才能弥补他们与其他非弱势群体之间的各种差距，并经过长期努力而最终使他们不再弱势。因此，在受歧视的劳动者群体当中，只有那些需要给予特殊照顾，其弱势地位才能得到根本性改善的劳动者群体才是真正的弱势劳动者群体。对这部分劳动者群体的法律救济不仅包括反歧视救济，更主要的还在于反向歧视救济，即给予他们以特殊待遇和优惠政策。

其次，有些非基于歧视因素而处于劳动就业困难地位的劳动者也应当被界定为弱势劳动者群体。说明这一观点的典型例子是关于有些特定的劳动者群体集体欠缺就业经验的问题。通常情况下，一个劳动者的经验属于其劳动能力的一部分，而劳动者的能力是公认的允许进行差别对待的考量因素。因此，基于经验欠缺而固定地处于就业困难境地，我们就很难将它界定为就业歧视，所以更谈不上反歧视或平等权利的问题，但是这部分劳动者群体自身却无法改变现状,必须要国家或社会给予他们特殊照顾才能改善他们的处境，那么这部分劳动者群体仍然可以被视为弱势劳动者群体。此外，仅仅是因为某个短期内难以改变的非歧视性但是不合理的法律制度的存在，也有可能固定地造成某个劳动者群体的劳动就业困难，那么该群体亦可被认定为弱势劳动者群体。

（四）对象范围的确定

按照前述界定标准，我国的弱势劳动者群体有的是由于历史上长期存在的歧视所造成的，这些歧视包括制度歧视和非制度歧视；有的则是由于非歧视原因所造成的，如基于某项法律制度或政策的不合理性和不科学性，或者是由于劳动者自身无法克服的能力或经验因素等造成。据此，我们认为，以下劳动者群体应当被认定为弱势劳动者群体，并作为就业积极行动制度的调整对象。

1. 残疾劳动者

根据2006年第二次全国残疾人抽样调查的结果，中国残疾人的数量已经达到8 296万人，平均每4个到5个家庭中，就有一名残疾人。然而，在我国有一个明显的现实是，人们一方面同情残疾人，往往将他们当作社会救济的对象。但另一方面又存在着对残疾人的不尊重，常常倾向于孤立和隔离他们，并且在各个方面都存在着歧视残疾人的现象，而其中一个很常见的歧视就是就业歧视，残疾人比那些正常人的就业率要低很多，而且更容易失业，残疾人所从事的工作岗位也往往属于那些不入社会主流、档次较低的岗位。①

本书认为，残疾人尽管在生理或心理上存在缺陷导致其日常活动的不方便，这常常使他们与正常人相比在就业当中处于不利地位，但是一个人的残疾与否属于偶然性的自然因素，由于残疾使残疾人与正常人处于竞争的不利地位，这本身是不应得的，而且一个人也不能仅仅因为残疾就必然地受到歧视对待；相反，正因为其残疾是不应得的，所以还应当从社会那里获得补偿，从而享有正常人所不能享有的更多权利，以弥补其不应得的损失。而且残疾人引起生理缺陷所遭遇的就业困难具有固定性和长期性，如果不对他们给予特殊照顾的话，只靠他们自己是无法改变现状的。因此，将残疾人视为弱势劳动者群体非常恰当。对此，几乎各国的残疾人保障立法或者就业有关立法都有相应的特殊照顾规定。唯一需要说明的是，弱势劳动者群体仅仅包括那些具备劳动能力和劳动意愿的残疾人，不包括所有残疾人。从制度保障的角度来说，不具备劳动能力的残疾人属于社会福利制度的保障对象，而非本书探讨的劳动就业制度的调整对象。

2. 女性劳动者

经验证据表明，在现实就业当中，女性最易遭受性别歧视。有关调研报告显示，在我国，女性从事的职业主要是那些"女性化"的工作，如护理、幼儿园教师、家庭服务员、旅店、饭店服务人员等职业的女性性别比例分别达到了 99.75%、98.77%、95.66%、85.19%。②而这种现象有时甚至直接体现在立法对女性职业的明确限制上，如我国劳动法就规定了一些女性不能从事的体力劳动，但事实上女性从事一定的体力劳动未必会对健康造成不良影响。③此外，在男女收入上，也普遍存在着女性比男性收入偏低甚至差距扩大的现象。这里有一个较早的统计数据，我国 1999 年城镇在业女性收入是男性收入的 70.1%，两性的收入差距比 1990 年扩大了 7.4 个百分点。从收入分布来看，在城镇高收入组中，女性的比例仅有 33.5%，在最低收入组中，女

---

① 一个佐证我国残疾人地位的例子是，尽管我国残疾人数量众多，但是在街上却很少看到残疾人，其根本原因在于我们的社会给予残疾人的尊严、无障碍设施以及就业机会的极度缺乏使残疾人少有在街上走。

② 刘德中，牛变秀：《中国的职业性别隔离与女性就业》，载《妇女研究论丛》2000 年第 4 期。

③ 周伟：《中国城市就业中的性别歧视研究》，载《政治与法律》2008 年第 4 期。

性却占 66.3%，且男高女低的两性收入格局并未因年龄和受教育程度的变化而发生根本转变。[①]

可见，在就业领域，尽管人类已经进入了现代社会，但是传统的职业分工方式，即等级化的劳动性别分工还是占据着统治地位。这种分工是指，由于女性多专注于家庭并依附于男性，而男性在外工作的传统和现实，使社会观念认为女性劳动的价值永远要低于男性劳动的价值，男性劳动是社会发展的主要推动力，而女性劳动只起到辅助作用。[②]只要这种社会观念没有根本改变，女性的就业弱势地位在相当长的时期内都难以解决，而且女性固有的生理特点往往也决定了其就业弱势的必然性。例如，大多数的女性由于必须生育和照顾家庭，没有更多的时间用于人力资源投资，从而导致竞争能力下降或无法提升，所以在职业上的发展就必然受到更多限制。[③]因此，女性劳动者的就业弱势地位并非反歧视或提升自己的就业能力就可解决，还需要国家和社会给予他们特殊的帮助。例如，制定符合女性生理特征的特殊法律制度，制定具有偏向性的就业培训计划，甚至使用专门保障女性就业总数和水平的配额制度等，[④]故可将女性劳动者归入弱势劳动者群体范畴。

3. 青年劳动者

作为弱势劳动者群体的青年劳动者通常是指刚刚走入社会，缺乏必要的劳动技能或者劳动经验的年轻人。具体来讲这些青年劳动者主要包括两类：一类是刚从各种学校毕业，亟须就业的劳动者（包括大学毕业生）；另一类是没有必要的学习经历和职业资格，也没有就业经验的年轻劳动者。对于青年劳动者就业弱势地位的确认以及所需要的特殊保障，在很多国家都已经通过

[①] 赵银侠：《制约女性就业的社会结构性因素探析》，载《社会学研究》2003 年第 11 期。
[②] 佟新：《社会性别研究导论——两性不平等的社会机制分析》，北京大学出版社 2005 年版，第 145 页。
[③] 根据国家统计局发布的《2010 年中国劳动统计年鉴》显示，截至 2009 年，我国每 100 个失业的人员当中，只有 2 个男性是因为料理家务而失业，而女性则高达 23.2 人，是男性的 10 倍以上。而在每 100 个因为料理家务而失业的劳动者当中，在 25 至 49 岁这一职业黄金年龄阶段的男女失业比例分别为：男性在这一年龄段共有 54.2 人失业，而女性在这一年龄段共有 86.7 人失业。另外，在就业人员的受教育程度上，每 100 个女性当中，受过高中以上教育的有 17.49 人，而在每 100 个男性当中，受过高中以上教育的有 22.57 个人。在就业身份上，每 100 个男性当中有 3.1 个人是雇主身份，0.8 个人从事家庭帮工，而每 100 个女性当中只有 1.3 个人是雇主身份，有 3.1 个人从事家庭帮工。
[④] 曹艳春：《性别就业歧视的法律救济之思考》，载《政治与法律》2007 年第 4 期。

立法规定下来。①而由于界定青年劳动者的范围比较困难，有些国家值得借鉴的立法经验就是：第一，规定各类毕业生在毕业后的一定年限内，同时不超过法定年龄上限的，可以认定为青年劳动者；第二，对于没有必要的学习经历和职业资格的青年劳动者则直接规定年龄上限。只有符合条件的劳动者才能获得国家的特殊照顾。②

　　一般情况下，青年劳动者之所以弱势的原因有二：一是由于缺乏必要的劳动技能或者劳动经验，因此在就业竞争中处于弱势地位，而且这种弱势并非由于就业歧视所造成，即使没有歧视，他们也固定地处于弱势地位，因此需要给予特别照顾；二是由于某些法律制度的存在加剧了这种弱势地位，而这些法律制度通常在短期内难以改变。

　　对第二个原因的解释，可从我国劳动法当中找到例证。首先，我国劳动法实践不认可在读学生的勤工俭学的劳动关系属性，实践当中学生的劳动权益受到侵犯的情形很多，但往往难以从劳动法得到保障。这一方面使他们在就业当中受到区别对待；另一方面也降低了学生参与工作实践的意愿，进而减少了获得就业技能和经验的机会。其次，劳动合同法的无固定合同期限制度也加剧了毕业生就业的难度。其原因在于，无固定期限合同的签订对于劳动者是好事，但对用人单位而言却并非好事，因为一旦某个职位被劳动者占用之后，用人单位想要使用更优秀的员工以提高效率就将变得非常困难，而它将极大地破坏用人单位用工的灵活性和自主性，损害其效率和竞争力，所以用人单位必然会想方设法地规避这一制度。而在这一规避行为下，最受伤害的就是那些缺乏劳动经验和技能的青年劳动者。

　　这是因为，考虑到法律规定强制性签订无固定期限合同的两大主要条件：劳动者在用人单位连续工作满十年以及用人单位与劳动者连续订立两次固定期限劳动合同，对此，用人单位的理性反应将是：第一，考虑到事先对劳动者的不熟悉，用人单位一般都不愿与劳动者签长期合同，而倾向于签短期合同。第二，和劳动者只能签一次合同，不能签两次以上的合同。

---

① see Michele Tiraboschi: *Productive Employment and the Evolution of Training Contracts in Italy*, The International Journal of Comparative Labour Law and Industrial and Industrial Relations, 2006, 22/4, P635-649; Malcolm Sargeant: *Young Workers and Age Discrimination*, The International Journal of Comparative Labour Law and Industrial and Industrial Relations, 2010, 26/4, P467-478.

② see M. *Ascension Garcia Trascasas*: *Young People and Training Contracts: The Spanish Experience*, *T*he International Journal of Comparative Labour Law and Industrial and Industrial Relations, 24/2, P289-306, 2008.

问题在于，接下来，迫使用人单位考虑既然只能和劳动者签一次合同，并且不能签长期合同，那就绝不能接收没有工作经验的新手，因为接收新手意味着必须付出成本对他们进行培训，当好不容易将一个新手变成了熟手的时候，迫于规避无固定期限合同制度的压力，用人单位又不得不让他们离开，结果不但可能无法收回成本，还可能为潜在的竞争对手培养了人才。因此，用人单位会尽可能地选择，除非该工作本身不需要，只接受已经具备工作经验和实践技能的劳动者，而经验和技能恰恰是劳动力市场上大多数青年劳动者所缺乏的东西。因此，在这一法律制度下，青年劳动者的弱势地位被强化了。

4. 高龄劳动者

高龄劳动者是指那些达到一定年龄，由于受到社会歧视以及自身能力和身体状况的欠缺或者不适应社会变化而处于弱势地位的劳动者。在劳动就业实践当中，那些年纪较大的劳动者往往容易沦为弱势群体，受到各种歧视。比起年轻劳动者，他们更难寻找工作或者更易失去工作，在工作中更易被剥夺或限制职业培训机会或公平的报酬等。当然，尽管通常对高龄劳动者存在各种社会偏见形成对他们的社会歧视是导致他们劳动就业困难的重要原因，[①]但我们认为，鉴于我国当下高龄劳动者受教育程度普遍不高的现状，自身能力相对欠缺或不适应社会变化才是他们处于弱势地位的主要原因。对这些高龄劳动者而言，即使给予他们平等就业权，其就业状况也不会出现明显改善，因此也需要给予特别照顾。对此，有的国家如韩国，专门制定了《高龄者就业促进法》，为促进高龄劳动者就业提供了诸如雇佣最低比例、税收激励以及确定高龄劳动者优先就业等法律支持。[②]

需要说明/探讨的一个问题是，多大年龄的劳动者应当视为高龄劳动者，这种判断标准应该因行业不同而有所不同。例如，多数行业可能要年满 45 岁以上才会出现就业困难情形，而有些如文秘、IT 等行业则可能 30 岁以上就难以找到工作。本书认为，具体以多大年龄为界需要根据我国的具体情况来加以确定。根据国家统计局出版的《2010 年中国劳动统计年鉴》所显示的统计数据，当前我国每 100 个就业劳动者当中，50～59 岁的劳动者所占的比例仅为 15.2%，而 25～49 岁的劳动者则占到了 68%，其中 40～49 岁的劳动

---

① 孙劲悦：《关于就业年龄歧视原因的调查分析》，载《财经问题研究》2004 年第 4 期，第 83 页。
② 蔡定剑、王福平：《韩国反歧视法律制度研究》，载《政治与法律》2010 年第 1 期。

者还能占到 28.3%，但是一进入 50 岁，就业率立即大幅下降。这一统计数据大体上能够说明 50 周岁是一个比较具有代表性的年龄线，它意味着从 50 周岁开始，劳动者就逐渐面临更多的就业困难。因此我们认为，在我国，大体以 50 周岁作为判断高龄劳动者的标准比较恰当，也符合我国的国情。①

5. 农民工

将农民工视为弱势劳动者群体，应该不会有多少争议。这是因为：第一，相较于城市劳动者，我国农民工无论是从受教育程度、劳动技能、社会关系以及其他综合就业能力方面来看，还是从实际的就业工种、层次、收入水平以及社会保障来看，都存在明显的差距，因此其弱势劳动者地位非常明显；第二，农民工作为一个庞大的弱势劳动者群体是由于我国长期存在的城乡二元制度所造成的，这是一种典型的制度歧视，所有的农民劳动者在这种歧视制度下处于天然的弱势地位，而这种歧视状态在相当长的时间内都无法改变；第三，即使国家在某个时间"一刀切"完全废除城乡分割制度，给予城乡劳动者完全平等的权利，农民工的弱势劳动者地位也不会在短时间内消失，这种弱势惯性将延续很长时间；第四，农民工在就业当中所处的弱势地位靠农民工自己是改变不了的，需要借助外力才能获得长久的改善。

（五）特别说明——为什么下岗失业人员不是弱势劳动者群体

最后需要说明的是，目前国内很多人在谈到弱势劳动者群体时都喜欢将下岗失业人员作为一个独立的群体纳入进来，但是我们却并不赞同。其理由在于：第一，现在已经基本上没有"下岗"一说，只有"失业"一词，而失业更多的是和劳动争议（解除合同）以及社会和企业的经济（裁员）有关，往往与劳动者是否弱势无关；第二，在劳动合同法以及社会保险法生效以后，所有劳动者都应当强制购买失业保险，因此一旦失业之后其基本生活以及就业培训等都有失业保险金予以保障；第三，并非所有失业人员都是弱势劳动者，很多劳动者虽一时失业，但仍具备较强的劳动能力，可以在很短时间内

---

① 美国的《就业年龄歧视法》就确定了一个具体的年龄标准为 40 岁以上。美国是世界上最早制定《就业年龄歧视法》（ADEA）的国家，该法在 1967 年通过，在 1974、1978、1986 和 1990 年经过了 4 次修订。

再次就业；而只有那些本就属于弱势劳动者群体范畴的劳动者又失业的，才可能真正处于弱势地位，很难重新就业。可见，所谓下岗失业人员并非一个独立的弱势劳动者群体，但两者之间也并非全无联系，通常弱势劳动者群体成员更容易失业，一旦失业之后也将面临更加严峻的就业困难。换言之，只有那些本来属于本书所归纳的弱势劳动者群体当中的成员，当其遭遇了就业困难时，才能享受就业积极行动制度的帮助。

第二章 就业积极行动制度的必要性与建设我国就业积极行动制度的总体构想

一、就业积极行动制度之公平性分析

（一）就业积极行动制度面临的公平性挑战

当前，几乎世界所有的国家和地区都不同程度地存在着对弱势劳动者群体的特殊保护。总体来说，这一做法的社会功能是非常明显的，即它能够有效地缓和社会矛盾，促进社会的和谐与稳定。道理很简单，在一个社会当中，如果某些特定的劳动者群体长期处于弱势地位，并且在就业当中无法获得足够的代表的话，不管是在心理上还是在经济上（它容易滋生两极分化）都会导致那些弱势群体的不满，并有可能将这些不满转化为对现有社会秩序和结构的怨恨，甚至力图推翻或打破这种秩序或结构，从而成为该社会不和谐与不稳定的根源。通过实施就业积极行动制度将社会资源有限度地向这些弱势劳动者群体进行转移，能够有效地增加他们的就业机会，增强他们的就业能力，促进他们在更为平等的基础上实现就业，从而缓解他们的不满情绪，消除潜在的导致社会不稳定的因素。

尽管就业积极行动制度的社会意义十分重大，它却从一开始就面临着很多质疑。其中最主要的指责就是，尽管从该制度的初衷来看，其出发点就是为了消除长期存在的社会不公，但这种制度本身就蕴含着不公平因素，因此会导致新的社会不公，而这毫无疑问会抵消该制度的道德优势，并使其丧失正当性。这种指责的核心内容是：就业积极行动制度人为地将社会资源分配给了社会的一部分人，它对于未能获得资源分配的人来说却是一种歧视性的对待，因此是不公平的。[①]这种指责的主要依据有两个方面：

---

① See J.Edward Kellough: *Understanding Affirmative Action: politics, discrimination, and the search for justice*, Georgetown University Press, Washington, D, C, 2006, P6.

第一，从永久性的就业积极行动制度来说，该制度被认为很容易导致不公平。以对妇女的特殊照顾为例，各国法律一般都要求在妇女怀孕以及哺乳期间保证妇女不受解雇并且维持其工资待遇。姑且不论这种做法对于用人单位而言是何等的无效率（因为妇女在怀孕和哺乳期间不能工作或者劳动生产率低下，不能给用人单位带来足够产出），仅仅从该种做法是否会导致不公平的结果来看也是值得商榷的。这是因为，正在怀孕或哺乳的妇女如果不能参加工作，意味着原本该由她们承担的工作就要由其他未怀孕或哺乳的妇女或者男性劳动者来担任；同时，那些正在怀孕或哺乳的妇女在不工作的情况下还要继续领取工资，这就意味着参加劳动的劳动者创造的财富要被人为地分给不参加劳动的妇女，这对于没有或不可能怀孕而参加劳动的劳动者来说是不公平的。

第二，对于暂时性的就业积极行动制度来说，该制度引发的不公平则是更加明显。最直接的理由就是，由于就业积极行动制度通常以某个特定的劳动者群体作为照顾对象，这就人为地创设出一个特殊的群体权利，这种群体权利排斥目标群体之外的群体享有，并且这种群体权利往往以限制或剥夺个体权利为代价，这显然有失公平。①

例如在美国，就业积极行动制度的目标群体通常是黑人和妇女，但是人们经常质疑的是，一个在工作能力、业绩、工作努力程度等各方面都应得的白人或男性有可能仅仅因为他们的种族或性别而无法获得与黑人或妇女同等的就业机会，这在道德上并非应得。而且，那些从该制度中获益的某些黑人或妇女也许并没有受到过歧视，也许其家庭出身很好或者其本身就很成功，不需要给予特殊照顾，而由此受到损害的某些具体的白人或男性也许更需要和值得帮助。又比如印度的预留配额制，在 1990 年实施了该制度后，它对于消除印度长期基于种姓制度所产生的歧视现象起到了重要作用。但是，它也带来了一个消极的后果，就是原来种姓中比较高贵的种姓，如婆罗门种姓的很多成员在预留配额制的影响下，越来越难找到体面的工作并日益陷入贫困当中，因此产生了新的就业不公问题。②

在我国同样存在这样的问题。例如，为了保证少数民族在社会职业当中

---

① See Justin Alexandros Steinhardt: *From Civil Right to Affirmative Action*, Law and Society Journal at UCSB, Volume IV, 2005, p12.

② 埃丽卡·李·纳尔逊：《印度采取的积极措施颠倒种姓地位》，载《华盛顿邮报》2006 年 9 月 25 日。

的代表性，我国实行了多种形式的优惠和配额制，而这种制度被认为存在一定的不公缺陷。以在受教育方面长期对少数民族学生实行的加分政策为例，加分政策固然为少数民族学生今后增强就业能力，扩大在各行业的代表性提供了支持，但是它也经常受到指责，因为它导致非少数民族学生相比之下从一开始就处于不公平的竞争地位。这种做法的不公平性主要在于：一方面，少数民族家庭并不都是需要给予帮助，但是该制度却并不严格区分少数民族当中哪些学生需要或不需要帮助；另一方面，随着民族混居、杂居的不断深化，很多少数民族与汉族之间的差异变小，如果继续实行少数民族学生的加分政策，事实上对于那些可能处境比少数民族学生更加糟糕的汉族学生来说很不公平。此外，根据我国《就业促进法》和《公务员法》的规定，少数民族劳动者在同等条件下可以得到特别照顾的规定同样会导致不公平的结果。

　　在其他方面，我国近些年来也实行了一系列的促进就业困难人员就业的积极行动政策。如政府每年投入大量经费用于就业困难人员（含农民工和青年劳动者等）的就业培训，以逐步提高他们的就业能力；同时，为了鼓励他们以创业带动和实现就业，在用地、收费、信息、工商登记、纳税以及金融信贷等方面给予特别优惠，此外对吸收就业困难人员的企业还会给予特殊补贴。这些做法在当下的社会环境当中暂时还未遇到较大的社会阻力，但是对于未能实质性地从这种政策当中获益的劳动者而言，却也未见得公平。道理很简单，当下的优惠政策所适用的对象并非以某个个体是否需要获得帮助作为判断标准，而是概括性的以某个社会群体作为判断标准。例如，将农民群体、下岗工人群体、高校毕业生群体作为就业积极行动政策的适用范围，但是这种做法却必然会导致不公平的结果。这是因为它不考虑个体差异，所有的适用群体成员都可以同等地享受优惠待遇，但事实上这些群体当中却有相当一部分劳动者是可以不需要优惠待遇的，[①]如果他们仍然享受优惠待遇就会使得其他真正需要优惠待遇的劳动者所能利用的资源相应减少。这对那些真正需要特别照顾的劳动者，甚至那些根本就未能纳入这些群体范畴但是同样需要特别照顾的劳动者来说则是不公平的，因为这意味着本来应属社会共享的资源却被部分也许不需要的人给拿走了。

　　有鉴于此，即使是自 1964 年《民权法案》以来最早开始大规模实施就业积极行动制度的美国也一直在该制度的存废之间摇摆不定。如在 1996 年 11

---

① 例如，有些农民自身条件很好，就业创业能力很强，有些下岗工人可能有很不错的隐性就业收入，一部分高校毕业生就业情况很好等等都表明，这一部分人无需国家给予特别帮助。

月，美国加利福尼亚州人民投票通过了一个旨在取消大多数由州设立或发起的就业积极行动措施的重要议案，该议案提到：不允许任何旨在根据种族、性别、肤色、民族、国籍或籍贯等因素而在公共就业、公共教育以及公共合同等方面歧视某个人或某个群体，当然也不允许基于上述因素而对某个人或群体给予特殊待遇。该议案的支持者，尤其是反对积极行动措施当中的配额制的人的基本观点就是，积极行动措施不管是用于什么目的，它都是不公平的，人们应该基于他们的能力而非他们的肤色、性别或是其他与能力无关的因素而受雇，人们需要平等，但只能是基于能力的平等机会或就业。[①]

可见，尽管在当下就业积极行动制度已经成为一种非常普遍的社会现实，但是在理论上却必须充分地说明为什么必须这样做以及这样做是否公平。如果没有解决这一理论上的疑惑，由此引发的理论争议固不待言，其社会效果恐怕也难以保证趋于正面。

（二）就业积极行动制度之公平性理论依据

1. 导　言

美国总统约翰逊在 1965 年签署了一项行政法令（11246 号），该法令允许劳动部对于那些在雇佣黑人或妇女方面做出建设性贡献的企业给予政府合同奖励。约翰逊当时解释他为什么要签署该法令时说："想象一下正在进行百米冲刺的两个选手，而其中一个选手的腿却被绑住了，他已经前进了 10 米，而另一个没有被绑住的选手却已经前进了 50 米。怎么才能改变这种状况呢？仅仅将该选手的束缚去掉并且让比赛继续吗？或许人们会说这才是'机会平等'。但是别忘了，一个选手仍然比另一个选手超前了 40 米。那么有没有更公平的办法呢？比如说给之前被束缚的选手虚构 40 米，或者干脆让比赛全部重来过。"据此，就业积极行动制度的支持者们认为，在美国历史上存在的对妇女和少数族群的广泛歧视导致了美国社会完全是一个男性白人控制的社会，在这一社会当中从大学到公司到政府的主要职位都由他们掌握，而为了真正实现公平，就必须改变这种局面。而改变这一局面的唯一办法就是给予妇女和少数族群以优惠待遇的积极行动制度。

---

① Francis J. Beckwith: *Affirmative Action: Social Justice or Reverse Discrimination?* Amherst, NY: Prometheus Books, 1997, P9-11.

约翰逊的解释生动地揭示了就业积极行动制度的公平依据,也有力地回击了那些对就业积极行动制度公平性的质疑。我们认为,这种解释固然具有很强的说服力,但缺乏系统的理论支持,而如果能够从更深层次的理论层面对就业积极行动制度的公平性加以诠释则将能够更好地凸显其正当性和必要性。

但究竟何谓公平从来就充满了争议。可以简单设想一下,现实当中妇女与男子竞争消防员职位时,妇女几乎注定要失败,这时妇女会大声呐喊不服气,因为妇女认为其相较于男子的身体弱势是与生俱来的,不是自己能够选择的。但获胜的男子却认为结果是合理的,因为男女都是在相同的标准面前进行平等竞争。但是,假设事先已经给妇女预留了一个配额,最终某个妇女被录取,而这将引起测试成绩好于该妇女但仍然被淘汰的男子的愤怒,凭什么要对妇女特殊照顾。这些争议的背后隐藏着一个一直以来都难以解决的问题,即什么是公平。而究其原因,就在于公平作为一个价值判断范畴的概念,具有非常明显的主观性,难以真正统一,所以要为就业积极行动制度找到令人信服的公平依据绝非易事。

2. 本书对公平的基本认识

在我们看来,在社会竞争当中肯定会有人因为各种缘由而沦为失败者,而假设其失败完全取决于自己的选择错误,也许他们不会有任何怨言;但是如果其失败和自己的选择无关,仅仅是由于一些先天或偶然性的因素而导致自己陷入社会弱势,那么他们的怨天尤人则是可以理解的。而又假设这些人的失败得不到任何补偿,甚至因为这种失败而不能维持起码的体面的生活,那么他们为了生存而采取反社会的行为也就有可能变得顺理成章。可见,要为就业积极行动制度寻找公平依据,无疑必须首先承认对弱势劳动者群体而言,对他们的特殊照顾是社会所必需的。在此基础上,我们认为,当下我们所探讨的公平只能是一种社会公平,而这种社会公平观必须坚持应得、需要和平等三大原则,这三个原则对于解释就业积极行动制度具有十分重要的作用。

（1）应得原则。在确立一种社会公平观的时候,必须首先搞清楚什么是应得。之所以必须搞清楚什么是应得,是因为应得是确定是否公平或正义的重要依据。差不多每个论述公平或正义的人大概都不会反对将其与应得联系起来,哈耶克、罗尔斯、德沃金在论公平的时候,都以各自的应得观为基础,社群主义者也不例外。麦金太尔就说，正义是给予每个人应得的东西和不以与每个人应得不相容的方式对待他们的安排。[①]每个论者之间的区别仅在于什么是应得。

关于应得，在哈耶克看来，只有根据一个人对他人的贡献或价值而非一个人的品行或努力程度来判断才是公平的应得观。但在罗尔斯眼中这恐怕是一种纯粹的实用主义或"成王败寇"的做法，其本身并不是真正公平的应得观。因为一个人的成功与否具有太多的偶然性，自然（如遗传的天赋）的偶然因素和社会环境（如家庭出身）的偶然因素都有可能在不同的人之间产生成功上的不平等，而这种基于偶然性产生的不平等在道德上是任意的和不应得的。在罗尔斯的公平理论里，一个公平的社会应当让每一个有着相同才干和能力的人都应获得平等的成功机会或前景。然而一个人的能力如何本身又依赖于偶然因素的影响，为此应当想办法来消除偶然因素所带来的差别，如由成功的人向不成功的人进行补偿。但是，这样做的结果必然是走向结果的均等。[②]哈耶克完全以一个人是否对他人有价值来判断一个人是否应得，自然不会获得多少道德上的支持。而罗尔斯追求机会平等最后却走向了结果的平均，也不见得是公平的应得，因为这样做对于那些无法控制自己的天赋和更好的出身的人来说是一种人为的强加，因此也容易引发争议。而德沃金的观点则是，非自己的选择所带来的结果是不应得的，而基于自己的选择所带来的结果则是应得的。[③]但一个人的选择往往也取决于一些自己无法控制的因素（包括自然与社会的偶然因素带来的人与人之间初始地位的区别），所以德沃金的观点也会导致自相矛盾的后果。

我们认为，处理应得问题应当遵循两个原则：第一，应当承认基于遗传和环境的偶然因素导致的人与人之间的差别是任意的和不应得的，尽管因为这些因素事实上不可能消除而不得不被予以承认，但一个人不能因为这些因素而被不同地对待或获得不同的机会。例如，不能因为一个人是农民，就在受教育以及就业方面受到歧视。第二，允许人们被不同地对待的因素可以考虑一个人的能力和业绩或贡献（例如在劳动者获取报酬方面，首要的就是要考虑劳动者的工作能力以及具体业绩和贡献，而不是基于某个劳动者是否是

---

① MacIntyre: "*Whose justice? Which rationality?*", Duckworth, 1988, p39.
② [英]布莱恩.巴里：《正义诸理论》，孙晓春、曹海军译，吉林人民出版社 2004 年版，第 281-291 页。
③ [美]德沃金：《至上的美德——平等理论与实践》，冯克利译，江苏人民出版社 2003 年版，第 332 页。

城市职工或者是正式职工的身份），当然一个人的业绩如何与他的品行有联系，所以付出的努力也将会予以考虑。需要说明的是，一个人的能力以及最终的业绩很可能建立在不应得的偶然因素的基础之上，从而导致结果的不应得，而陷入与德沃金同样的困境。而我们认为，理论上的应得如果能够一一实现自然最好，但实际上有一些理论上可能不应得的东西，人们也能够广泛地接受，例如基于上述能力、付出的努力和业绩因素而获得不同的待遇。[①]而且，要判断一个人的成功在多大程度上是与不应得的偶然因素相关的，也是一件非常困难的事情。挑选出能力、努力程度和业绩等容易把握而又能够为大家广泛接受的因素作为判断应得的基础无疑是一种尽管有妥协但最方便的方式，因此我们称它为"一种妥协的应得标准"。但是我们要继续说明的是，上述两个原则中，第一个原则是优于第二个原则的，即对于可以明显地判断是由于遗传和环境的因素（如种族、民族、出生等因素）而进行的不同对待是绝对不允许的，除非这种不同对待是基于无法明显地判断是否与上述偶然因素相关的能力、努力程度和业绩等因素。

根据以上两个准则，现实当中那些基于偶然因素而处于弱势地位的劳动者的"弱势"本身往往就是不应得的。

（2）需要原则。如果人们的成功恰好依赖于不应得的偶然因素（如出生即为农民或残疾），从而产生了不应得的结果的话，公平的做法就是对那些由此受到伤害的人进行补偿。[②]而究竟怎么补偿则必须借助于社会公平观的第二个原则即需要原则，即按照受害者的需要来进行补偿。但是，我们必须解释何谓需要以及它与公平之间究竟有什么联系。因为如果为了满足某个人的需要而过分增加了他人的负担，就将会对我们将需要作为公平原则的努力构成严重挑战，因此需要原则本身也需要解释它是什么。另外，我们还必须解释究竟需要本身就是公平的，亦或仅仅是出于人性或仁爱的要求而非出于公平的考虑。

英国哲学家米勒认为，对公平和人性的区分的标准是看有需要的人是否能对可满足他们需要的资源提出可强制服从的要求，例如一个社会为了被看成是公平的，是否必须为其贫穷的成员提供生计。[③]他进一步指出，需要是

---

① 有人对此作过很多实验和调查，结果也能够支持这种观点，见戴维·米勒：《社会正义原则》，第74-76页。

② 关于补偿原则，罗尔斯也在其代表作《正义论》中通过他的差别原则，其第二个公平原则得以体现。

③ 戴维·米勒：《社会正义原则》，应奇译，江苏人民出版社2001年版，第83页。

指能够被当成使人们在他们的社会中过上一种最低限度是体面的生活的那些条件。他引用了斯密对必需品的解释：它不但是维持生活必不可少的东西，而且是按照一国习俗，少了它，体面人固不待言，就是最低阶级的人民，也觉得有伤体面的那些东西。[1]在我们看来，这等于是告诉我们，所谓需要的就是必要的，从而将那些事关兴趣和奢好的东西排除在外。

需要原则事实上为就业积极行动制度提供了最为关键的理论支撑，它表明给那些天生处于弱势地位的劳动者群体以特殊照顾的做法正是体现了社会对他们的基本需要的满足，是对他们非因自身原因而处于弱势地位的一种补偿。

（3）平等原则。平等是我们谈论社会公平必须分析的另一个因素。平等通常强调的是对资源或机会或权利的同等分配，它往往具有非常客观的分配标准。基于前述两个公平原则的存在，对作为公平原则之一的平等原则的满足，并不能作为实现公平的唯一依据。而本书探讨平等的重要性，其原因在于：一是因为平等是保障自由的重要手段。因为如果没有平等，自由就必将演变成少数强权者的专制，导致大多数人的自由丧失，如果没有平等，就不可能有民主，不可能有身份到契约的转变。农民工的劳动与就业权利被身份化就是平等原则没被贯彻的根本原因。二是因为平等事实上受到社会大多数人的追捧，不管这些人追捧平等是因为嫉妒，还是把它当成既有的价值，还是出于其他原因，总之人们更加喜欢平等，而反对不平等，这就使平等成为任何人都无法视而不见的东西，而且正是因为信奉者众多，选择平等有助于促进群体和谐与人们之间的良好关系。三是因为尽管我们论及了应得和需要原则是社会公平的重要标准，但是，如果我们对某个劳动者是否做出了贡献，以及贡献有多大，或者劳动者的需要是什么，彼此之间的需要差别又是什么等没有明确的信息时，人们通常就会选择平等作为可取的最为简单而又最为公平的分配标准。[2]当然，人们或许也会采取歧视性的政策来进行分配以避免付出识别事实的信息成本，只是因为歧视并不符合人们的道德要求，并且明显地不符合应得标准，所以并不可取。

在分别阐述了应得、需要和平等三原则是什么之后，我们还必须界定它们之间的关系。从逻辑上讲，应得是第一位的，需要是第二位的，因为当人们的需要能从社会公平的角度加以考虑之前，他们必须首先表明自己是应得

---

[1] 戴维·米勒：《社会正义原则》，应奇译，江苏人民出版社2001年版，第234页。
[2] 戴维·米勒：《社会正义原则》，应奇译，江苏人民出版社2001年版，第69页。

帮助的。[①]但如果一个人无法通过自己的选择为自己提供起码体面的生活条件时，需要原则无疑就必须是第一位的，而对需要的必要性的界定本身就能证明对他的帮助是值得的，如果不是值得的，也就不叫需要了。所以，社会资源的分配首先应当按照需要分配给个人。因此，如果能够证明某种要求满足需要的标准，需要就优于应得，如果不能证明，应得就是第一位的。而分配平等排在应得原则和需要原则后面则应当没有什么异议。为了满足需要和应得，有时候必然会牺牲人们之间在资源或机会分配结果上的平等。然而应当明确的一点是，应得和需要的满足也必须建立在对每个人的平等关心与尊重的基础之上。

3. 本书对就业积极行动制度的公平性解读

对于积极行动来说，它首要地不在于满足平等原则的要求，相反，它甚至直接表现为对平等原则（机会和资源分配结果的平等）的反应。应当说，它在根本上是应得原则和需要原则的体现，但由于社会公平理论认为应得原则和需要原则要优于分配平等原则，所以总体上可以说它还没有脱离社会公平的要求。

应当注意的是，本书所理解的社会公平是在尊重个体权利基础上的社会公平，这意味着在追求社会公平的同时，不得随意地以牺牲个体公平为代价。但是，就各国和各地区现有的积极行动实际情况来看，它在一定程度上却与社会公平理论不那么一致。因为它是以维护弱势劳动者群体的特殊利益为目的，其落脚点在群体，而非个人，因此难免出现上述忽视个人利益的情况，进而容易被人将其纳入社群主义的范畴，即将集体（群体）利益当作一种完全独立于其成员利益并高于其成员利益的利益，并且为了集体（群体）利益可以牺牲个体利益。[②]对此，我们想指出的是，由于社群主义为了追求集体目标而容易将个体社会成员工具化，因此是不可取的。而如果我们要让积极行动符合真正社会公平的要求，首先就需要证明它是否以随意忽视甚至牺牲个体利益为其内在属性。

在本书所设计的社会公平理论当中，有一个很重要的原则就是每个人都

---

① 戴维·米勒：《社会正义原则》，应奇译，江苏人民出版社 2001 年版，第 83-84 页。

② 例如，社群主义认为，权利并不是道德上首要的，所谓的权利是否应当被尊重，在于它是否促进了社会的共同善（即集体的利益）。如果符合共同善的标准，那么某个权利就是公平和正当的。（[加]威尔·金里奇：《自由主义、社群与文化》，应奇，葛水林译，上海世纪出版集团 2005 年版，第 75 页）

应当作为一个平等的人受到关心和尊重，它的重要性甚至要高于应得和需要原则。也就是说，即使为了矫正社会不应得或满足人们的需要而特别对某人进行补偿或帮助也不得以放弃对其他人的平等关心和尊重为代价。但是，每个人都应当作为一个平等的人受到关心和尊重绝不意味着每个人在机会和资源的分配上要完全实现没有差别，它只是要求在考虑满足一个人利益的同时，不能完全不考虑或排斥另一个人的利益，但具体的机会和资源的分配却应当按照是否应得和有需要为根据。在此基础上，某个群体可能因为不应得的自然或社会历史等原因而处于不利的社会地位，所以有权获得补偿。但群体却绝不能代替该群体中的个体成员，因此即使可以将某个群体的整体状况的改善作为某项政策的目的，但具体实现的办法却只能落实到具体的个人。例如，在某群体当中也许绝大多数人的现有地位都是不应得的，但只要其中有一部分人的地位并没有体现不应得，那么对该群体适用的补偿措施就要考虑不能适用那些其现有地位没有体现不应得的人，否则它本身就将变成一种不应得。这就是说，一项特别保护或补偿措施最终对谁实施不应该以群体来划分，而只能以是否应得和有需要来划分。

而这一要求决定了现时各种就业积极行动以哪个群体应当受到特别保护或补偿的做法，似乎是对个体权利的忽视。对此，一个合理的解释就是，在理论上应当从个体权利出发考虑特别保护措施的对象。但是，因为每个人是否是应得和有需要的往往很难加以判断，而某个群体（如黑人、妇女等）在总体上与其他群体（如白人、男性等）相比处于不利地位却是比较明显和容易判断的，所以以一个容易判断的特征作为特别保护措施实施的基础更加有利于实现和保障社会公平，尽管它也可能存在误差。但这种误差所导致的不公平却可以通过个案处理来获得最大程度的缓解，假设已经建立了相关的处理制度。譬如说，就业积极行动制度当中受保护的弱势群体的成员要实际获得保护必须证明他确实需要保护，而在这个群体当中如果有个别人并不处于真正弱势的话，则依照有关程序可以进行个别排除。可见，现有的积极行动的群体划分做法与其说是为了群体利益而牺牲个体权利，毋宁说仅仅是一种在方法上基于便利考虑的结果，因此它仍然符合社会公平要求，而非社群主义。

综上，就业积极行动制度的公平性理论依据是：首先，在一个社会当中，如果有些劳动者天生就比别人差并因此处于弱势地位显然是不应得的，因此应当尽量避免导致这种差别的因素产生，尤其是避免一些导致人与人之间差别的人为因素或者社会因素。例如，禁止各种形式的就业歧视，尤其是禁止各种制度性的就业歧视。同时，应当在排除上述因素的干扰之后，按照每个劳动者的能力和业绩或贡献来确定其应得的待遇。其次，假设已经不可避免地基于各种原因而使社会当中的某一部分劳动者处于不应得的弱势地位，则为了满足他们的基本需要，社会必须对他们给予必要的补偿。最后，就业积极行动制度因为要满足部分弱势群体的特殊需要，自然对非弱势群体而言具有不同程度的不平等性，但即使如此，也并非说明就业积极行动制度就完全拒绝平等：其一，对所有人都给予抽象的平等关心（而非资源分配）在任何情况下都必须坚持。例如，在给予弱势劳动者以特殊照顾时，也要关注非弱势劳动者的利益，不能矫枉过正，以致让他们过多的承担由此产生的社会代价。其二，在众多需要受照顾的劳动者当中，究竟谁的需要如何无法分辨时，则进行平等的资源分配是最佳选择。

（三）就业积极行动制度的类人权理论依据

从人权理论来看，类人权的概念也可以解释就业积极行动制度的公平性。一般情况下，人权的基本价值就在于平等，每个人都享有完全相同的人权，任何人都没有特权。而弱者的类人权概念认为，人权理论要求人权的主体不仅要享有人权，而且要能够实际地行使人权，但有些自然人因为主客观因素在享有和行使人权时遇到自己无法克服的障碍而成为弱者主体，如妇女、儿童、老人、少数民族等，而为了真实地享有和行使人权，他们不得不接受特殊保障。这种类人权其实是一种特权，但不是一般意义上的特权，而是在社会中最易遭受打击的人为了维护其作为人的基本尊严所应享有的权利。对这些人的特殊保护，并不意味着人们在权利享受方面的不平等，而是标志着人权保障的全面化，标志着对所有人的人格尊严的尊重。[1]可见，就业积极行动制度就是对弱势劳动者群体真正地享有和行使人权的一种制度保障。

二、就业积极行动制度之有效性分析

就业积极行动制度要获得认可并得到顺利推行，除了要具备前述公平性

---

① 曲相霏：《人权主体论》，山东人民出版社2001年版，第51页。

要件之外，该制度还必须证明它本身是有效率的。而证明其是否有效率的一个重要指标就是，看在该制度之下，劳动就业等方面的资源是否得到了有效分配，并且是否能够达到应有的社会效益，因此有必要对此专门进行分析。

（一）雇佣自由原则对于实现劳动就业资源分配效率的局限性

经济学当中通常讲求帕累托最优，认为最有效率的行为往往是能够实现全体人员的最大福利的行为，也即最大的效率是这样一个点，在这个点上，每个人的利益都获得了增进，至少没有任何人的利益受到损害或境况变得更坏，而任何经济或社会行为都必须达到这个点，才能实现一种均衡。[①]罗尔斯对效率的理解就是以帕累托最优原理为判断基准的，他认为，对于某种分配来说，如果不存在任何符合帕累托最优原理的其他分配方法，那这种分配就是有效率的；相反，如果有的话，就是无效率的。他进一步解释说，只要一种分配使某人愿意与别人进行交换，它就不可能是有效率的，因为交易的意愿说明有一种改善某人的境况而不损害别人的再分配形式，故一种有效率的分配应当是一种在其中不可能发现更有利交换的分配。[②]根据以上原理反推，市场自由交易的原则对于促进效率几乎具有天然的作用，而劳动就业资源分配要想实现真正的效率，最佳的办法就是自愿交易，雇佣自由，这也是当前最主要的劳动就业资源分配方式。

但是，我们也应当注意，按照罗尔斯的逻辑，一个达到帕累托最优的交易的前提条件是自愿，因为如果不是自愿就表明还存在更有利的交易形式。然而，这种自愿性在实践中根本无法保证。我们都知道，实践当中，不管是雇主还是雇员都无法避免有时候会迫于对方的压力而无奈地接受对方提出的自己本不愿意接受的条件。譬如说，在一个劳动力买方市场当中，劳动力供过于求，这时劳动者（尤其是弱势劳动者）往往不得不接受雇主提出的苛刻的劳动条件和劳动报酬，而这种建立在非自愿基础上的交易是否仍然是一个真正有效率的交易就很难说了。而且，即使是一个真正自愿的交易，但是如果它是建立在无知（如信息不对称）的基础上的话，也很难说是一个有效的交易。此外，很多时候由于可能的交易障碍（如存在大量的就业歧视和交易

---

① 皮特·纽曼：《新帕尔格雷夫法经济学大词典》（第3卷），许明月等译，法律出版社 2003 年版，第6-11页。

② 罗尔斯：《正义论》，何怀宏，何包钢，廖申白译，中国社会科学出版社 1988 年版，第63-66页。

成本），一个交易能否达成本身就是一个未知数，效率也无从谈起。

　　由上可见，一般情况下，在劳动就业资源的分配上，基于自愿和雇佣自由原则的劳动关系契约是最有效率的分配形式。但是，事实上将劳动就业资源分配效率的实现全都依赖于雇佣自由却不现实。尤其值得注意的是，雇佣自由不仅不是促进效率的终极形式，更是造成劳动就业资源的不公平分配的重要原因。例如，自愿的劳动力市场交易往往必须建立在一个前提之上，即双方有达成交易的意愿，但在有就业歧视的情况下，雇主根本就不可能给被歧视的劳动者自由和自愿地进行交易谈判的机会，而这种歧视性的交易却在经济上导致无效率或效率较低的结果。根据统计歧视理论，[①]歧视往往是针对某个群体，它往往忽视该群体个体成员的个性，而这种忽视却可能蕴含着效率风险，即从个人能力上来看，也许被歧视群体当中的某个劳动者最能够促进雇主效率，但是雇主的歧视却使这种情况变得不可能。[②]当然，从公平的角度，这种无效率的歧视也有违公平。

（二）对就业积极行动制度有效性的争议及其解决

　　正是由于上述原因，在通过雇佣自由原则来促进劳动就业资源的有效分配之外，我们还需要建立其他的分配机制予以补充，其中就包括基于公平的考量而实施的对弱势劳动者群体进行倾斜分配的就业积极行动制度，而这种制度是对那些在雇佣自由制度下无法真正获得必需的劳动就业资源的劳动者的一种公平的补偿机制。但是，这种机制本身也面临着是否有效率的争议。

　　对就业积极行动制度这种倾斜分配机制不效率的指责并不少见。例如，根据我国《残疾人保障法》关于残疾人按比例就业的配额制的规定（事实上它基本没怎么执行），一个企业假如必须雇佣也许不合要求的残疾人（可能因为每个企业都需要完成配额比例，所以导致市场上有能力的残疾人供应不足），向他们支付更高的薪水以使他们从事一些也许他们并不喜欢（也许是因为无法胜任工作而不喜欢或其他原因，但有工作总比没工作好，所以他会继续待下去）的工作。而不合格的雇员会由于他无法在工作中对其高薪进行补

---

① 统计性歧视是指，当一个雇主对潜在的雇员的真实能力无法进行准确的评价时，雇主将做出的理性选择就是将该雇员所属群体的普遍性特征来作为对该雇员的个人能力进行判断的基础。

② Heltonville, Nick, Papageorgiou, Chris: *An experimental study of statistical discrimination by employers*, Southern Economic Journal, 2004（4）.

偿而造成生产率的损失，而且向不喜欢工作的残疾人支付更高的薪水，对企业来说是一种成本，对残疾人来说也并非一种最佳的收益。又例如，如果弱势劳动者群体可以通过就业积极行动制度获得本来根据自己的能力无法获得的资源（如工作）的话，该劳动者群体成员有可能丧失自己进行人力资源投资的动力，而这将无法从根本上改变他们的弱势地位，倾斜分配的资源将带来不效率的结果。

此外，积极行动与消除间接歧视的目标往往有着直接的联系，但是这种联系通常是建立在一种不恰当的基础之上的。例如，雇主采取各种测试标准和方式以测试潜在的雇员是否胜任工作，但是因为它容易导致特定群体的不适当就业比例或特定的不利，所以构成间接歧视，而且为了改变这种状况，这些测试标准和方式就必须被取消，并通过实行积极行动制度（如要求将一定比例的职位留给特定群体的成员）来予以纠正。问题在于，这些被取消的测试标准和方式并非都是歧视性的，很可能仅仅是对工作岗位的能力要求，而在很多时候导致特定群体的不适当就业比例的原因仅仅是因为他们缺少必要的技能。因此，积极行动会不恰当地导致工作标准降低，并使雇主错误地雇佣了许多不合格的人。①

积极行动还容易引发道德疑问。例如，一个妇女或残疾人在获得了工作之后，她/他也许会不断地问自己："如果我不是妇女或残疾人，我能够获得该工作么，我究竟是因为能力还是我的性别或残疾而获得了该工作？"因此，积极行动措施不但不能提升人们对妇女或残疾人的评价，反而会不断提醒人们她/他们的性别或残疾因素。它无法让获得工作的妇女或残疾人获得真正的成就感，相反只是可能导致的受挫感。②另外，积极行动还有可能出于不正当的动机而做出。因为当今世界大多数国家和地区都实行的是民主制度，因此有的政府实行积极行动可能并非出于就业公平的考虑，而仅仅是基于政治选票的考虑，从而使积极行动制度沦为政治斗争的工具，脱离了积极行动制度的本旨。

然而，就业积极行动制度这一劳动就业资源的倾斜分配机制尽管存在无效率的风险，但其带来的效益也是非常明显的，而且足以抵消其无效率的后果。

---

① Taylor, Paul W: *Reverse Discrimination and Compensatory Justice*, in Steven M. Cahn, ed., *The Affirmative Action Debate*, NewYork: Routledge, 2002, P11-16.

② Justin Alexandros Steinhardt: *From Civil Right to Affirmative Action*, Law and Society Journal at UCSB, Volume IV, 2005, P20.

第一，通过对有关资源的倾斜分配，就业积极行动制度可以直接或间接地促进弱势劳动者群体改善劳动技能，增强就业竞争能力，而这对于雇主来说也是有效率的，因为它可以增加雇主的选择。例如，政府加大对弱势劳动者群体的职业训练援助（包括各种补贴）可以直接促进该群体成员提高其就业能力。又例如，正像人们在为反歧视寻找理由时所提到的，如果雇主可以随意歧视的话，结果就是被歧视者为人力资本投资的动机就会减少。这样一来，关于被歧视者的一些偏见就会变成自我实现的预言，因此有理由通过反歧视法来阻断这一恶性循环。[1]这一理由也可以用来支持倾斜分配机制：如果雇主认为某个弱势劳动者群体成员具有较低的技能，并因此而拒绝雇佣或提升他们的话，那雇主就永远看不到他们的真正能力，而且永远不会有机会改变其错误的看法，所以弱势劳动者群体成员也不会去为人力资本投资。但是，如果存在劳动就业资源的倾斜分配机制（如就业配额制），那该弱势劳动者群体成员就会预期雇主会雇佣并提升他们（但不是无条件，而是仍然会以能力为标准），就会为提高技能而进行投资，那雇主也就会看到他们具有技能，从而改变其错误的看法。[2]

第二，将资源向弱势劳动者进行倾斜分配的就业积极行动制度有利于维护劳动力市场的多样性，并增进效率。所谓多样性是指一系列人类特征，它们标志着人们自己或他人关于他们个人或群体特性的看法，其中尤其是种族、性别、民族、年龄、国籍、性取向、宗教、体能、阶级等的特征，或者是指一个群体或组织建立在对上述领域中的不同背景或经验的个人包容基础上的相异性。[3]劳动就业资源的倾斜分配（如配额、补贴制）对于确保劳动就业领域的多样性至关重要。而对于雇主来说，离不开多样化的劳动力（包括那些弱势劳动者群体），因为雇主不得不在一个多样化的社会中生存与发展，很多时候一个特定的职业往往只有特定的群体才能去完成或者完成得更好。例如，往往妇女劳动者就更加适合从事幼教工作、护理工作（而非出于歧视的目的将妇女与这些职业固定化）。而且，多样性还可以促进不同劳动者之间的交流并更加具有创造性，更加能够为雇主和社会创造经济与社会利益。因此，

---

[1] Kenneth Arrow: *The Theory of Discrimination*, in Orley Ashenfelter and Albert Rees, eds., *Discrimination in Labor Markets*, Princeton, N.J.: Princeton University Press, 1973.

[2] Stephen Coate, Glenn C.Loury: *Will Affirmative-Action Policies Eliminate Negative Stereotype?*, American Economic Review, 1993, 1220.

[3] Davie, Sharon L: *Diversity*, in P.H.Werhane and R.E.Freeman, eds., *Encyclopedic Dictionary of Business Ethics*, Osford: Blackwell, 1997, P173.

它也要求尽量避免在一个企业或其他组织当中某个特定的群体占据绝对统治地位，而其他群体则未能获得充分代表的情形。例如，在一个企业当中，如果全部是年轻人，没有高龄劳动者，企业经验和文化的传承就可能存在问题；反之，如果全部是高龄劳动者，没有青年人，企业的发展后劲就将丧失。

第三，将资源向弱势劳动者进行倾斜分配的就业积极行动制度有利于维护社会的和谐与稳定，促进社会的整体效率。一个社会当中，如果某些特定的劳动者群体长期受到歧视，或即使没有歧视，但无法实现足够的就业的话，将成为该社会不和谐与不稳定的根源。因为前文已经提到，它不管是在心理上还是在经济上（它容易滋生两极分化）都会导致那些弱势群体的不满，进而他们有可能将这些不满转化为对现有社会秩序和结构的怨恨，甚至力图推翻或打破这种秩序或结构，从而引发社会动荡，而这样的结果对于所有的人来说都是无效率的。近些年来，欧洲青年失业率畸高不下，已经成为欧洲社会动荡的根源即为适例。因此，采取必要的倾斜分配措施对那些弱势劳动者群体进行补偿能够有效地缓解社会矛盾，维持社会的和谐与稳定，这也是整个国家和社会保持高效运行的前提和基础。从成本和效率的角度考虑，显然这是最高效率所在，甚至在一定程度上达到了帕累托最优。因为每个社会成员，无论是劳动者，还是雇主都可以从社会的稳定与和谐当中获取收益。

三、建立我国就业积极行动制度的总体构想

（一）建立我国就业积极行动制度的公平考量

在前文为就业积极行动制度提供了必要的公平理论依据之后，接下来的问题就是如何确保这种制度在现实当中得到公平的实现，从而彻底回应那些对就业积极行动制度缺乏公平性的指责。

1. 就业积极行动制度之公平程序基本原则

一般而言，当我们问某个劳动者是否得到了他应得的东西或他需要的东西以及他是否具有平等权利的时候，我们其实是在问某种结果是否公平。但实际上，有许多人认为公平根本上是程序的一种性质，当我们把某种结果称作公平时，它其实不过是通过公平的程序而达到的。因此，社会公平并不因

此拒绝程序，相反一种设计公平的程序尽管最终的结果可能导致对一个人相当有害，但只要这一结果是以与他的公平标准相协调或能够接受的方式达到的，他也会把它当做合理的和正当的结果加以接受。

由此，我们认为就业积极行动制度本身就应当是一种公平程序的体现。一个公平的程序应当满足以下几个方面的原则性要求：

（1）应得和需要优先原则。公平程序必须首先被设计得能够满足应得和需要的要求。具体来说，首先，就业积极行动制度的适用对象的确定必须是那些在现实生活当中处于社会弱势地位的劳动者，而这些劳动者的弱势地位是基于不应得的因素（如其自身不可控制的生理或社会制度因素）而导致的。其次，就业积极行动制度只能针对那些确实需要给予特别帮助，如果没有特别帮助，靠其自身无法改变弱势地位的劳动者采取。

（2）正确处理群体与个体之间关系的原则。当决定给予某个劳动者群体以特别照顾时，不能想当然地对该群体的所有个体都同等对待，而应当视乎每个个体是否真正应得和需要照顾。例如，国家可以给予农民子女在受教育方面的特殊照顾，以改善其今后在就业方面的处境，但是并非所有的农民家庭都没有给予子女良好教育的能力。如果有充分的证据能够证明某个农民家庭足以自我解决子女接受良好教育的问题，则应当取消其特殊照顾待遇，以将有限的资源用于其他更有需要的农民家庭。

（3）平等补充原则。如果一个程序无法完全按照应得和需要来设计的话，则有必要采用平等原则来加以补充。例如，在资源稀缺而且每个目标群体成员的具体需要又无法准确确定的时候，一是可以考虑在各目标群体成员之间进行平等的分配，二是可以考虑采取将资源分配给目标群体成员当中的一部分。但第二种分配方式应当尽可能地设计得能够使每个人都获得同等的关心和尊重以获得人们的充分理解和接受。例如，由大家通过协商进行确定，如果协商不成的，则可以在事先征得大家同意的情况下进行抽签。

（4）公开原则。公平程序必须是公开和透明的，并尽量解释清楚，以便人们能够理解他们为什么得到或得不到某种利益。这样即使人们并不喜欢某个结果，但他们能够设身处地地考虑实施规则的人的处境，并明白在特定的情形中，他们自己也会做出类似的决定。

2. 建立就业积极行动制度的几点公平性建议

（1）一个公平的就业积极行动制度不能仅仅依靠政策或某些个别领导人

的思想、决策来建立和推行，而必须要最终通过法律来将其确定下来。目前，我国实践当中从中央到地方的各种就业积极行动措施不可谓不少，但是基本上都属于政策层面，缺乏立法规范。它导致的后果就是：各种就业积极行动措施要么相互抄袭，不考虑各自的具体情况，其施行效果自然不是很好；要么自行其是，缺乏必要的原则和标准指导，导致混乱局面。因此，建议对于就业积极行动制度应当进行统一立法，标题可以叫"弱势群体就业特别服务法"，在这个法律当中可以对就业积极行动制度的对象、原则、政府和社会责任、就业积极行动措施采取的标准、方式、周期、效果评估、法律责任等进行规定。在统一立法的基础上，还可以根据实践当中的具体情况，辅以必要的单行立法。

（2）国家强力推行弱势劳动者群体的特殊照顾制度。考虑到在现实当中有很多是属于非因个人选择的原因而是由于社会或自然的原因导致一部分劳动者处于弱势地位的情况，如果没有外力介入，这种弱势地位将不可逆地延续下去，因此作为一种外力，国家必须尽可能地解除导致劳动者弱势化的因素，并基于需要原则对弱势劳动者给予特殊照顾。这可以从以下两个方面进行考虑：

第一，劳动者基于自然因素如出生、性别等而造成与他人的差别是国家所无法解决的，但是国家必须尽量消除基于这些自然差别而对他们区别对待的社会因素，如消除各种形式的就业歧视以及影响弱势劳动者就业的各种就业障碍。为此，我们建议在《劳动法》和《就业促进法》已经对就业歧视问题给予了一定重视的基础之上，加快制定"反歧视法"，以消除各种制度或非制度的歧视，从而最大限度地改善弱势劳动者群体的弱势地位。

第二，对于因为自然因素（如性别、残疾、年龄等）而处于弱势地位的劳动者，国家应当基于保障他们的基本需要而给予他们特别照顾。对于因为历史或现实中的社会原因而处于弱势地位的劳动者也必须基于需要原则对他们给予特殊照顾。对于前者，我国已经通过《妇女权益保障法》《残疾人保障法》《劳动法》等立法对于如何给予他们特殊就业照顾进行了规定。而对于后者，则首先要准确界定哪些是需要大规模进行特别就业照顾的劳动者群体，如农民工即为需要特别照顾群体之适例。

就农民工而言，农民工出生于农村这本身是无法消除的事实，但是基于这一事实而存在的针对他们的各种歧视则是不应得和应该消除的。这些歧视主要集中在历史上形成的城乡二元发展机制，在这一机制下，农村劳动者获得的各种资源和机会都远远少于城市劳动者，进而导致很多农村劳动者面临发展甚至生存障碍。因此，为了纠正这一不公平现状，现阶段，应当改革城乡二元分割结构，清理各种针对农村劳动者的歧视性立法和政策，并适时大量实施针对农村劳动者的各种特别照顾措施，其目的就在于使农村劳动者逐渐提高劳动就业能力，减少与城市劳动者之间的差距。有鉴于此，建议国家考虑我国农民工规模大、就业困难多且长久等因素，特别针对农民工制定"农民工权益促进（或保障）法"，集中规定促进农民工就业机会和权益的措施。

（3）坚持能力考量与特殊照顾相结合，按劳分配与特殊照顾相结合。具体在规定针对弱势劳动者群体可以采取的措施时，无论是否根据需要原则给予部分劳动者特别照顾，实践当中仍然应当坚持以能力、业绩和贡献等因素为主要的就业机会分配依据和以按劳分配为主要的待遇分配方式。否则，势必造成社会基本分配原则的颠倒，从而影响那些具备较强劳动能力并努力工作的劳动者的劳动积极性，导致社会整体劳动效率降低。而且，按劳分配制度的边缘化还意味着劳动者待遇的身份化，这将减少弱势劳动者增强自身劳动能力的激励和努力，进而将自身的弱势处境长期化和固定化。

对此，一方面，有的法律可能会采取给予特定劳动者（如残疾人、妇女）以就业配额，但是必须合理确定配额，不能占用过多的资源。当然，最好的办法不是直接给予就业配额，而是在劳动者就业之前进行资源调配，以增强或改善弱势劳动者群体的就业能力为主要目标。另一方面，法律应当确认，即使某些目标群体的劳动者进入工作岗位，在工作待遇的获得上不应直接给予其特别照顾，而只能按照按劳分配原则进行。不过这并不排除用人单位对那些应受特别照顾的劳动者在参加职业培训方面给予特别照顾，以逐渐改善其工作技能。

（4）实践当中，有关立法或政策应当把握一个基本界限，即在确定给予某个劳动者群体以特别照顾的时候，应当尽量做到对目标群体的每个劳动者都各给所需，在进行具体分配之前，要看每个劳动者是否应得到特殊照顾，而不能搞平均分配。这可以说是在采用就业积极行动措施的基础上仍然应当坚持应得原则的体现，也就是说不能仅仅以具有群体身份就获得照顾，即使某个劳动者属于特殊照顾的目标群体，但是如果事实上他具备足够的能力或并非处于弱势而并不需要特别照顾，而且对此也有充分的证据予以证明的话，则应当取消其特别待遇。例外的情况是，如果在众多有需要特殊照顾的劳动者之间难以评估彼此差别或者用以满足需要者的资源（如工作机会）有限的时候，就可以考虑进行平等的资源分配或者体现对每个人都平等尊重的规则（如协商或抽签）。

（5）应当适当平衡弱势劳动者与非弱势劳动者之间的利益。基于此，所有相关立法或政策的制定都必须考虑，对于弱势劳动者的特别照顾必须保持一定的度，即以维持劳动者及其抚养的家属最为基本、体面的生活为必要，而不能让未受特别照顾的劳动者群体承担过多的社会代价，否则势必产生新的不公。例如，立法在规定给予特定弱势劳动者特殊照顾的时候，应当规定不能以超出当地人平均收入或生活水平的程度制定有关照顾措施。

此外，对于因为自然因素（如基于生理原因的性别、残疾、年龄等）而处于弱势地位的劳动者的特别照顾，基于其需要的长期性固然可以长期化（如妇女依法可以享受带薪生育假），但是对于因为社会因素（如我国历史形成的城乡二元制度）而处于弱势地位的劳动者给予的特别照顾不能长期化。在特别照顾措施实施一段时间后，如果弱势劳动者的社会地位已经提高，其就业能力已经增强，其就业代表性已经改善的话，就业积极行动制度的目的就已达到，就必须及时取消该措施，这也是对非弱势劳动者的一种公平对待。在有关立法当中，也必须加以特别规定。例如，立法可以要求，凡是政府制定的有关特殊照顾政策或措施必须明确规定其执行有效期限，执行周期一到，就必须立即停止，如果在某一执行周期期满，经过评估之后仍然未能有效解决问题，则可以重新制定新的措施。

（6）有关立法应当规定，任何就业积极行动措施的制定都必须事先进行公开和广泛的讨论，坚持民主性和科学性相结合，避免有关部门想当然地闭门造车。同时，在其实施时也应当尽量予以透明。这样做的好处在于，它可以让未获特别照顾的劳动者能够对有关积极行动措施充分地理解和进行监督，不至于因未公开和透明而致产生社会不公的观感进而影响就业积极行动制度的顺利推行和效果。

（二）建立我国就业积极行动制度的具体制度建议

1. 总的构思

（1）进一步制定和落实"反歧视法"，消除导致劳动者群体弱势的歧视性根源。反歧视立法的问题其实已经是一个探讨很多年的问题，但是迄今仍然没有得到根本解决。尽管我国《就业促进法》已经专门对于就业歧视进行了专章规定。但是，一方面《就业促进法》的规定非常原则、简陋和缺乏可操作性，另一方面造成弱势劳动者群体就业难的歧视性原因并不仅限于就业歧视，还包括其他很多方面的歧视（例如在出生方面的歧视会导致劳动者弱势，超生黑户劳动者即为适例；在教育方面的歧视会导致劳动者弱势，因为它会导致无法接受良好教育的劳动者缺乏必要的劳动能力），因此我们需要的不是"反就业歧视法"，而是涵盖面更广、更具可操作性的"反歧视法"。在反歧视法当中，应当明确规定歧视的概念和分类、歧视的表现形式、反歧视的执行机构和执法程序、歧视应当承担的法律责任等内容。

（2）及时清理、修订和废除有关法律制度和政策，消除导致劳动者弱势的制度因素。这些制度有的表现为歧视，例如在 1995 年的时候，北京就颁布了《北京市外地来京人员务工管理规定》，其中第四条就有这样的直接歧视性规定："本市使用外地人员务工的行业、工种，由市劳动局会同有关部门根据本市劳动需求状况，以本市城乡社会劳力不能满足用工需要为原则确定。"在 1997 年，北京市进一步规定："对未按劳动行政机关批准的工种使用外来务工人员的，每使用一人就处以 200 元以上 1000 元以下的罚款。"北京市限制外地人员从事的工种从最初的 10 多个发展到后来竟有了 100 多个。即使到现在，经过了多次清理，北京仍然有很多针对外地劳动者的就业限制继续存在。当然，也有的制度并不表现为歧视，但是其对劳动者的约束却也是显而易见的，如《劳动合同法》之劳动合同期限制度对于青年劳动者就存在一定的就业限制。①而在短时间内无法进行清理的，则可以通过加强司法解释工作的方式予以缓解，或者通过实施新的社会政策或制度来抵消原有政策和制度的影响。

（3）将对弱势劳动者群体进行倾斜保护（尤其是对劳动就业资源的倾斜性分配）的就业积极行动措施应当制度化、法律化，否则其施行效果将难以得到切实保障。为确保其制度化和法律化，建议制定专门立法。考虑到"就业积极行动制度"在实践中不易为一般公众所理解，所以该法可以称为"弱势劳动者群体就业特别服务法"。在这个法律当中对该制度的原则、主体及其职责、权利和义务、制度实施范围、采取的标准和形式、制定和执行程序、

---

① 刘勇：《论我国弱势劳动者群体的法律界定》，载《江汉论坛》2011 年第 6 期。

执行周期、效果评估、法律救济和责任等进行规定。在统一立法的基础上，还可以根据具体情况，辅以必要的单行立法。例如，在现有《职业教育法》的基础上，结合劳动就业实践，制定"职业培训法"，建立预备劳动制或学徒制等西方国家行之有效的制度，切实解决青年就业难的问题。当然，也可以针对具体的弱势劳动者群体单行立法，如制定专门的《青年就业促进法》《高龄劳动者就业促进法》《农民工就业促进法》等。

2. "弱势劳动者群体就业特别服务法"的必要说明

（1）与现有立法之间的关系。如果要制定"弱势劳动者群体就业特别服务法"，必然涉及如何处理与现有立法之间的关系问题，包括与《劳动法》《就业促进法》等就业基本法之间的关系，以及与《残疾人保障法》《残疾人就业条例》《妇女权益保障法》《青年就业促进法》等单行法之间的关系。

严格说来，《劳动法》《就业促进法》等劳动领域的基本法与"弱势劳动者群体就业特别服务法"之间介乎上下位法之间的关系。当前公认的劳动法基本原则当中包含了一个最为重要的原则就是公平就业原则，而公平就业蕴含了两层意思，第一层意思就是平等就业，意即任何劳动者在就业的过程当中不得遭受歧视；第二层意思就是对弱势劳动者群体进行倾斜，事实上就是本书所探讨的就业积极行动。对此，《劳动法》当中在第十至十四条当中有比较原则的规定，而《就业促进法》则在第三章（公平就业）和第六章（就业援助）当中对于反歧视以及援助就业困难人员（弱势劳动者群体）就业问题进行了规定。例如，该法第五十二条规定，各级人民政府建立健全就业援助制度，采取税费减免、贷款贴息、社会保险补贴、岗位补贴等办法，通过公益性岗位安置等途径，对就业困难人员实行优先扶持和重点帮助。但无论是《劳动法》还是《就业促进法》都存在一个共同的问题，那就是立法对反就业歧视和就业援助的规定都比较原则和笼统，都不是可以具体操作的规范，而且《就业促进法》对于就业援助基本上仅确定为政府的责任，对于其他社会主体的就业援助义务几乎没有涉及。例如，对于企业自行设定的就业积极计划，法律上应该如何评价等就没有进行回答。而"弱势劳动者群体就业特别服务法"则可以通过设计，系统地为政府或其他社会主体实施就业援助或就业积极措施提供可供具体操作的规范，因此"弱势劳动者群体就业特别服务法"应当属于具体落实《劳动法》还是《就业促进法》的下位法。

至于"弱势劳动者群体就业特别服务法"与《残疾人保障法》《残疾人就

业条例》《妇女权益保障法》《青年就业促进法》等单行法之间的关系，我们认为它们之间属于立法交叉关系。"弱势劳动者群体就业特别服务法"仅仅就上述单行法当中涉及对弱势劳动者群体给予特殊照顾的积极行动内容加以规定。考虑到这些单行立法当中可能已经对于积极行动内容有实体性的规定，为免立法过于重复，可以考虑"弱势劳动者群体就业特别服务法"主要规定就业积极行动措施的制定和实施程序问题。

（2）有关立法体例的安排。在就业积极行动制度的构建上，我们认为从立法上来说可以采取基本法和单行法相结合的模式。"弱势劳动者群体就业特别服务法"作为规定就业积极行动制度的基本法，集中规定就业积极行动如何制定、如何运行的机制，重点在程序，而单行法则以就业弱势劳动者群体的种类进行划分，从实体上具体规定可以采取哪些积极行动措施，建立哪些积极行动制度。在本章当中，我们将仅对于如何制定"弱势劳动者群体就业特别服务法"进行探讨，对其他单行立法的探讨本书将在其后的章节当中再详细论述。需要特别说明的是，即使不制定专门的"弱势劳动者群体就业特别服务法"，以下论述当中所论及的基本内容对于制定属于就业积极行动领域的单行立法也具有十分重要的指导意义。

3. "弱势劳动者群体就业特别服务法"的基本原则

（1）公平原则。根据前文分析，因为就业积极行动制度将有关资源向弱势劳动者群体的倾斜分配属于对弱势劳动者群体的特殊照顾，具有反平等性，其本身容易引发对未获特殊照顾群体不公平的争议，故应严格遵循公平原则：首先，对于制度目标群体的界定应当谨慎，合理确定弱势劳动者群体的范围，同时正确处理群体与个体之间的关系，不能当然地对目标群体的所有成员都同等对待，而应当区分每个个体的具体情况，以确定是否给予其特殊照顾；其次，应当严格按照需要原则的要求制定针对目标群体的资源分配制度，注意平衡受特殊照顾的弱势劳动者群体与未获特殊照顾的劳动者群体之间的利益，防止产生新的不公；最后，在我国当前的劳动就业背景下，极有必要打破劳动就业资源的现有垄断分配格局，逐渐将传统垄断行业纳入竞争轨道，进行工资待遇制度改革，使所有劳动者尤其是弱势劳动者群体都能够公平地参与社会劳动就业资源的分配。

（2）透明化原则。任何涉及就业积极行动当中的资源倾斜分配措施的制定都必须事先进行公开和广泛的讨论，坚持民主性和科学性相结合，避免有关部门想当然地闭门造车。同时，其实施过程也应当尽量透明，其实施结果也应当及时公布。这样做的好处在于，它可以让未获特别照顾的劳动者以及其他社会主体能够对有关措施充分地理解和进行监督，不至于因未公开和透明而致产生不公或违法的观感进而影响制度的顺利推行与实施效果。

（3）效率原则。前文对就业积极行动制度的有效性分析表明，任何一个法律制度除了要追求公平正义之外，在当代社会从法律制度的制定到实施进行成本和效率的分析都是十分重要和必不可少的。尤其是涉及大量的社会资源分配的制度，更加注重其效用。在劳动就业资源的倾斜分配制度当中，效率原则首先要求每一项政策或措施都必须进行事前、事中和事后的效用分析，评价其可能或已经引起的正的效果和负的效应，必须将这种效用分析变成一个必经的程序，并作为有关决策的依据。其次要建立各种时效期限制度，并严格遵循。

（4）倾斜适度原则。任何倾斜性的资源分配制度都必须保持一个适当的度，过犹不及。如果对于弱势劳动者群体的倾斜分配超过了一定的限度，不仅会产生新的社会不公，也容易滋生不效率的后果。例如，就业配额制就应当慎用，否则有可能侵害企业的自主经营权，进而损害企业的效率和竞争力。从手段上来说，国家应当首先承认市场自由分配是各种资源分配的基本的和主要的形式，除了涉及劳动者的基本权利保障所需，倾斜性的分配制度应当尽量以自愿和引导为主，以强制为辅。

（5）促进就业的原则。任何倾斜性就业制度的安排都应当有一个共同的目标就是促进弱势劳动者群体的就业。这个目标既包括要促进弱势劳动者群体在就业当中的代表性，同时还要注重提高他们的就业质量。

4. "弱势劳动者群体就业特别服务法"的主体及其职责、权利与义务

（1）弱势劳动者群体。根据前文分析，可以确定五类我国的弱势劳动者群体：残疾劳动者、妇女劳动者、青年劳动者、高龄劳动者和农民工。弱势劳动者群体可以依法通过其代表参加有关劳动就业资源分配制度的制定，并充分发表意见，争取正当权益，有权获得国家和社会给予他们的各种就业援助、优惠和照顾，在其合法权益受到侵害时，可以依法寻求救济。

（2）国家。国家的职责在于组织确定弱势劳动者群体的范围，组织研究、制定和实施劳动就业资源倾斜分配制度的形式和方式，进行执法绩效考核和

监督，查处违法行为，承担相应的法律责任，并接受其他社会主体的监督。

（3）雇主。雇主有权参与有关劳动就业资源分配制度的制定，如参加政府推行的职业培训制度和制定，并有权派代表参与管理，以维护其合法权益；同时，有权享受国家为推行有关分配制度而给予的各种补贴和激励，有权依法对不合理的摊派和强制提出异议并寻求救济。但是雇主也有义务履行依法制定的有关强制措施，有义务履行必要的社会责任，积极主动地为实现有关立法或政策目的而给予配合。

（4）社会其他主体。其他可以依法参与到有关劳动就业资源分配制度的制定和执行当中的社会主体包括：工会组织。工会组织依法代表劳动者参与有关制度的制定和执行，有利于其发挥劳动者权益保护组织的功能；非弱势劳动者群体代表。因为倾斜分配制度可能对于非弱势劳动者群体的利益造成损害，如就业配额制就将挤占非弱势劳动者的就业机会，因此非弱势劳动者群体也应当派代表参与制度的制定，以充分表达自己的利益诉求；其他社会组织，包括各类弱势劳动者群体组织和其他社会公益组织、职业培训机构等。

5.“弱势劳动者群体就业特别服务法”中倾斜分配制度的范围

（1）职业教育和培训资源的倾斜分配。考察西方发达国家在促进就业方面的成功做法，几乎无一例外的都是非常重视职业教育和培训。以德国为例，在德国超过百分之五十的初中毕业生进入各类职业培训学校接受职业培训（这种职业培训包括 3/4 的时间在企业作为学徒学习，1/4 的时间在职业学校进行基础理论教育）或者直接进入企业担任学徒，其职业培训的管理机制非常严谨，社会主体广泛参与，国家和企业的投入也很大，其结果就是德国青年的就业成功率很高，德国一直都是欧洲乃至世界上青年失业率最低的国家之一。[1]我国也应当建立自己的职业培训制度，尤其是要鼓励“学徒制”，增加青年初次就业的成功率，并采取措施（如激励手段）加强和促进对弱势劳动者群体的在职培训、再就业培训，并在一定的范围内将职业培训制度变成一种强制性的制度。例如，对于辍学的青少年强制参加职业培训，要求雇主制定并执行强制性的雇员定期培训计划等。

（2）就业机会的倾斜分配。对于就业机会的倾斜分配应当包括两个方面：

---

① Waiter R.Heinz：*Youth transition and employment in Germany*，ISSJ 164/2000©UNESCO 2000；*European Employment Observatory Review*，*Youth employment measure*，2010，Luxembourg：Publications Office of the European Union，2011.

第一，强制性的将就业机会分配给特定的劳动者群体。例如，要求雇主在其雇员当中必须保证一定比例的妇女或残疾人比例，除非这种安排将给雇主带来无法承受的负担。第二，采用各种激励手段，如补贴、优惠等诱导雇主将就业机会给予需要特殊照顾的劳动者群体。第三，建立专门针对弱势劳动者群体的公共就业服务机构，为他们的就业提供特别服务。

（3）就业条款或条件的倾斜分配。在现有立法已经对于妇女和残疾人有特殊保护的基础上，进一步细化并强制性地要求雇主执行对于他们的保护措施，如对残疾员工的无障碍工作环境的强制性要求必须得到严格执行，否则必须承担法律责任。细化促进青年员工和高龄员工稳定就业的就业条件，要强化对农民工的劳动保护，建立农民工工资特别保障制度。建立有利于特别保护弱势劳动者群体的解雇裁员制度。

6. "弱势劳动者群体就业特别服务法" 的程序保障

（1）相关标准。在制定有关资源的倾斜分配制度时，必须事先确定有关的标准。这些标准通常包括以下几个方面：一是有关目标群体的认定或排除标准。但这个标准必须有一个前提，即立法并没有明确列举谁是弱势劳动者群体，否则这种标准就没有多少意义。二是有关倾斜分配制度的评估标准。即具体制定、执行以及据以终止某项倾斜性的分配政策措施时，对其进行总体评估的标准。比如说可以规定任何倾斜性的分配措施，其目标仅以维持劳动者及其家庭最为基本、体面的生活为必要，具体可以以当地平均生活水平或者事先确定的特定就业率等为标准。三是其他标准。例如，就业配额比例标准、有关补贴或优惠标准、劳动者接受职业培训的有关资格标准与鉴定标准以及残疾人无障碍工作环境标准等。

（2）实施方式。倾斜分配制度的具体实施方式也应当在法律当中明确规定，具体来说大体可以采用以下方式：一是对弱势劳动者群体进行资源分配。这种方式的采用，一方面可以由国家直接给予弱势劳动者群体以各种就业补贴或优惠（如就业培训或工资补贴）；另一方面，还可以考虑从改善弱势劳动者群体整体素质出发，在国民教育方面给予特别照顾。二是对雇主或其他有关社会主体进行资源分配。这种方式是对于配合完成立法目标的雇主、社会公益组织、有关中介机构等给予各种补贴和优惠。三是就业配额制。它是指直接由立法规定一个标准或计算方法，要求雇主必须雇佣、提升、培训和提高一定比例的弱势群体成员。我国现有的《妇女权益保护法》《残疾人保障法》和《就业促进法》已有类似规定，但是立法本身并没有规定具体的比例，也没有规定有关确定比例的标准，因此新的立法必须在这个方面加以明确。四是强制义务式。例如，规定对于年满16周岁的离校青年必须参加2～3年的职业培训，以提高青年劳动者的就业成功率。五是其他方式。

（3）制定程序。这一程序基本与立法程序相同：一是提案程序，法律可以规定符合法定要求的主体可以提案制定某项倾斜性的分配政策或措施；二是提案受理程序；三是草案公布和咨询、论证、收集意见程序，其中包括举行听证的程序；四是草案表决程序；五是对通过的草案的公布程序。以上程序看起来与《立法法》规定的程序相同，似乎不需要特别规定，但事实上却很有必要。《立法法》适用的是法律、法规的制定，而这里的程序是适用于某项政策措施的制定。尽管这样复杂的程序对于政策的制定来说会影响其制定的效率，但是能够保障其实施效果。现在很多法规的制定出现问题，执行效果不好，其原因就是在制定时不够严谨和科学。

（4）实施周期。需要说明的是，对于那些旨在消除弱势劳动者群体因为生理缺陷而带来的弱势的特殊照顾制度是不应当设定执行周期的。例如，对残疾人无障碍工作环境的要求，对妇女生理周期或孕、产期给予职业保障和安全保障的要求都具有永久性。但是对于其他的倾斜性资源分配制度就必须要求制定执行周期。这里关键的是执行周期怎么确定以及怎么延续的问题。一般而言，事先可以确定一个若干年的执行周期，一旦执行周期届满，应当对该政策或措施的执行效果进行评估。如果评估结果认为已经达到预定的目的，就应当及时终止，如果执行期满还是没有达到目的，就可以重新论证是延续执行还是终止执行并制定新的政策或者措施。

（5）效果评估与执行监督。前文已经论及对劳动就业资源的倾斜分配政策或措施的效果评估分为事前评估、事中评估和事后评估。事前评估项政策或措施可能的效果是决定该项政策或措施能否出台的依据，这有点类似于环境法当中的环评制度。事中评估要求在某项政策或措施的实施过程当中定期或依法不定期地进行效用分析，并根据分析结果决定是否要继续执行还是进行修正后的继续执行。事后评估是指在执行周期届满时进行的评估，它是修订有关政策或措施，甚至是修订立法的重要参考依据。在相关倾斜性分配制度实施的过程当中，还应强化执法监督，应当依法确立执法机关的监督职责和其他主体的监督权利。

（6）法律救济与法律责任。劳动就业资源的倾斜分配制度中的任何有关主体，如果认为其合法或正当权益受到了侵害，都可以依法寻求救济。法律应当明确规定申诉、控告、复议、诉讼等多种救济形式的适用情形。同时，法律应当将有关法律责任具体化，不能出现模糊不清或无法操作的情况。在这个方面，现行的《就业促进法》做得不是很好。例如，《就业促进法》规定了禁止就业歧视，在其法律责任篇当中也规定了对于实施就业歧视的行为可以依据本法提起诉讼，问题是该法并没有规定该诉讼的属性、提起诉讼所适用的程序，以及如何承担和承担何种法律责任，结果使该条规定形同虚设。此外，法律责任要有效果，对有关责任主体法律责任的设定一定要体现让其"所失大于所得"的原则。比如说，我国《残疾人保障法》规定实行按比例安排残疾人就业的配额制度，但是当前很多企业宁肯缴纳残疾人保障金，也不愿雇佣残疾人。根本原因就在于企业认为雇佣一个残疾人的成本远远大于其缴纳一份残疾人保障金，所以尽管我国残疾人保障基金金额这些年增长十分迅速，但是立法最初设定按比例安排残疾人就业的目的却完全落空。

第三章　我国残疾人就业积极行动制度研究

　　目前，我国有残疾人 8 300 万，处于就业年龄段的残疾人约有 3 200 万，但是就业的残疾人数量却非常少，截止到 2007 年，城镇就业的残疾人数仅 430 万，仍然有 858 万有劳动能力就业或达到就业年龄的残疾人没有实现就业，而农村的广大残疾人则还没有计算在里面。2009 年度城镇残疾人登记失业率高达 13.6%，是全国城镇登记失业率 4.2%的 3.2 倍，而实际失业率远不止如此。2008 年，劳动年龄段的残疾人接受过职业技能培训的比例仅为 4.4%。[①]而且，大多数残疾人所从事的都是层次、质量和收入较低以及不稳定的职业，社会对残疾人的歧视仍然普遍存在，因此解决残疾人的就业问题任重道远。近年来，我国进一步完善残疾人就业促进立法和政策，积极稳定和扩大残疾人就业，提高残疾人就业质量。在这些政策和立法当中，相当大一部分内容体现的是对于残疾人的特别照顾，从而使我国残疾人的就业状况得到了相当大的改善。但同时，在实践当中，我国残疾人的就业问题却仍然没有得到社会的足够重视，残疾人的社会地位仍然没有得到根本性改善，各级立法和政策的内容和执行效果也并不令人满意，因此当前进一步完善我国残疾人就业的立法和政策，继续执行特别照顾残疾人的积极行动措施仍然具有十分重要的现实意义。

一、残疾人与残疾人就业

（一）残疾人的概念界定

　　根据我国《残疾人保障法》第二条之规定，残疾人是指在心理、生理、人体结构上，某种组织、功能丧失或者不正常，全部或者部分丧失以正常方式从

[①] 许琳：《残疾人就业难与残疾人就业促进政策的完善》，载《西北大学学报》（哲学社会科学版）2010 年第 1 期。

事某种活动能力的人。残疾人包括视力残疾、听力残疾、言语残疾、肢体残疾、智力残疾、精神残疾、多重残疾和其他残疾的人。归结起来，残疾人是因为生理或精神上损伤而对一个人从事日常活动产生了实质性的和长期的影响的人。但是，大多数国家一般都规定，残疾人不包括以下几种情况：① 各种瘾君子，如酗酒、烟的人，除非其上瘾是因为医疗上的处方用药造成的；② 有违法倾向，如喜好偷盗的人，或一些具有变态人格，如好性虐待的人；③ 暴露狂或窥阴癖者；④ 一些季节性的疾病患者；⑤ 因为文身等原因而毁容者。①

以上主要是从生理学上对于残疾人的定义，从法律上来说，我们则可以将它界定为在参与社会主流生活当中，因为生理障碍或社会障碍而使其机会和权利受损或受限的人。在具体的法律适用当中，有的国家还对法律上的残疾人进一步加以限定，除了要求符合残疾人的生理特征，还必须依法在有关部门进行了残疾登记的人才能获得国家承认，并获得国家的保护和照顾。以英国为例，其在战后开始实施的促进残疾人就业政策——配额制就只针对依法进行登记的残疾人。我国立法并未直接规定残疾人的登记义务，但是在实践中，要享受有关残疾人政策和待遇，仍然必须履行一定的程序。根据我国《残疾人证管理办法》的规定，在我国认定为残疾人必须持各级残联所颁发的残疾人证作为证明。

（二）残疾人就业与残疾人就业问题

残疾人就业是指残疾人参加工作获得职业或者自我就业的活动。尽管残疾人在生理或心理上存在缺陷导致其日常活动不方便，这常常使他们与非残疾人相比在就业当中处于不利地位。但是在现代社会人们通常认为，在一个社会当中，每个人无论是否弱小，都有权享受各种基本人权，有权选择自己的生活方式，残疾人也有权通过各种方式完全参与社会生活，其中就包括通过行使就业权来实现这一点。

实践当中，相比非残疾人，残疾人就业往往存在更多的问题，处于就业当中的弱势地位。有调查报告显示，在我国，对残疾人就业影响最大的因素主要包括：雇主不愿招聘残疾人；适合残疾人的就业机会少；残疾人择业受到自身残疾限制；残疾人集中就业的福利企业经营状况差，并且岗位层次低；

---

① Malcolm Sargeant, David Lewis: *Employment Law(third edition)*, Pearson Education Limited, 2006, p221.

残疾人受到的培训非常少；工作报酬少等。①具体来说，以上这些因素造成了残疾人就业存在以下几个方面的基本问题：

1. 残疾人在就业当中容易受到歧视

对残疾人的就业歧视往往存在三种情形：

第一种情形是对残疾人的直接歧视。构成直接歧视必须满足两个条件：一是雇主的行为必须基于残疾人的残疾因素，如直接规定某项工作不能由残疾人担任或一旦员工被确认为残疾就被解雇；二是残疾人所受到的歧视是与正常人相比较而言的。而这种比较最重要的就在于找到合适的比较者，它通常要求被比较者与残疾人处于相同的工作环境。例如，一个残疾人与一个正常人要求具备相同的工作能力，或者两者之间没有实质上的能力差别。在这种前提下，如果残疾劳动者在因病休假一段时间（假设是 6 个月）后被解雇，而另一个正常人同样因伤，如摔断了腿而休假 6 个月却没有被解雇。直接歧视一般不能被证明为正当。

第二种情形是间接歧视。间接歧视通常并不直接将是否残疾作为就业决定的条件，而是雇主制定了一些表面上与残疾无关的就业条件、标准、管理制度或者进行一些就业能力测试（如视力、听力或语言测试等），但这些条件、标准、管理制度或测试事实上却导致了一些特定的残疾人（如盲人和聋哑人）无法满足要求而被排除在外，除非雇主能够证明他所要求的这些条件、标准、管理制度或测试与相关的工作有着合理的联系和必要性，或者是出于健康和安全和卫生的考虑，或者出于宗教需要的原因。②

第三种情形是雇主不能为残疾人提供合理的工作和工作场所适应性调整。各国劳动法一般都要求雇主应当为其残疾雇员提供适合其残疾特点的工作场所、设施设备以及工作岗位。并且对于残疾雇员不胜任原岗位时应当进行合理的岗位调整以使其适应新的岗位，如果雇主未经合理的岗位调整就将不胜任工作的残疾人解雇将构成就业歧视行为，除非雇主能够证明其不知道该雇员是残疾人，或如果进行调整的话将不适当地增加其事业运行的艰苦程度。③

---

① 马洪，李志忠：《残疾人就业影响因素的调查研究》，载《中国残疾人》2006 年第 1 期。
② 在美国，还禁止雇主对劳动者进行是否是残疾人的检查，除非它与工作相关并且是工作的持续性要求。
③ Malcolm Sargeant，David Lewis：*Employment Law（third edition）*，Pearson Education Limited 2006，p229-232.

2. 残疾人就业技能低,在劳动力市场上的竞争力较弱

导致残疾人就业技能低的原因有几个方面:一是残疾人本身的生理或精神问题。例如,残疾有可能造成学习能力下降,因此对于其掌握有关工作技能在客观上构成障碍,进而影响其就业竞争能力。二是残疾人的职业培训机制不健全会导致残疾人无法掌握有效的就业技能。例如,我国当前针对残疾人的就业培训就存在资金投入不够,培训机构缺乏,培训内容不科学并且培训技能层次偏低(如对于盲人基本上局限于盲人按摩培训,缺乏多样性)。三是不合理的劳动就业分工也会导致残疾人的就业技能较低。例如,实践当中,社会给残疾人就业的定位往往是那些层次较低、对技能要求不高的岗位,基于这种预期,社会和残疾人自己在进行人力资本投资时就会缺乏进行高级别技能投资的动力,从而导致其技能获得只局限于低级别,自然在参与就业竞争的时候,就无法竞争得过非残疾人。

3. 残疾人就业层次低,收入相对较低

残疾人就业的一个非常重要的特点就是就业层次低,因此其收入相对较低,很多残疾人甚至从事没有报酬的工作。导致这一现象的原因同样有几个方面:一是由于生理或精神障碍,残疾人受教育程度普遍较低,其就业技能如前所述与非残疾人相比差距较大,所以其能够从事的就只有那些较低层次的工作。二是社会观念认同障碍大。在社会上普遍存在这样一种认识,即非残疾人甚至大学生就业都那么难,残疾人就不了业很正常,加上社会对残疾人缺乏必要的了解,往往对他们带有一定的偏见,认为残疾人的生产率比非残疾人要低,因此只能从事低级别的工作,拿较低的工资。此外,很多用人单位在雇佣残疾人雇员的时候,往往带有恩赐的心态,认为残疾人只要有个工作就不错了,因此给他们提供的往往是那些诸如保洁、门卫等工作。三是对残疾人的就业服务机制不完备。例如,有的地方缺乏(县级以下几乎没有)为残疾人就业提供就业服务的专门机构,即使建立了残疾人就业促进机构(县级以上为残联就业服务中心),但是由于各种原因该机构的职能发挥效果不佳,并且缺乏必要的就业服务网络。

4. 残疾人难就业,易失业

残疾人难就业和高失业率是一个世界性的普遍现象,其原因包括三个方

面：首先，从主观上来说，社会对残疾人的偏见和漠视，以及残疾人自身缺乏强烈的就业意愿是残疾人难就业和易失业的重要原因；其次，从客观上分析，构成残疾人难就业和易失业的主要原因是残疾人自身的残疾障碍和低技能水平；最后，有关保护残疾人权利的法律制度不健全或不合理则是导致残疾人难就业和易失业的制度原因，因此完善相关法律制度对于促进残疾人就业至关重要。

二、促进残疾人就业积极行动的必要性及其表现形式

（一）促进残疾人就业积极行动的必要性

在现代社会，几乎世界各国和地区都针对残疾人就业制定了各种积极行动制度，世界范围内基本上已经达成共识，即任何一个国家和社会都在残疾人就业当中负有保障和促进责任。其具体要求就是：让大多数残疾人都能根据自身的价值，在一个没有偏见和歧视的环境下，即使在与非残疾人的竞争当中也能实现充分就业。

对于国家来说，其责任在于制定和执行有关促进残疾人融入社会和充分就业的法律和政策，包括宣示残疾人的权利，消除对残疾人的社会歧视和偏见，规定社会各主体在促进残疾人就业当中的责任和义务，并通过各种手段进行监督。同时，国家还负有保障残疾人就业的直接责任，这在很多国家的直接体现就是政府公共部门吸收了社会上主要的残疾人就业。

对于社会来说，社会公平理论认为，残疾人和所有其他非残疾人一样都是平等的主体，不能对残疾人进行任何歧视。一个人的残疾与否属于偶然性的自然因素，是残疾人自身不可控制的，由于残疾使残疾人与非残疾人相比处于竞争的不利地位，这本身是不应得的，而这种不应得却导致了残疾人在社会当中受到诸如歧视以及难就业等伤害，所以应当从社会获得补偿，并享有非残疾人所不能享有的更多权利，以弥补其所受到的不应得的伤害和损失，而全社会对于这种损失补偿都负有责任。

国家和社会对残疾人所负的责任有以下几个方面的特点：第一，通常来说，它是一种整体责任。例如，该责任的承担主体是整个国家和全体社会，其责任所对应的残疾人权利也往往是将残疾人作为一个整体来看待而给予

的，它并不像民事权利那样讲求每个人权利的差异性，所有残疾人都享受相同的国家法律和政策所带来的权利和待遇，因此更多地体现为一种宪法权利。第二，国家和社会对残疾人所负的社会责任的核心体现为反歧视。由于传统上残疾人非常容易受到偏见和歧视，并因此在就业竞争当中处于弱势地位，所以促进残疾人就业首要的就是消除对残疾人的偏见和歧视，并让社会正确认识残疾人的价值和能力。第三，国家和社会对残疾人所负的社会责任往往是通过对残疾人就业给予特殊照顾和优惠的方式来实现的。有人把残疾人所获得的这种特殊照顾称为就业优先权。[①]在本书当中，即所谓的就业积极行动。例如，国际比较通行的残疾人按比例就业或残疾人就业配额制或残疾人就业岗位预留制立法就是对残疾人的特殊照顾，对残疾人就业给予各种政策优惠也是普遍的做法。第四，国家和社会对残疾人所负的社会责任，其成本往往由全社会共同承担，通常不要求某个个体做出特别牺牲。例如，对于残疾人就业的各种补贴政策所对应的社会成本支出，就是由所有的纳税人来承担。

（二）促进残疾人就业积极行动的具体体现

从世界范围内的就业实践看，促进残疾人就业的积极行动主要是采取各种具有特殊照顾性质的措施促进残疾人增强就业能力，扩大就业比例，提高就业质量，具体如下：

1. 残疾人权利告知

在保护和促进残疾人就业的过程当中，一个非常现实而重大的阻碍就是残疾人不知道或不熟悉他们究竟有哪些权利以及国家在促进残疾人就业方面存在哪些政策和制度，因此一个好的残疾人保护制度要得以顺利实施，首先需要去除这一障碍。可以通过以下途径来解决：第一，宣传。通过媒体或社区以及各种出版物的方式宣传是最为普遍和传统的方式。第二，就业服务。通过专门设立的残疾人就业服务机构为残疾人就业提供各种咨询、援助、培训以及职业介绍等服务的过程中让残疾人了解其权利和国家的有关法律和政策。第三，执法过程中的权利确认和保护。在很多国家都设立有专门的机构来执行与残疾人有关的法律，如美国的平等就业机会委员会根据《美国残疾人法》的规定，负

[①] 高一飞：《论残疾人就业优先权》，载《四川理工学院学报》（社会科学版），2011 年第 3 期。

责执行残疾人法，反对针对残疾人的就业歧视；加拿大人权委员会和澳大利亚的人权和平等机会委员会也具有相同的职能，它们有权主动或根据残疾人的申诉而对歧视或对残疾人就业构成障碍的行为进行调查并作出处理。第四，其他途径。例如，在就业实践当中通过创业咨询或雇主告知等方式获得。

2. 促进残疾人增强就业竞争能力

残疾人之所以就业难，有很大一个原因就是残疾人受教育程度普遍低，缺乏必要的就业技能以及雇主对残疾人价值缺乏了解。为此，需要有针对性地想办法增强残疾人的就业技能并增进雇主对残疾人的价值的了解：第一，尽量保障和促使残疾人参加教育，建立多层次和多种形式的残疾人受教育模式，逐步提高残疾人的受教育水平；第二，建立并完善多种形式的残疾人职业培训机制，增强残疾人的职业技能；第三，通过各种项目和计划的实施，总结并宣传残疾人就业成功的案例，消除残疾人能力不如非残疾人的社会偏见，促进雇主与残疾人之间的沟通和理解；第四，采取各种措施，如社区活动、论坛交流等方式促进残疾人融入社会，并加深社会对残疾人的理解和尊重。

3. 配额制

在西方国家，战后对于残疾人的重视达到了一个高潮，很多国家为了确保残疾人充分就业，采取了一系列的措施予以保障，配额制就是其中的典型。所谓残疾人就业配额制往往又称残疾人按比例就业制，是指雇主在其雇员当中必须保障残疾人雇员达到一定的比例。以英国为例，早在 1944 年的《残疾人就业法》当中就规定，凡是有 20 名以上雇员的企业，有义务雇佣 3% 的登记残疾人雇员，公共部门没有被强制遵守这一义务，但是事实上被自愿遵守。配额制的受益人则只能是那些自愿向就业部门登记为残疾人的人。雇主必须有执行配额制的记录，如果低于配额，雇主则必须给予残疾申请人以优先权。除英国之外，德、法、比利时、荷兰、日本等国也都有类似的立法，而且多数国家还规定如果没有达到要求的残疾人比例，雇主将会受到处罚。我国的《残疾人保障法》和《残疾人就业条例》也有类似规定。

就业配额制是迄今为止世界范围内针对残疾人就业的最具代表性的制度，但也备受争议。这一制度明显属于政府对于劳动力市场的强行干预，从本质上来说是违背市场规律的。它一方面违背了按能力雇佣的基本准则，对于非残疾人来说构成不平等的竞争；另一方面对于雇主来说也是一种不必要的效率损失，因为雇主只能雇佣生产率可能更低的残疾人，而失去了雇佣生产率更高的非残疾人雇员的机会。而且配额制还有一个很大的弊端就是，它只注重对企业残疾人雇员的数量要求，从数量上来说取得了不少成功，但是就业的质量却很少被考虑，这也是当今残疾人就业所存在的一个主要问题。西方的"残疾人运动"还提出一个观点，即对残疾人的配额制是对残疾人的一种恩赐制度，也是对于雇主的一种规劝，而非对残疾人就业权利的尊重和对残疾人价值的承认。①配额制和其他特殊照顾政策在某种程度上只会加深人们对于残疾人的偏见，即残疾人是弱势的，需要照顾的群体，也是能力和价值更低的群体，这往往让人们忽视了残疾人的就业权利本身，也忽视了残疾人可能做出的贡献和真正的价值。对现行配额制的质疑还体现在，现有的配额制仅仅关注雇佣是不够的，还应当更好地设计关注在职的残疾人和在职业中残疾的人，以防止他们失业。

正因如此，自该制度产生之日起，反对并要求取消该制度的声音就一直存在，除了上述反对的理由之外，还有一个原因就是其实施的效果不好。如英国政府 1990 年的一项调查显示，由于配额制宣传不到位，超过 1/4 的受访者表示没有听说过该制度。小企业，尤其是那些 20~99 个雇员的企业，40% 不知道该制度；对于该制度来说，制度的报告、监督和执行程序都是一项不小的管理负担，因此无论对于政府还是企业事实上都有着不愿或难以执行的压力，尤其是企业而言，成本压力更大。②此外，配额制的适用对象本身也有局限性，配额制一般只针对那些登记的残疾人，但是事实上登记的残疾人并不全面，很多残疾人根本就不去登记，其原因：一是有相当多的残疾人不知道需要登记领证；二是他们不愿意去登记，因为他们认为那是给自己贴上"残疾人"标签；三是他们不认为有必要通过登记来找工作，所以配额制也许并不能真正帮到有需要的残疾人。

但是，尽管有如此多的问题，配额制本身的价值也一直被人肯定，并且至今并没有被哪个国家彻底放弃，究其原因大体上有几个方面：第一，从实用主义的角度看，到目前还没有更好、更有效的替代选择出现；第二，从制度的功能来看，配额制为残疾人在劳动力市场上提供了一些保护，并且作为

---

① Lonsdale, S, Walker, A: *A Right to Work: Disability and Employment*, London: Disability Alliance and Low Pay Unit, 1984.p.30.

② Morrell, J: *The Employment of People with Disabilities: Research into the Policies and Practice of Employers*, *Research paper*, London: Employment Department, 1990, p77.

一种积极歧视，在糟糕的就业大环境下，它能够给残疾人一个比其他弱势群体更好的就业保护；第三，它对雇主来说也是一种激励，是雇主尽到社会责任的一种很好的方式，有利于企业累积良好的声誉和形成良好的企业文化；第四，从理论上来说，配额制也是一种有形的提醒，即残疾人有权工作，并公平地分享就业机会。所以，当前我们需要做的工作并非全盘否定配额制，而是想办法如何完善这一机制，让它真正成为社会重新认识残疾人价值、更好地促进残疾人就业的有效手段。

4. 职业保留和特惠准入制

这一制度的基本含义是立法或政策为残疾人设定和保留特定的职业或对某个工作给予残疾人特别的优待。很多国家专为残疾人设置的庇护工厂、我国集中安排残疾人就业的福利工厂以及专为残疾人保留的公益岗位是典型例证。这一制度的好处与配额制一样，为残疾人提供了必要的职业保障。但这一制度也存在危险，即如果该制度在设计时将为残疾人保留的职业局限在低级别的职业上的话（例如在英国，1946 年政府规定，电梯操作员和停车场管理员只能由残疾人担任），就将带来负面效果。因为它不但不会改变人们对于残疾人的认识，反而会强化残疾人的"残疾"烙印，为残疾人只能从事低级别工作的偏见提供一种制度论据，因此该制度的设计应当尽力避免这一错误。对此，国际上有一些国家有很好的立法借鉴，他们给残疾人预留的是一些社会地位较高的职位。例如在希腊，法律就规定公共部门的一定比例的职业必须由残疾人或其他受保护的群体来担任；丹麦，只有残疾专业人员才能提供一定的残疾人就业服务；在丹麦、希腊和意大利还规定，有视力障碍的残疾人可以获得话务员和物理治疗师以及教师的职业保留；瑞典政府也致力于扶持残疾人在主流企业工作，提升残疾人就业层次和质量[①]。

5. 反歧视与残疾人就业保障

对残疾人的就业公平保护主要体现在两个方面：一是反就业歧视，即"禁止任何雇主、雇佣机构和劳动组织在残疾人受雇、工作、培训以及提升、解雇，或者在就业条件与特殊教育等方面歧视残疾人"，这是美国《残疾人法》的表述，是迄今在反残疾歧视方面比较完整的规定；二是消除在残疾人就业当中的

---

① 廖娟：《残疾人就业政策：国际经验及对我国的启示》，载《人口与经济》2008 年第 6 期。

各种就业障碍，保障残疾人就业。就前者而言，各国的反歧视法基本上都明确规定禁止歧视残疾人。但是，反歧视法尽管可以保护某个残疾人，确保他或她在就业时不被歧视，却无法直接影响工作本身的结构和工作场所的组成，残疾人即使实现就业也可能只能从事具有残疾特征的工作或在工作场所当中面临障碍，因此后者要求消除在残疾人就业当中的各种障碍对于实现残疾人的公平就业更为重要。为此，一些国家规定，除了要求改变对雇主的偏见和禁止歧视之外，还应建立相应的机制以确保雇主承担义务或者被激励采取措施改善残疾人的就业，增加残疾人在劳动力市场上的代表性。例如，英国1985年的公司法就规定，250人以上的公司必须在每年的年度报告中说明其在过去一年当中在雇佣、培训、提升和职业发展中对残疾人的政策。在美国、加拿大和澳大利亚，就业公平法的执行是通过招标政府合同形式实现的，如果企业不能按照法律要求消除残疾人就业障碍，将丧失获得政府合同的权利。在瑞典，地方就业管理机构负责监督雇主是否采取措施以促进残疾人就业，并提供更好的就业机会。在法国，上述雇主义务可以通过与工会组织签订集体合同来实现。在荷兰，法律则要求雇主组织与雇员合作，尽可能地雇佣残疾人。

6. 工作岗位和工作场所的特殊要求

残疾人就业和非残疾人就业在很大程度上存在差异，其中很重要的一点就是对于工作岗位和工作环境方面应当给予特别照顾。首先，残疾人对于工作岗位有特殊需求，因为残疾人存在各种残疾障碍，所以往往只能适应部分工作岗位，或者在某些工作岗位上更加能够发挥残疾人的价值；其次，残疾人对于工作环境有特殊需求，这其中包括对无障碍设施的要求，对工作当中某些特殊机器、设备的要求等。对此，几乎大多数国家都在其立法或政策制定的时候予以特别考虑。例如，美国《残疾人法》当中就规定，要求雇主为残疾雇员提供轮椅专用通道、配备残疾人专用设备，以及为残疾雇员调整工作岗位，以使其能从事非全日制工作或在家工作。①在北欧一些国家的立法

---

① 但是《美国残疾人法》的实施效果并不非常理想，该法生效后，美国残疾人的就业率反而不断下降，其原因就是法律要求的合理调整成本偏高。作为弥补，美国政府随后也采取了一些税收优惠政策，以鼓励雇主雇用包括残疾人在内的低收入群体劳动者，为残疾员工提供便利的工作场所和设备。例如，2002年颁布的《创造就业机会与帮助工人法》规定了降低中小企业税收的内容。政府还对小企业提供一系列的技术援助。（见杨伟国、陈玉杰：《美国残疾人就业政策的变迁》，载《美国研究》，2008年第2期；于振江：《"美国残疾人法"对残疾人就业市场的负面影响》，载《法制与社会》2009年第18期）

要求，雇主必须要对有关的工作岗位和工作场所进行安排以使残疾人就业最大化和最佳化。荷兰长期是欧洲就业率最高的国家，其中就包括残疾人的就业。在荷兰，特别强调在创造一个新的工作或岗位的时候要优先考虑是否适合残疾人。德国也要求雇主在某个职位空缺时，应当首先检查是否适合残疾人，每个雇主都必须安装适和维护残疾人的工作室、厂房、机器和工具，以使最大数量的严重的残疾人能够获得比较长久的就业。瑞典的政策重点在于不断改变工作环境以最小化工作和工作场所的残疾影响,其工作环境法规定，雇主必须要改善工作条件以符合雇员的生理和精神需要，这种需要既是对雇佣残疾人提出的要求，也是为了防止在工作中发生新的疾病和事故。

7. 解雇特别保护

解雇保护是指残疾人在职业当中和其他非残疾人一样享有不受错误地和不公平地解雇的权利。由于在实践当中残疾人比非残疾人更加容易受到解雇或裁员，所以很多国家都通过立法设定了比非残疾人更为严格的解雇条件，从而体现了对残疾人的特别保护。这些解雇条件通常包括实体和程序条件：

第一，从实体条件来说，一般雇主解雇残疾人必须具备合理的理由，雇主必须证明解雇某个残疾人的特别考虑以及在商业或事业上解雇具有绝对必要性或者是否符合公共利益，否则不允许解雇。英国 1944 年的《残疾人就业法》就做出了上述规定。

第二，从程序上来说，通常解雇残疾人必须经过特定的审批程序。在欧洲一些国家就采取了非常强烈的态度来保护残疾人不被非法解雇。例如，在荷兰解雇残疾人必须征得地方就业办公室的同意，在德国解雇受雇 6 个月以上的残疾人同样需要得到有关管理机构的同意，而在解雇获允之前还需要先与地方援助评议会、职工代表大会以及公司的残疾人代表进行协商。此外，德国还要求企业解雇残疾人后必须退还政府给的各种补贴①。瑞典 1974 年的《就业保障法》和《就业促进法》当中也对于残疾人的解雇保护进行了特别规定，要求雇主必须定期向地方就业管理机构报告其劳动力资源情况以及可能的变化，否则将受到处罚。

8. 就业权或职业发展保护

就业权和职业发展保护是指在受雇、转岗、培训、职业发展、待遇给付

---

① 杨鹏飞：《残疾人就业立法何以参照德国模式?》，载《社会观察》2007 年第 8 期。

以及解雇等过程中残疾人因为受到歧视或不公平的对待时所享有的申诉、控告和起诉的权利以及雇主所对应的义务。通常，当有残疾人进行抱怨受到实质性的不公平对待时，雇主有责任进行调整，否则残疾人可以采取行动启动相关的救济程序，向有关机构进行申诉，并向法庭起诉以获得纠正或赔偿。这一对应的权利和义务启示我们，在促进与保护残疾人就业的时候，必须有专门的保护机构，并设计相应的救济程序，如投诉、协商调解、仲裁和诉讼程序等。

9. 残疾人就业援助

实践中，反歧视是促进残疾人就业工作的重要内容，但是残疾人的充分就业并非仅仅通过反歧视就可以实现。其理由有二：一是由于长期存在的社会歧视已经导致残疾人在事实上处于弱势地位并受到伤害，而且这种由于歧视而带来的弱势地位在相当长的时间内还无法得到根本的改变，因此在社会偏见和歧视没有完全消除之前，社会有责任采取适当的措施对残疾人进行弥补并抵消其所受的伤害；二是由于很多残疾人确实因为身体或精神障碍而在就业当中处于竞争弱势（即使排除偏见和歧视的因素），因此也需要社会采取措施来弥补他们的弱势。实践当中，较多采取的弥补措施是对残疾人就业给予各种特别援助，这些援助有的是通过法律来实现的，有的是通过政策来实现的，大体包括以下几个方面的内容：

（1）经济激励。促进残疾人就业的经济激励包括对残疾人的激励和对雇主的激励，前者是对残疾人就业给予的津贴补贴，如对自我就业的残疾人给予资金或税收补贴以及对从事较低收入的残疾人给予工资补贴以保障残疾人及其家庭的基本生活；[①]后者是对雇主参加有关残疾人就业计划，雇佣残疾人达到一定比例或者为改善残疾人的工作条件和环境而付出的成本给予的补贴或优惠待遇。

（2）提供就业帮助与服务。除了建立专门的就业服务机构为残疾人提供诸如咨询、职业介绍等就业服务之外，还可以通过实施一系列的项目来为残疾人提供帮助。比如英国在1994年推行的残疾人工作计划就对残疾人提供了

---

① 实践表明，低工资和高社会福利一样会降低残疾人的工作热情，因此由政府对残疾人给予一定的工资补贴能够增强残疾人的就业热情，其工资保障预期也能够提高残疾人为提高就业技能而进行人力资本投资的激励，进而打破"低工资预期导致残疾人不愿进行人力资本投资，而不进行人力资本投资势必导致残疾人技能低下，技能低下则只能从事低层次和低工资水平的工作"的恶性循环怪圈。

以下帮助：一是各种协助，如为耳聋或有听觉障碍的人提供交流人员，为盲人提供兼职阅读人员或在工作中提供帮助；二是采取各种措施并安排人员以帮助那些在求职或工作中遇到实际困难的人员；三是为需要熟悉一项新工作的残疾人提供工作导师或临时的帮助人员。

（3）救济援助。救济援助是指在面对残疾人的合法和正当权益受到侵害的时候，有关的残疾人管理机构或公益组织以及社会其他主体应当给予必要的援助。这其中包括可以赋予残疾人组织（如我国的残联）适当的争议解决或诉讼主体资格，切实地维护残疾人的权利。

三、我国残疾人就业积极行动的立法与政策考察

我国的残疾人总数和处于就业年龄的残疾人总数都居世界前列，我国在官方层面一直非常重视解决残疾人就业问题，为此也制定了很多立法和政策。这些立法和政策的共同特点体现了对于残疾人的特殊照顾，因此无疑在保证残疾人权利方面起到了非常重要的作用。但是，令人遗憾的是，我国在残疾人就业问题上迄今存在着"官热民冷"的现象，立法和政策不可谓不多，但是实际效果却不显著，与西方国家相比仍然处于非常落后的局面。一个最为简单的对比就是，无障碍设施制度的强制推行滞后，这也是尽管我国残疾人较多，但是走在大街上却很少看到残疾人的最为重要的原因。因为大多数地方都缺乏必要的无障碍设施，甚至包括大多数国家机关的对外办公场所也缺乏相应设施，反观发达国家和地区对残疾人无障碍设施的推行则是不遗余力，到处体现出对残疾人的特别关怀，因此残疾人参加各种社会活动的比例非常高。由此可见，检讨我国现有立法和政策存在哪些问题，并探讨如何改进就显得非常重要。

（一）有关立法及其评价

当前，我国关于残疾人就业的立法主要有《残疾人保障法》《就业促进法》《残疾人就业条例》，以及有关部委规章和地方人大及政府的一些地方性法规和规章。

1.《残疾人保障法》

该法在 1990 年初次制定，在 2008 年重新修订，它主要从五个方面对残疾人就业促进有关问题进行了规定。

（1）总则部分。在总则当中，法律对残疾人的概念进行了界定，并且明确指出残疾人享有与其他公民平等的权利，禁止歧视残疾人，同时对于国家和各级政府在保护和促进残疾人发展当中的各项责任进行了原则性的规定。

（2）残疾人教育。残疾人接受良好和系统的教育是其参加就业的前提条件，法律在第三章对于残疾人受教育问题进行了规定。根据规定，残疾人有权平等地接受教育，国家和社会根据残疾人的特点，为残疾人接受学历教育和参加职业教育与培训进行特别管理和资助。

（3）劳动就业。法律在第四章非常详细地对于如何保障和促进残疾人就业进行了规定，具体包括以下几方面的内容：

第一，总的要求。国家保障残疾人劳动的权利，各级政府应当对残疾人劳动就业统筹规划，为残疾人创造劳动就业条件。残疾人劳动就业，实行集中与分散相结合的方针，采取优惠政策和扶持保护措施，通过多渠道、多层次、多种形式，使残疾人劳动就业逐步普及、稳定、合理。

第二，集中就业安排。政府和社会举办残疾人福利企业、盲人按摩机构和其他福利性单位，集中安排残疾人就业。地方各级政府应当开发适合残疾人就业的公益性岗位。地方政府及其有关部门应当确定适合残疾人生产、经营的产品、项目，优先安排残疾人福利性单位生产或者经营，并根据残疾人福利性单位的生产特点确定某些产品由其专产。政府采购，在同等条件下应当优先购买残疾人福利性单位的产品或者服务。

第三，就业配额制。国家实行按比例安排残疾人就业制度。国家机关、社会团体、企业事业单位、民办非企业单位应当按照规定的比例安排残疾人就业，并为其选择适当的工种和岗位。达不到规定比例的，按照国家有关规定履行保障残疾人就业义务。国家鼓励用人单位超过规定比例安排残疾人就业。国家对安排残疾人就业达到、超过规定比例或者集中安排残疾人就业的用人单位和从事个体经营的残疾人，依法给予税收优惠，并在生产、经营、技术、资金、物资、场地等方面给予扶持。

第四，鼓励自主就业。地方政府和农村基层组织，应当组织和扶持农村残疾人从事种植业、养殖业、手工业及其他形式的生产劳动。国家对从事个体经营的残疾人，免除行政事业性收费。对申请从事个体经营的残疾人，有关部门应当优先核发营业执照。对从事各类生产劳动的农村残疾人，有关部门应当在生产服务、技术指导、农用物资供应、农副产品购销和信贷等方面，给予帮助。

第五，就业服务。政府有关部门设立的公共就业服务机构，应当为残疾人免费提供就业服务。残疾人联合会举办的残疾人就业服务机构，应当组织开展免费的职业指导、职业介绍和职业培训，为残疾人就业和用人单位招用残疾人提供服务和帮助。

第六，就业保护。在职工的招用、转正、晋级、职称评定、劳动报酬、生活福利、休息休假、社会保险等方面，不得歧视残疾人。用人单位单位应当根据残疾职工的特点，提供适当的劳动条件和劳动保护，并对劳动场所、劳动设备和生活设施进行改造。

第七，职业培训。用人单位应当对残疾职工进行岗位技术培训，提高其劳动技能和技术水平。

（4）无障碍环境。法律为残疾人生活和就业所需的无障碍环境也进行了以下规定：

第一，总的原则。国家和社会应当采取措施，逐步完善无障碍设施，推进信息交流无障碍，为残疾人平等参与社会生活创造无障碍环境。

第二，无障碍设施。无障碍设施的建设和改造，应当符合残疾人的实际需要。新建、改建和扩建建筑物、道路、交通设施等，应当符合国家有关无障碍设施工程建设标准。各级政府和有关部门应当按照国家无障碍设施工程建设规定，逐步推进已建成设施的改造，优先推进与残疾人日常工作、生活密切相关的公共服务设施的改造。对无障碍设施应当及时维修和保护。公共交通工具应当逐步达到无障碍设施的要求。有条件的公共停车场应当为残疾人设置专用停车位。

第三，无障碍信息交流。国家采取措施，为残疾人信息交流无障碍创造条件。公共服务机构和公共场所应当创造条件，为残疾人提供语音和文字提示、手语、盲文等信息交流服务，并提供优先服务和辅助性服务。

第四，研发鼓励。国家鼓励和扶持无障碍辅助设备、无障碍交通工具的研制和开发。

（5）法律责任。

第一，救济援助。法律对于残疾人组织在协助残疾人维护权益当中的地位和职责进行了规定。同时，对有经济困难或者其他原因确需法律援助或者司法救助的残疾人，当地法律援助机构或者法院应当给予帮助，依法为其提供法律援助或者司法救助。

第二，实施歧视的责任。有关教育机构拒不接收残疾学生入学，或者在国家规定的录取要求以外附加条件限制残疾学生就学的，由有关主管部门责令改正，并依法对直接负责的主管人员和其他直接责任人员给予处分。在职工的招用等方面歧视残疾人的，由有关主管部门责令改正，残疾人劳动者可以依法起拆。

第三，违反无障碍环境要求的责任。违反本法规定，新建、改建和扩建建筑物、道路、交通设施，不符合国家有关无障碍设施工程建设标准，或者对无障碍设施未进行及时维修和保护造成后果的，由有关主管部门依法处理。

（6）对《残疾人保障法》的评价。从体系上来看，《残疾人保障法》对残疾人就业的规定是比较完备的，对于残疾人的基本权利和就业所需的基本条件都进行了规定。但是，从该法初次制定到现在已经20多年，其执行效果却并不好，实践当中歧视残疾人的现象仍然普遍存在，残疾人就业仍然面临很多问题，残疾人的社会地位并没有从根本上得到改变，残疾人仍然缺乏一个畅通的无障碍环境。这至少说明，作为残疾人权利基本法的《残疾人保障法》仍然存在很多需要解决的问题，具体包括：

第一，该法和我国的其他很多立法一样，总体规定比较原则，而这些原则在实践当中弹性有之，操作性却不强，缺乏落实机制。例如，法律规定了政府在促进残疾人就业当中有哪些职责，但是这些职责是否能够落实缺乏监督机制和责任机制。又比如，法律对于某些制度规定由地方政府制定实施细则，但是究竟什么时候出台该细则却遥遥无期，因此法律的可执行较差。

第二，该法没有明确规定残疾人权益保护的主管机构是谁，以及主管机构的具体职责和管理程序也没有规定，这使对残疾人的保护存在多头管理，事实上谁也不理，或者残联想理却无权理的局面。

第三，法律仅仅关注残疾人的受雇率，而对于残疾人的就业质量缺乏关注，以及对在职当中的残疾人缺乏足够的保护。

第四，法律所规定的很多制度在实践当中缺少足够的配套政策支持，这也是法律实施效果不好的一个重要原因。

第五，法律责任的规定基本上没有什么实质性作用。例如，对残联支持残疾人维护权益的规定，因为残联本身缺乏实质性权利（包括执法权和独立诉权）而无法真正发挥作用。又比如法律规定，在职工的招用等方面歧视残疾人的，由有关主管部门责令改正，残疾人劳动者可以依法向法院提起诉讼。但问题是，如何提起诉讼，以及通过诉讼能够解决什么问题，是停止歧视，还是侵权赔偿，是追究歧视者的民事、经济责任还是追究行政责任或刑事责任等都没有任何法律可以告诉我们。①

第六，法律缺乏有关制度执行评估机制，这使某个制度究竟有没有效果以及如何进行修改没有一个客观的评判标准。

2.《就业促进法》

《就业促进法》也是促进我国残疾人就业的重要法律依据，具体包括以下几方面的规定：

（1）在《残疾人保障法》之外，《就业促进法》再次确认了残疾人联合会在促进残疾人就业当中的地位，即协助人民政府开展促进就业工作，依法维护劳动者的劳动权利。

（2）法律除了规定一系列的促进就业措施全部平等地适用于残疾人之外，还专门对残疾人就业进行了特别规定。例如：规定国家鼓励企业增加就业岗位，扶持失业人员和残疾人就业，对安置残疾人员达到规定比例或者集中使用残疾人的企业以及从事个体经营的残疾人依法给予税收优惠；国家保障残疾人的劳动权利，各级人民政府应当对残疾人就业统筹规划，为残疾人创造就业条件，用人单位招用人员，不得歧视残疾人；残疾人有权获得公共就业服务机构提供的各项免费就业服务，包括就业援助；各级人民政府采取特别扶助措施，促进残疾人就业，用人单位应当按照国家规定安排残疾人就业。各级政府应当建立健全就业援助制度，采取税费减免、贷款贴息、社会保险补贴、岗位补贴等办法以及通过安排公益性岗位等途径对残疾人就业实行优先扶持和重点帮助。

（3）在法律责任篇当中，《就业促进法》和《残疾人保障法》一样规定，违反本法规定，实施就业歧视的，劳动者可以向人民法院提起诉讼。

（4）对《就业促进法》的评价。严格说来，《就业促进法》是一项原则性和操作性相结合的政策性法律。所谓原则性，是指该法的大多数规定都属于非常原则的，不直接规定操作方式和程序的内容，包括对就业歧视的规定，

---

① 这是我们国家很多法律的一个通病，在法律责任篇当中经常会看到对某某行为依法追究法律责任的条文，事实却是根本就没有任何法律来告诉我们该法律的责任究竟是什么，这实质上相当于没有规定。

基本上没有什么实际可操作性，包括对于就业困难群体的就业援助规定，也需要其他相关政策来具体化，法律本身没有直接执行的可能。所谓操作性，是指该法的部分规定具有重要意义和实际可操作性，如对于禁止设置歧视农民工的限制的规定，对于公共就业服务机构的具体职能和职责，以及对职业中介机构的准入标准和行为规范的规定（包括对应的明确的法律责任）等。所谓政策性，是指和传统的法律重点规定主体的权利义务不同，就业促进法的内容主要是一些政策宣示性的规定，这意味着还需要通过制定相应的政策来实现法律的目的。

3.《残疾人就业条例》

该条例属于国务院颁布的行政法规，其出台时间在重新修订的《残疾人保障法》和《就业促进法》之前，而且后两者并未对该条例的效力做出任何判断，因此，该条例目前仍然属于有效的立法。残疾人就业条例的主要内容如下：

（1）总则。在总则部分，残疾人就业条例对促进残疾人就业的基本原则和方针以及有关主体基本责任和义务进行了规定。

（2）用人单位的责任。条例对于《残疾人保障法》规定的用人单位的责任进行了细化，明确了一些具体执行标准，具体包括：

第一，就业配额制。用人单位应当按照一定比例安排残疾人就业，并为其提供适当的工种、岗位。用人单位安排残疾人就业的比例不得低于本单位在职职工总数的 1.5%。具体比例由省、自治区、直辖市人民政府根据本地区的实际情况规定。用人单位跨地区招用残疾人的，应当计入所安排的残疾人职工人数之内。用人单位安排残疾人就业达不到其所在地省、自治区、直辖市人民政府规定比例的，应当缴纳残疾人就业保障金。对此，大多数地方政府也通过地方性法规或政府规章的形式进行了对应的规定，如《重庆市按比例安排残疾人就业规定》就规定安排比例是 1.5%，并对具体换算办法进行了细致的规定。

从以上规定来看，残疾人就业配额制在现实当中具有法律上的可操作性。唯一可能存在的问题就是，对该制度的执行力度和效果如何。例如，该制度的宣传情况如何，是否所有用人单位都知道这一制度，用人单位是否应限制适用范围，即是否要员工人数达到一定数额之后才适用配额制，国家机关的执行情况如何，残疾人是否知道这一制度，是否有足够数量具备必要劳动能力和自愿就业的残疾人来满足众多的用人单位的需求，达不到要求而缴纳的残疾人保障金是否对企业而言是不公平的负担，如何防止作假，如何解决在这一制度下残疾人只有就业数量而无就业质量的问题。此外，不少地方规定适用配额制的残疾人仅限于城镇的无业残疾人，构成对农村残疾人就业权的限制也是一个存在的问题。

第二，残疾人集中就业。政府和社会依法兴办的残疾人福利企业、盲人按摩机构和其他福利性单位（以下统称集中使用残疾人的用人单位），应当集中安排残疾人就业。集中使用残疾人的用人单位的资格认定，按照国家有关规定执行。集中使用残疾人的用人单位中从事全日制工作的残疾人职工，应当占本单位在职职工总数的25%以上。

第三，残疾人就业条件。用人单位招用残疾人职工，应当依法与其签订的劳动合同或者服务协议。用人单位应当为残疾人职工提供适合其身体状况的劳动条件和劳动保护，不得在晋职、晋级、评定职称、报酬、社会保险、生活福利等方面歧视残疾人职工。用人单位应当根据本单位残疾人职工的实际情况，对残疾人职工进行上岗、在岗、转岗等培训。就这一规定而言，还存在几个严重问题：一是缺乏对适合残疾人的劳动条件和劳动保护的具体细化内容，立法还应当对诸如工作调整、兼职工作安排、调整工作时间、调整岗位，有关设备和装置的提供与改建，培训计划等问题作出具体要求；二是应当对何谓残疾歧视进行详细的界定，通过列举典型的歧视行为等方式加强反歧视规定的可执行性；三是缺乏对残疾人的解雇保护的规定；四是缺乏用人单位免除有关责任的条件的规定。

（3）保障措施。这一部分主要对政府责任进行了比较详细的规定：

第一，政府直接保障就业责任。县级以上人民政府应当采取措施，拓宽残疾人就业渠道，开发适合残疾人就业的公益性岗位，保障残疾人就业。县级以上地方人民政府发展社区服务事业，应当优先考虑残疾人就业。现实当中，这一规定最重要的是如何落实，缺乏有关的信息披露渠道，以评价政府在这方面是否作为以及作为效果。

第二，残疾人就业保障金。依法征收的残疾人就业保障金应当纳入财政预算，专项用于残疾人职业培训以及为残疾人提供就业服务和就业援助，任何组织或者个人不得贪污、挪用、截留或者私分。残疾人就业保障金征收、使用、管理的具体办法，由国务院财政部门会同国务院有关部门规定制定。财政部门和审计机关应当依法加强对保障金使用情况的监督检查。

第三，残疾人就业激励。国家对集中使用残疾人的用人单位依法给予税收优惠，并在生产、经营、技术、资金、物资、场地使用等方面给予扶持。县级以上地方人民政府及其有关部门应当确定适合残疾人生产、经营的产品、项目，优先安排集中使用残疾人的用人单位生产或者经营，并根据集中使用残疾人的用人单位的生产特点确定某些产品由其专产。政府采购，在同等条件下，应当优先购买集中使用残疾人的用人单位的产品或者服务。国家鼓励扶持残疾人自主择业、自主创业。对残疾人从事个体经营的，应当依法给予税收优惠，有关部门应当在经营场地等方面给予照顾，并按照规定免收管理类、登记类和证照类的行政事业性收费。国家对自主择业、自主创业的残疾人在一定期限内给予小额信贷等扶持。地方各级人民政府应当多方面筹集资金，组织和扶持农村残疾人从事种植业、养殖业、手工业和其他形式的生产劳动。有关部门对从事农业生产劳动的农村残疾人，应当在生产服务、技术指导、农用物资供应、农副产品收购和信贷等方面给予帮助。

上述规定总体上体现了对残疾人就业的特别照顾和帮助，对于促进残疾人就业起到了很好的指导作用。这些规定事实上也为新修订的《残疾人保障法》所采用，实践中也已经有一些配套政策出台，如税收优惠政策等。比较遗憾的是，这些优惠激励政策还不是很全面，如缺乏对残疾人从事低收入工作的工资补贴制，缺乏对残疾人参加各种职前或在职的职业培训的补贴制（包括对残疾人、用人单位或有关培训机构的补贴），缺乏对用人单位改善适合残疾人的工作场所、设施设备的补贴制，还缺乏对残疾人的特定岗位保留制等。①

（4）就业服务。条例规定，各级政府和有关部门应当为就业困难的残疾人提供有针对性的就业援助服务，鼓励和扶持职业培训机构为残疾人提供职业培训，并组织残疾人定期开展职业技能竞赛。中国残疾人联合会及其地方组织所属的残疾人就业服务机构应当免费为残疾人就业提供下列服务：发布残疾人就业信息；组织开展残疾人职业培训；为残疾人提供职业心理咨询、职业适应评估、职业康复训练、求职定向指导、职业介绍等服务；为残疾人自主择业提供必要的帮助；为用人单位安排残疾人就业提供必要的支持。国家鼓励其他就业服务机构为残疾人就业提供免费服务。受劳动保障部门的委托，残疾人就业服务机构可以进行残疾人失业登记、残疾人就业与失业统计；

---

① 对残疾人的特定岗位保留和政府确定适合残疾人适合残疾人生产、经营的产品、项目，并优先安排集中使用残疾人的用人单位生产或者经营的形式不同。前文提及，它是指对于某些特定职业或岗位，规定只能由残疾人或相当比例的残疾人来担任。

经所在地劳动保障部门批准，残疾人就业服务机构还可以进行残疾人职业技能鉴定。残疾人职工与用人单位发生争议的，当地法律援助机构应当依法为其提供法律援助，各级残疾人联合会应当给予支持和帮助。

（5）法律责任。在法律责任篇当中，有两条规定具有实际意义：一是规定用人单位未按照规定缴纳残疾人就业保障金的，由财政部门给予警告，责令限期缴纳；逾期仍不缴纳的，除补缴欠缴数额外，还应当自欠缴之日起，按日加收 5‰的滞纳金。二是规定用人单位弄虚作假，虚报安排残疾人就业人数，骗取集中使用残疾人的用人单位享受的税收优惠待遇的，由税务机关依法处理。至于其他的责任条款则基本上没有可操作性，而且对于很多行为则根本没有规定相应的法律责任。

4. 无障碍设施建设有关立法

我国对于无障碍设施建设的立法很早，早在 1989 年建设部就开始实施《方便残疾人使用的城市道路和建筑物设计规范》，随后建设部又通过一些文件要求强化对规范的执行，包括要求建设许可、建设竣工验收等方面加强监管等。近几年各地方也加快了对无障碍设施建设的立法进度，如北京在 2004年颁布了全国关于无障碍建设的第一个地方性法规《北京市无障碍设施建设和管理条例》，之后天津、上海、大连、青岛、南京、杭州、厦门、广州、西安、南昌、苏州、秦皇岛等市也以市政府令的形式颁布了城市无障碍设施建设和管理规定。这些条例或规定明确了政府、有关部门和单位在无障碍设施建设和管理工作中的责任和义务，明确列举了无障碍设施的具体种类，并对无障碍设施建设的规划、设计、施工、监理、验收、维护、管理等提出了具体要求，确立了建设项目的无障碍设施必须与主体工程同时设计、同时施工、同时交付使用的"三同时"制度。

以上立法或规定对于新建项目和已有道路或建筑物的改建项目都做了非常详细的规定，无障碍设施建设逐渐开始变得有法可依，这也是残疾人实现就业的外部前提条件，因为如果这些设施不完备的话，残疾人根本连出门都不方便，更不用说就业了。但是从总体上来说，至今我国的无障碍设施建设无论是立法还是实践都非常不理想，具体表现为：

第一，从立法上来说，现有的立法层次低、覆盖面窄，缺乏全国性的法律和行政法规，绝大多数地方还没有立法，而建设部的规范强制力较差，因此执行效果也就不好，而且规范只是对于道路和建设项目的无障碍设施设立了标准，缺乏对一些无障碍设备的具体标准（如对公共交通工具的无障碍标准）。规范主要对新建项目设立的标准，而对改建项目则缺乏相应标准。

第二，由于我国立法存在上述问题，加上各地的立法基本上都是近几年才出台的，实施时间很短，所以当前我国实践当中无障碍设施建设情况很不理想。可以说，全国大多数地区，大多数道路和场所都还缺乏基本的无障碍设施，比起发达国家还有很大的差距。

（二）有关政策及其评价

我国关于残疾人就业促进的政策及其文件是对于残疾人保障法的具体落实，这些年从中央到地方的相关政策文件有一些，但是总量不多，大体上可以分为以下几类：

1. 宏观指导性政策

其代表性文件是 2008 年发布的《中共中央国务院关于促进残疾人事业发展的意见》，该意见关于残疾人就业的要求是，认真贯彻促进残疾人就业的法律法规和政策措施，保障残疾人平等就业的机会和权利。依法推进按比例安排残疾人就业，鼓励和扶持兴办福利企业、盲人按摩机构、工疗机构、辅助性工场等残疾人集中就业单位，积极扶持残疾人自主择业、自主创业，多形式开发适合残疾人就业的公益性岗位。党政机关、事业单位及国有企业要带头安置残疾人。完善资金扶持、税费减免、贷款贴息、社会保险补贴、岗位补贴、专产专营等残疾人就业保护政策措施。同等条件下，政府优先采购残疾人集中就业单位的产品和服务。将难以实现就业的残疾人列入就业困难人员范围，提供就业援助。加强残疾人职业培训和就业服务，增强残疾人就业和创业能力。切实将关于农村扶贫开发政策措施和支农惠农政策落实到农村贫困残疾人家庭，制定和完善针对残疾人的扶贫政策措施。扶持农村残疾人从事种养业、手工业和多种经营，有序组织农村残疾人转移就业，促进残疾人增加收入。除了以上要求之外，意见还对于促进残疾人教育和职业培训、加快建设无障碍设施，优化残疾人失业发展的社会环境，加强残疾人失业法律法规和制度建设等也提出了具体的要求，这些都是我国在当前实施残疾人就业促进计划的指导方针。但也正因如此，该文件本身只具有政策导向性，具体实施还有赖于其他途径的选择。

2. 优惠扶助性质政策

这一类政策从中央到地方都比较多，大体集中在对安排残疾人就业的单位以及残疾人个人就业的税收优惠和财政补贴、对残疾人参加就业培训的补贴、对残疾人参加创业就业的补助和优惠措施以及促进残疾人职业保障和再就业的优惠政策等方面。具体内容如下：

（1）残疾人就业促进的税收优惠措施。2007年，国家财政部和国家税务总局联合发布《关于促进残疾人就业税收优惠政策的通知》。文件规定，对安置残疾人的各类所有制企业（包括个体经营户）、事业单位、社会团体和民办非企业单位，实行由税务机关按单位实际安置残疾人的人数，限额即征即退增值税或减征营业税的办法；前述单位支付给残疾人的实际工资可在企业所得税前据实扣除，并可按支付给残疾人实际工资的 100%加计扣除；对残疾人个人为社会提供的劳务免征营业税，对残疾人个人提供的加工、修理修配劳务免征增值税，对残疾人个人取得的工资薪金所得、个体工商户的生产和经营所得、对企事业单位的承包和承租经营所得、劳务报酬所得、稿酬所得、特许权使用费所得等所得，按照省级政府规定的减征幅度和期限减征个人所得税。

但上述文件也规定，要适用上述优惠，应当满足以下条件：一是依法与安置的每位残疾人签订了一年及以上的劳动合同或服务协议，并且安置的每位残疾人在单位实际上岗工作。二是月平均实际安置的残疾人占单位在职职工总数的比例应高于 25%（含 25%），并且实际安置的残疾人人数多于 10 人（含 10 人）。月平均实际安置的残疾人占单位在职职工总数的比例低于 25%（不含 25%）但高于 1.5%（含 1.5%），并且实际安置的残疾人人数多于 5 人（含 5 人）的单位，可以享受企业所得税优惠政策，但不得享受增值税或营业税优惠政策。三是为安置的每位残疾人按月足额缴纳了单位所在区县人民政府根据国家政策规定的基本养老保险、基本医疗保险、失业保险和工伤保险等社会保险。四是通过银行等金融机构向安置的每位残疾人实际支付了不低于单位所在区县适用的经省级人民政府批准的最低工资标准的工资；具备安置残疾人上岗工作的基本设施。五是该文件所指残疾人特指进行登记并持有"残疾人证"的各类残疾人。

（2）对安排残疾人就业的单位的直接补贴。例如，天津市 2009 年开始实施的《关于对用人单位新招用残疾人就业给予补贴的办法》规定，用人单位按规定办理按比例安排残疾人就业年度审核并履行了所承担的法律义务，在 2009 年 1 月 1 日开始，新招用具有本市常住户口，符合法定劳动年龄，持有"中华人民共和国残疾人证"的残疾人，并与新招用的残疾人订立一年以上劳动合同，按规定为其缴纳社会保险费、工资待遇不低于我市职工最低工资标准，可以申请对新招用残疾人就业给予一次性补贴。天津市残联工作人员算了一笔账，若用人单位招聘一名普通高等院校毕业的残疾学生就业，合同期满 3 年可获得就业补贴 29 232 元。[①]天津市在文件中特别提到惠及对象包括大学生残疾人和具备中高级职业资格证书的残疾人，因为都是职业技能较高的劳动者，所以对改善残疾人就业质量是一个尝试。

（3）鼓励残疾人参加就业培训的补贴政策。这一类政策是对法律关于公共就业服务机构必须向残疾人提供免费培训和服务的规定的细化和补充。它通常由地方政府制定有关文件来实施。例如，重庆市万州区在 2009 年制定的残疾人就业培训补助政策就规定，为切实解决残疾人因文化素质和技能水平不高而造成就业率偏低的问题，从 2009 年起加大对残疾人进行免费职业技能培训力度，增加培训项目，在原有的盲人按摩、电脑、厨师、电工培训等基础上新增盲人电脑、女子刺绣、服装、车工等培训项目，以此拓宽残疾人就业的渠道，改善残疾人就业难的状况。同时，残疾人参加职业技能培训后，对在学习期间表现良好且获得初级、中级、高级职业资格证书者，给予适当就业补助。宁波市的就业创业补助政策则突破了只对培训费用本身进行补贴的做法，不仅对参加创业培训的残疾人提供免费的培训，而且对培训期间的住宿和交通等费用也予以补贴。这类补贴政策对于促进残疾人主动去参加职业培训具有很好的激励作用，唯一可惜的是目前这类补贴在全国普及得还不够，需要进一步加大在全国范围内对残疾人职业培训的投入，提高残疾人的就业能力。

（4）对残疾人参加创业就业的补助和优惠措施。比较具有代表性的是前面提及的宁波市《宁波市千名残疾人就业创业帮扶计划实施意见》，计划采取创业培训帮扶，低收入残疾人就业创业补助帮扶，残疾人种养业、加工业、服务业贷款贴息帮扶，残疾人扶贫基地帮扶等实施形式，每年扶持就业创业的残疾人达到 1 000 名以上。到 2012 年年底，争取低收入残疾人就业创业补助帮扶对象和贴息帮扶的残疾人年收入达到 4 000 元以上；扶贫基地安置就

---

① 2012 年 5 月 7 日中央人民政府网站转载《天津日报》报道"天津下发用人单位新招用残疾人就业给予补贴办法"。

业的残疾人月收入不低于当地政府规定的职工最低工资标准，辐射带动的残疾人户年收入不低于当地政府规定的脱贫标准。促进残疾人创业就业也是一种很好的残疾人就业促进形式，相比其他就业形式，创业就业的好处在于残疾人更加容易避免歧视，其尊严能够得到更好的维护，就业质量也相对更高。

（5）促进残疾人职业保障和再就业的优惠政策。1999 年中国残联和劳动与社会保障部联合发布了《关于做好下岗残疾职工基本生活保障和再就业工作的通知》，该通知要求用人单位：有生产任务的企业一般不安排残疾职工下岗；用人单位因生产经营出现困难，进行经济性裁员时，一般不裁减残疾职工；企业进行改组、改制，尽量避免安排残疾职工下岗；企业因兼并或破产，确需安排残疾职工下岗的，应按国家规定的下岗程序执行，并报当地劳动保障部门备案；在实行残疾人按比例就业的地区，凡安排残疾人就业达不到规定比例的单位，在招录人员时，应优先安排下岗残疾职工；党政机关、事业单位所需的工勤人员，有适合残疾人岗位的，应优先安排下岗残疾职工，并与其签订劳动合同，确保其再就业的合法权益；对生活特别困难的下岗残疾职工，经企业、街道出具证明，有用工需求的企业，应优先招录其子女就业。这一文件对于确保残疾人的职业稳定和再就业意义重大，但是由于该文件不具有强制执行力，所以实践效果并不明显。

但要注意的是，上述文件要求如果要变成强制性的立法，必须附加条件，即不能适用于所有雇主，而只能是事先划定的适合残疾人的特定行业或特定岗位，否则无论从雇主的经济成本上还是对于非残疾人就业的公平性上考虑都将造成实施障碍进而影响实施效果。

3. 无障碍设施建设有关的政策

前文已经论及建设部发布了《方便残疾人使用的城市道路和建筑物设计规范》，随后建设部又通过一些文件要求强化对规范的执行。在这方面的政策主要是各地方执行该规范的一些文件，包括除了属于立法性质的地方行政规章之外的诸多规范性文件形式。

4. 对残疾人进行法律援助和司法救助的一些规定

例如，1996 年司法部和中国残联联合发布的《关于加强残疾人合法权益保障做好残疾人法律服务工作的通知》就规定，公证处、律师事务所、基层法律服务所等法律服务机构以及法律工作者要发扬扶残助残的人造主义精神，热心为残疾人服务，并给予特殊辅助（如盲文、手语翻译等）；对生活困难、无力支付法律服务费用的残疾人当事人，要酌情减免其法律服务费用。最高法院的有关司法解释也规定了相应的司法救助，对于残疾人参加诉讼的，可以缓交或减免诉讼费。

四、完善我国残疾人就业积极行动制度的建议

（一）进一步完善残疾人保障法，适时进行修订

1. 明确残疾人事务管理的主管机构

前文论及《残疾人保障法》一个比较明显缺陷时指出，该法没有明确规定残疾人权益保护的主管机构，当然更没有规定主管机构的具体职责和管理程序，这使对残疾人的保护存在多头管理，事实上谁也不理，或者残联想理却无权理的局面。因此，立法完善应当首先指明在残疾人就业促进事务管理当中谁是主管机构，并规定其职权内容。我们认为，考虑到残联是专业的残疾人服务机构，处理残疾人事务相对经验丰富，因此最好通过法律授权的形式，将这一职能明确授予各级残联，并详细规定其执法权限。

2. 完善和细化反残疾歧视的立法

反残疾歧视应当说是我们执行任何与残疾人有关的制度都必须首先解决的问题。但现有立法对于反残疾歧视的规定太过原则，基本上只是宣示了一下禁止歧视的口号，法律责任当中规定残疾人的诉权也很简单，几乎没有任何可以操作的细化规定。具体来说，反歧视的规定应当从以下几个方面来加以完善：

（1）界定有关主体或适用范围。首先，对于残疾人的界定因为已经在残疾人保障法当中规定，所以反歧视的规定当中不需要重复；其次，应当明确列举包括任何国家机关、职业中介机构、工会、企事业单位、社会团体以及其他单位或个人（包括个体经营者）都负有不得歧视残疾劳动者的义务。

（2）明确列举禁止的各种歧视行为。① 禁止国家机关和有关机构或组织在办理有关残疾人事务的时候进行直接的残疾歧视或间接设定不利于残疾人的任

何文件或规定；② 禁止任何单位在设定求职条件和程序、雇佣、晋升、培训、工资待遇、解雇、员工补偿以及其他条款、条件或就业优惠等当中歧视残疾人。这一要求也适用于国家机关招用公务员，不得设定限制残疾人的招用条件。

以上是对劳动者就业过程中的总的要求，具体又包括：

第一，禁止对残疾人的工作种类或岗位进行限定、分隔或分类以使残疾人的就业机会受到影响。

第二，禁止在有关的合同（如劳动合同）或安排或其他与就业有关的活动当中（如在有关培训或学徒工项目当中）有任何歧视残疾人的行为。

第三，禁止任何单位或组织在日常管理的过程当中通过利用有关标准或管理措施来对残疾人产生歧视影响。

第四，禁止雇主基于歧视而拒绝给予一个合格的残疾劳动者以平等的岗位或待遇。

第五，禁止雇主拒绝接受任何合格残疾劳动者的行为，除非雇主能够证明其拒绝有合理的理由，譬如说可能给雇主造成严重困难。

第六，禁止雇主通过制定职业资格标准、职业测试或其他标准（如医学体检标准等）或检查来对残疾人进行鉴定或筛选，除非该职业资格标准或职业测试或身体检查是与工作需要相关联而且是一种持续性的需要，它们只是合理或准确反映了一个人的技能、能力或其他目标，而非带有其他偏见目的。例如，某个岗位对身体条件有特别需求，或为了保证工作场所的安全，或为了保健的需要和公共安全（如对食品行业的传染病检查）而进行身体健康检查。

第七，禁止没有合理理由而解雇残疾人，除非雇主能够证明其解雇是基于工作岗位的特别要求，并且是在对残疾人其进行了合理的工作调整之后，该残疾人仍然无法胜任工作的情形。

第八，其他对于残疾人就业存在直接或间接影响的行为。

此外，立法还应当专门规定上述残疾就业歧视的除外情形，或者说用人单位遭遇歧视指控时进行合理抗辩的事由。

（3）立法应当明确指定受理和查处就业残疾歧视行为的行政机构。该机构有权主动或受理受害人投诉而调查处理有关违法行为的权限，并对某些歧视性的立法或文件享有修改建议权。这一机构可以由国家统一设定的类似于美国公平机会委员会的组织来担任，也可以由法律明确授权残疾人联合会来行使相应职权。

（4）完善有关法律责任追究机制。对于残疾歧视行为，立法应当规定明确而具体的民事、经济、行政和刑事责任，否则：一是加害人的歧视行为无法得到真正的惩罚，受害人无法得到应有的赔偿；二是任何不具体的法律责任规定都将不具有可执行性。

（5）立法还应当设定反歧视的争端解决程序，包括残疾人提起行政申诉的程序和诉讼程序等都可以在残疾人方面进行特别的规定。例如，可以规定残疾人提起申诉或诉讼适用简易程序、实行举证责任倒置规则，并设置残疾人劳动争议特别法庭等。

3. 完善有关提高残疾人就业能力的立法

（1）存在的问题。

现有立法关于提高残疾人就业能力的规定主要有两个：一是关于残疾人接受各种学历教育的规定，二是关于残疾人接受各种职业培训的规定。实践当中，截至 2009 年年底，全国已有特殊教育学校 1 672 所，在校残疾儿童42.8 万人，残疾儿童少年义务教育入学率不断提高。全国共有高中阶段特教机构 278 所，11 个省市设置高等特殊教育机构 14 个。在残疾人就业方面，全国残疾人就业服务机构达到 3 043 个，496 万残疾人得到职业教育与培训。城镇在业残疾人达到 432.2 万，1 737 万农村残疾人通过参加生产劳动提高了收入水平。但是现有的残疾人教育培训仍然存在不少问题：

第一，教育不公平问题仍然广泛存在。虽然有众多特教学校和普通学校，但实际上真正接受教育的残疾人数量却非常少，接受较高级别教育的残疾人更少。2006 年的全国残疾人抽样调查数据显示，具有大学程度（指大专及以上）的残疾人为 94 万人（占 1.1%），高中程度（含中专）的残疾人为 406 万人（占 4.8%），初中程度的残疾人为 1 248 万人（占 15%），小学程度的残疾人为 2 642 万人（占 31%）。15 岁及以上残疾人文盲人口（不识字或识字很少的人）为 3 591 万人，文盲率为 43.29%。导致上述问题的原因很多，教育不公平显然是一个主要的原因，这些教育不公平主要体现在：残疾儿童入学率低；接受教育的过程当中广泛受到各种歧视和偏见，它们导致残疾人即使接受了一定的教育，社会的接受度也低。

第二，残疾人特教学校的社会效应低。我国在残疾人教育问题上仍然存在一个误区，即过于看重特教学校的正功能，而忽视了其社会负效应。因为特教学校意味着不断提醒残疾人自己和社会，残疾人与非残疾人是不同的，是有差异的，这也为社会区别对待残疾人提供了一个意识指引。特教实际上相当于一种教育隔离，是将残疾人与社会割裂的重要形式，也是为什么社会对残疾人缺乏尊重和理解甚至歧视的重要原因，因为残疾人和社会缺乏正常的交流途径。因此，1994年的联合国《萨拉曼卡宣言》就提出了与特教不同的全纳教育，它是指残疾人和其他学生一道在普通学校中，在同样的时间和班级内学习同样的课程，让他们感觉与其他学生没有差异，这也为残疾人与非残疾人之间的交流提供了有效的途径，有利于社会增进对残疾人的理解和对其价值的尊重。因此，有学者主张取消特教学校，全面推行残疾人的全纳教育模式。[①]这种全盘否定特教的主张在现阶段固然过于绝对，但是其推广全纳教育的思考却是值得肯定的。

第三，残疾人接受职业培训的过程当中也存在诸多问题。这些问题包括：尽管存在不少专门的残疾人就业服务机构，但是实际参与职业培训的残疾人数量不多（2008年的数据，接受过职业技能培训适龄残疾人的比例仅为4.4%）；残疾人就业服务机构所提供的职业培训普遍存在项目少、水平偏低、培训形式单一的问题；社会参与残疾人职业培训的资源过少，国家支持力度小；用人单位对残疾人提供的培训机会不多，或者不培训，或者只给予较低层次的培训。

（2）制度完善。

第一，修订《残疾人保障法》第二十五条将"具有接受普通教育能力"和"能适应其学习生活"作为残疾人进入普通教育机构学习的条件，而明确规定残疾人参加普通教育机构学习的权利，普通教育机构不得以任何理由拒绝申请接受残疾人入学。[②]至于教育机构为了保障残疾人学生学习和生活而进行的有关无障碍设施设备的改造则可以由政府进行补贴。同时，立法应当为残疾人参加普通教育提供更多的资源保障，为残疾人提供特殊的优惠教育政策，除了在义务教育阶段实行全免费之外，在其他教育阶段也实行教育费用减免和生活保障制度，规定国家财政对每个残疾人接受教育的具体补贴政策。

第二，严格规范教育领域的歧视，有关立法应当明确禁止和列举教育歧视行为的种类，规定对教育歧视行为的申诉、控告以及诉讼机制，确保残疾人公平受教育的权利。

---

① 尹海洁，韩阳：《残疾人的受教育状况：公平缺失与水平滑坡》，湖南社会学网。
② 胡蓉：《浅析新"残疾人保障法"的不足及立法建议》，载《三峡大学学报》（人文社会科学版）2011年第2期。

第三，立法应当规定在继续发展公立就业服务机构提供职业培训的同时，大力促进社会资源为残疾人提供职业培训，国家对社会资源举办的培训机构提供补贴，而且为了开发残疾人不同层次的就业技能，政府应当确定补贴目录，对那些为残疾人提供较高层次职业培训的，给予较高数额的补贴，以逐步提高残疾人的就业技能水平。

第四，为了进一步促使残疾人积极参加职业培训，除了规定残疾人免费参加培训之外，各级政府还应当专列费用对残疾人参加费用提供一定的交通、食宿补贴。

第五，要求用人单位每年必须制定针对残疾雇员的培训计划，并将该计划报有关机构备案；同时，对用人单位为残疾雇员提供的职业培训给予一定的补贴，例如对在用人单位实习、当学徒工或出于培训期间的残疾人提供工资补贴，以弥补用人单位为此而产生的成本支出。

4. 完善就业配额制和职业保留与特惠准入制

（1）完善就业配额制。对于就业配额制的利弊，前文已经进行了很多分析和讨论。我们的结论是，在没有找到更为合适的替代制度以前，继续维持残疾人的就业配额制，但是需要通过制度完善来弥补其缺陷。具体来说，可以从以下几个方面加以完善：

第一，限定适用就业配额制的用人单位的范围。根据现有立法的规定，我国所有的用人单位都负有适用就业配额制的义务，但是在实施过程当中有些问题需要解决：首先，国家机关、事业单位和大型国企等单位适用就业配额制肯定没有问题，甚至它们还应当承担比企业更多的责任，因为它们本来就是公共利益机构，有义务承担更多的社会责任，因此应当规定它们负责比企业安排更高比例的残疾人就业。[①]而且，国家还应当制定有关制度，定期检查政府公务员当中是否开发了足够的适合残疾人就业的岗位，是否依法招收了足够的残疾人，并对没有完成要求的单位及其负责人追究法律责任。[②]其

---

① 在德国、法国等发达国家，基本上都是对于国家机关提出安排残疾人就业的更高要求，例如在 1953 年的时候德国残疾人法规定企业承担残疾人就业配额义务是 6%，而公共机构则是 10%，在 1974 年法律修订的时候，尽管将企业和公共机构的比例统一为 6%，但是 2006 年的统计数据显示，德国公共机构安排残疾人就业的比例仍然超过了 8%，远远高于法定要求。（见乔庆梅：《德国残疾人就业：〈立法、实践与启示〉》，载《社会保障研究》2009 年第 2 期）

② 许琳：《残疾人就业难与残疾人就业促进政策的完善》，载《西北大学学报》（哲学社会科学版）2010 年第 1 期。

次，应当限制适用的用人单位的规模，例如规定只适用于 5 人或 10 人以上的单位，因为如果企业人数太少也要承担这项义务的话，可能对其造成过于沉重的负担，以至于影响其正常运营。最后，实践当中配额制适用的残疾人都是登记领证的残疾人，这样会使很多没有登记的残疾人无法享受到该制度的利益，因此建议取消这样的操作模式，而适用于所有的残疾人，只要该残疾人能够在医学上证明其残疾。

第二，弱化对没有完成就业配额制的惩罚机制，强化对用人单位主动接受残疾人的激励机制。现有立法规定，凡是没有完成规定的残疾人就业安排比例的，应当缴纳相当于惩罚性质的残疾人保障金。这种做法其实并不公平，因为促进残疾人就业是全社会的责任，如果全部由用人单位承担有违公平原则。而且就业配额制要求用人单位必须雇佣残疾人，本来就会导致用人单位不得不牺牲效率，去雇佣那些可能并不符合要求或比非残疾人生产效率更低的残疾人，就已经在承担社会成本。[1]因此应当基于社会公平负担原则，对凡是雇佣残疾人就业的企业，每雇佣一个残疾人，政府就给予相应的财政补贴或社会保险费减免（补偿额度可以分档，根据残疾人的残疾程度设定，残疾级别越高，补偿额度也越高），而不是像现在一样只有在完成规定的残疾人就业比例之后才有奖励。但是同时也应规定，没有完成法定比例的用人单位，仍然承担残疾人保障金缴纳义务。西班牙的立法就有类似的规定。[2]这样的规定既没有完全取消用人单位按比例雇佣残疾人的义务，同时又对用人单位雇佣残疾人的成本进行了补偿，从而能够更好地激励用人单位更加主动地承担社会责任。这样的做法还有利于改善实践当中由于缴纳保障金成本低，而雇佣残疾人成本高，所以大多数企业宁愿缴纳保障金也不愿意雇佣残疾人的问题。

第三，在前述对履行就业配额制义务的用人单位实行补贴制的基础上，进一步推行职业分类补贴制。对残疾人就业配额制的质疑之一就是它仅仅关注残疾人就业的数量，却忽视了对残疾人就业质量的关注。对此可以做出的改善就是：正如之前提及的政府补贴残疾人职业培训的做法一样，政府在这里同样可以对残疾人的职业或岗位进行分类，制定分类目录，然后在对用人单位进行补贴的时候也进行分类补贴，岗位级别越低的补贴越低，岗位级别

---

[1] 还有一种不能归责于用人单位的情况，就是社会没有足够多的、合格的残疾人来供用人单位满足法定比例的要求。

[2] 中国残教部：《国外残疾人就业立法情况概述》，载《中国残疾人》2007 年第 4 期。

越高的补贴越高。这样可以激励用人单位安排残疾人从事较高级别的岗位就业，从而使残疾人有更多的机会让别人更加全面地认识其价值。

（2）建立职业保留和特惠准入制。我国现有法律制度并没有完全认可残疾人的职业保留制。因为直接将某一职业规定为"残疾人"职业，不仅会带来对非残疾人不公平的后果，而且如果该职业定位是低级别的职业的话，容易强化人们对残疾人能力低下的认识偏见。所以我们可能不能将某个职业完全规定为残疾人专有职业，但是我们可以对某些特定职业设定一定的残疾人就业比例。例如，对于残疾人组织的工作人员就可以设定必须有50%甚至更高比例的残疾人来担任，为残疾人提供专门服务的其他职业如某些特教教师也可以规定只能由残疾人担任，某些个别职业如电话接线员也可以为残疾人进行保留等。在我国还有一个比较可行的选择就是，规定将我国公益性岗位的一定比例留给残疾人[1]。当然也可以采取补贴政策鼓励企业为残疾人进行生产岗位保留。[2]这一制度与就业配额制的不同在于就业配额制是不分职业、不分雇主地统一适用某个比例，而职业保留制则是有所选择，而且适用的比例更大。

5. 建立工作岗位的残疾人优先制度和工作环境满足残疾人适应性要求的制度

就前者而言，法律应当规定用人单位在创造新的工作岗位尤其是公益性岗位时，首先考虑是否适合残疾人的需求；用人单位出现某个岗位空缺的时候，应当先检查是否适合残疾人，如果适合残疾人担任则应当优先安排残疾人；用人单位还应当根据残疾人的特别需求尽可能地安排或调整适合残疾人的工作岗位，或调整有关工作内容与工作时间。就后者来说，法律应当明确规定用人单位必须改善工作场所条件和工作环境以方便残疾人适应工作和行动，应当配备或及时改建必要的无障碍设施、设备。但是考虑到满足残疾人适应性要求会让雇主付出很大成本，以至于阻吓雇主雇佣残疾人的积极性，因此政府应当对雇主的该项支出进行补贴。

6. 完善有关残疾人就业促进激励制度

（1）在有关激励措施的选择上可以体现多样性，不局限于经济激励。具

---

① 许琳：《残疾人就业难与残疾人就业促进政策的完善》，载《西北大学学报》（哲学社会科学版）2010年第1期。

② 郑东亮，付红专：《残疾人就业岗位变迁研究》，载《中国劳动》2008年第3期。

体来说，这些激励措施可以包括经济激励、社会声誉激励以及商业成功激励。其中，经济激励一般体现为各种补贴、津贴或税费优惠；社会声誉激励主要是宣传雇主雇佣残疾人是尽社会责任的表现，能够提高雇主的社会形象和社会评价；商业成功激励是指通过宣传成功案例，让雇主确信残疾人的价值并不必然比非残疾人更低，雇佣残疾人不仅不会给雇主带来损失，相反还会带来商业上的成功或赢利。

（2）从经济激励上来说，应在现有基础上，进一步完善经济激励的适用范围。立法具体需要增加三个内容：一是对从事低收入工作的残疾人给予工资补贴以保障残疾人及其家庭能够过上有尊严的生活（它通常只限于对重度残疾人或从事最低收入工作的残疾人提供）。这种工资补贴制度除了是对残疾人的援助之外，也是对企业雇佣残疾人的一种重大激励。国际上对残疾人进行工资补贴比较典型的国家有法国、奥地利、瑞典等，每年奥地利的政府补贴甚至占到残疾人工资总额的 73.5%[①]。二是前文已经述及的应当加强对残疾人在职前和职后的培训补贴，包括对残疾人、用人单位以及培训机构的各种补贴。三是对用人单位改善或调整适合残疾人的工作场所、设施设备和环境而付出的成本的补贴。[②]

（3）从社会声誉激励的角度来说，可以建立一定的宣传和社会评价机制。宣传雇佣残疾人的成功案例（它在一定程度上也起到影响企业改变对残疾人生产率低的偏见的作用，建立其雇佣残疾人也能够实现商业成功的观念），同时考虑建立政府表彰制。此外，还可以立法要求每个员工在一定数量（如 200人）以上的用人单位必须每年制定并公布其残疾人发展促进计划与执行情况报告。该计划必须包括在招聘、岗位保留、培训和职业发展、工作场所和设施设备的改善等内容，这种做法一方面对于用人单位履行社会责任提出了要求；另一方面也可以促使用人单位展开竞争，以努力提高其社会声誉。

（4）可以建立类似于"产品质量标志"的助残"标志"，专门授予那些在促进残疾人就业方面表现良好的用人单位。例如，英国在 1990 年就推行了一个"two ticks"标志，它由企业自愿承诺在满足一定助残条件的基础上使用，该标志得到众多企业支持，效果较好。

（5）加强政府示范激励作用。政府作为公益部门，理所应当负有促进残

---

① 中国残教部：《国外残疾人就业立法情况概述》，载《中国残疾人》2007 年第 4 期。
② 乔尚奎，李坤：《就业优先战略下的残疾人"劳动保障型就业"探讨》，载《残疾人研究》2011 年第 3 期。

疾人就业的首要责任，因此各级国家机关或机构每年都应当制定并公布其残疾人就业和职业发展计划和执行情况，既可以让社会对其进行有效的监督，也可以作为榜样激励其他单位效仿。

7. 完善我国无障碍设施建设法制

前述我国无障碍设施立法存在的主要问题是，现有的立法层次低，覆盖面窄，缺乏全国性的法律和行政法规，绝大多数地方还没有立法，而建设部的《关于加强残疾人使用的城市道路和建筑物设计规范》因为不是法律，其权威性和强制力较差，因此执行效果不好。而且，规范仅对道路和建设项目的无障碍设施设立了标准，还缺乏对一些无障碍设备（如公共交通工具的无障碍设备）的规定；规范主要对新建项目设立的标准，而对改建项目则缺乏相应标准。因此，建议我国应当考虑制定一部单行的"无障碍环境标准法"，在全国范围内强制推进无障碍环境建设。

8. 完善残疾人就业稳定制度

现有立法更多的是强调残疾人的受雇，但是对于残疾人的职业稳定问题却缺乏必要的考虑。所谓职业稳定是指劳动者在其工作岗位上得以维持和延续，非经合法和正当理由，不受解雇和裁员。促进残疾人的职业稳定制度就是要求用人单位应当尽量维持对残疾人的雇佣，不轻易解雇和裁员残疾人。具体来说，它包括三个方面的要求：第一，用人单位在进行岗位调整的时候，尽量避免对残疾人进行调整，避免让残疾人下岗；第二，用人单位在进行经济性裁员的时候，残疾人享有优先留用权；第三，用人单位在对残疾人进行裁员或解雇之前，必须和残疾人、残疾人组织、职工代表进行协商，并征得有关行政主管部门的批准同意，而非现有立法规定的备案；第四，用人单位在解雇或裁员之前，必须为残疾人安排再就业培训，在解雇的时候还必须为残疾人提供职业证明，并提供双倍于非残疾员工的解约补偿金，同时退还从政府那里获得的相应补贴。

9. 完善残疾人就业的权利救济制度

残疾人就业的权利救济制度解决的是当残疾人的就业权利受到侵害时如何进行救济的问题。当前我国在这方面并未为残疾人设定专门的救济渠道，但是考虑到残疾人的特殊性，还是有必要在这方面有所改善：第一，法律应当明确一旦残疾人权益受到了侵害，谁是可以进行申诉控告的行政主管部门。这一点前文已经做出了设想，可以有法律授权各级残联来担任。第二，残疾人受到侵害可以有哪些救济途径，包括协商、投诉、调解、申诉、控告、行政复议、诉讼等方式都可以进行选择，并且应当规定方便残疾人的相关程序。第三，应当完善有关法律责任的规定，现有法律制度中对于侵害残疾人权益的很多行为都存在要么没有相应的法律责任，要么规定的法律责任过于简单和原则，缺乏可操作性，因此应当进一步加以完善和细化。第四，建立可操作的残疾人法律援助制度，规定残疾人有权得到法律服务机构或法律工作者的免费法律服务和帮助。

（二）完善有关促进残疾人就业的政策措施

所有的法律制度要能够得到切实执行，都离不开实践当中政策措施的支撑，有的时候，政策制定得不好，不仅达不到效果，反而对残疾人会造成更为不利的后果。因此，在残疾人就业当中如何制定有效的残疾人政策至关重要。在制度有关政策的时候，尤其应当注意以下几个方面的要求：

第一，任何政策的出台都必须进行详细而科学的事前调研和评估，要对该政策的效果，可能产生的成本和负效应都进行分析，再决定是否有必要以及怎么制定某项政策。以城市规划为例，当前我国的城市规划对于残疾人的保护不仅不够，反而对残疾人极为不利。例如：① 由于我国很多残疾人以前就业主要是靠灵活就业形式，譬如在路边摆摊、擦鞋、卖报等工作，但是现在大多数城市都在取缔这些行为，同时又没有为这些从业人员找到新的谋生渠道或场所，因此导致相当多的残疾人失去收入来源；② 我国残疾人就业的另外一个重要渠道是在一些福利企业集中就业，但是有调查显示，我国多数地方的福利企业在城市规划的过程当中被搬迁到非常偏远的地方，导致残疾人就业很不方便。①这说明我们的政府规划决策缺乏事先的效用评估，缺乏对残疾人等弱势群体的真正关注。

第二，政策的出台必须依法制定，并且考虑其实际效果。所谓依法制定的意思是政策的制定只能是对已有法律制度的细化，这就要求有关的政策主

---

① 郑东亮，付红专：《残疾人就业岗位变迁研究》，载《中国劳动》2008 年第 3 期。

要是将残疾人保障法当中规定的一些原则和要求具体化，如将有关激励的规定具体化为补贴或税收优惠措施。但是将有关立法细化的时候也必须考虑其实际效果。比如说，我国 2007 年财政部和国家税务总局联合发布的《关于促进残疾人就业税收优惠政策的通知》当中要求，能够享受税收优惠的企业必须满足以下条件：一是依法与安置的每位残疾人签订了一年以上（含一年）的劳动合同或服务协议，并且安置的每位残疾人在单位实际上岗工作。二是月平均实际安置的残疾人占单位在职职工总数的比例应高于 25%（含 25%），并且实际安置的残疾人人数多于 10 人（含 10 人）。月平均实际安置的残疾人占单位在职职工总数的比例低于 25%（不含 25%）但高于 1.5%（含 1.5%），并且实际安置的残疾人人数多于 5 人（含 5 人）的单位，可以享受企业所得税优惠政策，但不得享受增值税或营业税优惠政策。三是为安置的每位残疾人按月足额缴纳了单位所在区县人民政府根据国家政策规定的基本养老保险、基本医疗保险、失业保险和工伤保险等社会保险。四是通过银行等金融机构向安置的每位残疾人实际支付了不低于单位所在区县适用的经省级人民政府批准的最低工资标准的工资。五是具备安置残疾人上岗工作的基本设施。以上条件对残疾人来说虽好，但是实际效果却非常差。因为在实践当中残疾人就业的实际情况是，大企业宁愿缴纳残疾人保障金，而不愿意雇佣残疾人，只有中小企业交不起残疾人保障金，所以是吸收残疾人就业的主体，问题在于国家规定的享受税收优惠的上述条件要求太高，绝大多数中小企业都达不到，这也导致残疾人就业的目的很难达到。[①]

　　第三，有关残疾人就业的政策应当重点放在如何促进残疾人就业能力的提高，如何激励残疾人自愿工作和激励用人单位雇佣与善待残疾人以及如何促使残疾人与非残疾人之间的交流与沟通，让社会更好地认识和尊重残疾人等方面。特别是后者，政府可以制订并执行一系列的残疾人社会融合计划，使残疾人很好地融入社会，并努力消除整个社会对残疾人的歧视和偏见。例如，在各地方发展教育的过程当中，要兼用强制和引导的方式促进残疾人进入普通学校接受全纳教育，这是让残疾人融入社会，并在今后顺利就业的最好方式。正如前文已经提及，因为我国新《残疾人保障法》第二十五条规定，普通教育机构对具有接受普通教育能力的残疾人实施教育，普通小学、初级中等学校，必须招收能适应其学习生活的残疾儿童、少年入学，普通幼儿教

---

① 范海珍：《对弱势群体的政策支持刍议——以武汉市 A 区实施分散按比例安排残疾人就业政策为例》，载《行政与法》2010 年第 1 期。

育机构应当接收能适应其生活的残疾幼儿。该规定看起来是保障了残疾儿童进入普通教育机构接受全纳教育的权利，但实际上其"具有接受普通教育能力"和"能适应其学习生活"这两个前提条件导致很多普通学校以此为依据拒绝招收残疾儿童入学。①因此在该法没有取消这一规定之前，地方政府可以一方面规定每个普通教育机构都必须接受一定比例的残疾儿童入学，否则将停止其办学资格；另一方面又对愿意接受残疾儿童入学的机构以适当的补贴，从而促使普通教育机构真正接纳残疾儿童入学。

第四，完善对残疾人就业保障金的管理。1995年《残疾人就业保障金管理暂行规定》规定，残疾人就业保障金专用于下列开支：① 补贴职业培训费；② 奖励超比例安置残疾人的单位；③ 有偿扶持残疾人集体从业、个体经营；④ 经同级财政部门批准，适当补助残疾人劳动服务机构经费开支；⑤ 经同级财政部门批准，直接用于残疾人就业工作的其他开支。保障金必须按照上述规定用途使用，任何部门不得平调或挪作他用。在实践当中，残疾人保障金的管理存在以下几个问题：一是残疾人保障金的收缴情况不好，欠缴、拒缴以及通过伪造职工总人数而逃缴的情况比较严重；二是残疾人保障金的使用流向不合理。一个主要的问题就是它批给残联的适用比例偏高，北京审计部门的一项调查报告显示，残疾人保障金的使用当中，残疾人就业服务机构多数占50%左右，最高达83%，有的地方甚至挪用保障金盖楼，而用于奖励超比例安置残疾人的企业的比例严重偏少。②因此，在今后应当加强对残疾人保障金支出的依法审计，并根据实际情况更加合理地安排残疾人保障金的支出。

---

① 胡蓉：《浅析新"残疾人保障法"的不足及立法建议》，载《三峡大学学报》（人文社会科学版），2011年第2期。
② 杨鹏飞：《残疾人就业立法何以参照德国模式？》，载《社会观察》2007年第8期。

第四章　我国女性就业积极行动制度研究

正如本书前文所言，在全世界范围内，女性劳动者都属于就业弱势群体，需要获得特殊照顾与帮助。当前，各国采取的就业积极行动在很大程度上就是针对女性劳动者的，我国的立法和政策在很多方面也体现了对女性劳动者的特殊照顾，形成了我国自己的就业积极性制度。本章在分析我国相关制度问题的基础上，结合我国国情，提出改进和完善有关制度、促进女性就业的对策。

一、我国女性的就业现状

当前在我国就业领域，女性就业面临的最大问题就是就业环境的不公平，尤其是对女性的就业歧视普遍存在。总体来说，当前我国女性属于弱势劳动者群体，面临着包括就业歧视在内的一系列就业问题，具体体现在以下几个方面：

（一）女性就业机会少，受歧视情况严重

实践当中，用人单位对女性的歧视，在很大程度上是通过招聘广告表现出来的。有学者对 1995 年《劳动法》开始施行到 2005 年这 11 年间上海市和成都市两地报刊招聘广告中包含的以性别为标准的职位所进行的调查显示，在这 11 年期间，两地报刊广告分别提供的 242 520 个和 57 799 个职位中，要求性别为男性、不接受女性的职位分别为 72 782 个与 19 486 个，占职位总数的 30%和 33.7%。其中，在 64 427 个与 22 959 个管理类职位中，两地要求男性的职位总数分别为 20 544 个与 5 893 个，占 31.9%和 25.7%；在 67 847 个与 16 606 个技术类职位中，要求限男性的分别为 26 849 个与 6 810 个，占 39.6%和 41%；对于被普遍认为女性较为集中的服务行业，在两地以性别为标准提供的 110 246 个与 18 234 个服务类职位中，只面向男性提供职位的分

别为 25 389 个与 6 783 个,分别占总职位数的 23%和 37.2%。①仔细看看这些数据可知,用人单位在职场的入口对女性的歧视非常明显。

实践当中,不仅仅只有企业歧视女性,国家机关在招聘国家公务员的过程中同样普遍存在对女性的差别对待。中国政法大学的有关调查报告显示,女性在报考国家公务员时遭受了同样的歧视待遇,有 32%的被调查者人认为因为是女性而遭受歧视。②

在我国的就业实践当中,招聘录用时对女性的歧视最显性的结果之一就是女大学毕业生就业难。可能有人会说,现在所有大学生不论男女就业都难。但是,所谓"女大学毕业生就业难",并非女大学生找不到工作,而是指与同班或同届男生相比,女生择业时间相对较长、工作单位相对较差。③2002 年11 月在北京举行的一场专为女大学毕业生策划的招聘会因为邀请不到用人单位而宣告流产即为典型的例证。④

2010 年有统计数据表明,全国就业人口中,男性就业比例达到 54%,女性就业人员占总人数的 46%。同时,具有大学以上文化水平的男性就业者的失业率为 6.3%,女性为 8.2%。这些数据也说明,中国女性就业机会较少。

(二)女性工资薪酬水平总体较低

实践当中,我国男女之间在工资收入方面普遍存在不少差距。据劳动和社会保障部 2002 年的一项统计显示,不同行业男女收入的百分比如表 4.1 所示。⑤

表 4.1

部分行业	平均工资/元		女性平均工资是男性平均工资的百分比/%
	女	男	
农、林、牧、副、渔业	12 177	14 002	87.0
采掘业	8 578	11 488	74.7

---

① 周伟:《中国城镇就业中的性别歧视研究——以 1995 年至 2005 年上海和成都市 30 万份报刊招聘广告条件为例》,载《政治与法律》2008 年第 4 期。

② 蔡定剑:《中国就业歧视现状及反歧视对策》,社会科学出版社 2007 年版,第 50 页。

③ 孟宪范:《转型社会中的中国妇女》,中国社会科学出版社 2004 年版,第 48 页。

④ 编者:《女大学生欲说就业好困惑——解读女大学生就业的性别歧视》,载《教育与职业》2003 年第 5 期。

⑤ 国家统计局人口和社会科技统计局:《中国社会中的男人和女人——事实和数据(2004)》。

续表

部分行业	平均工资/元		女性平均工资是男性平均工资的百分比/%
	女	男	
制造业	13 544	16 652	81.3
电力、煤气及水的生产和供应业	16 665	18 912	88.1
建筑业	15 396	17 400	88.5
交通运输仓储及邮电通信业	17 993	20 895	86.1
批发零售贸易和餐饮业	13 385	16 705	80.1
房地产业	23 186	27 437	84.5
社会服务业	17 336	23 267	74.5
其他行业	13 937	17 141	81.3

对表 4.1 所显示的相同行业就业的男女之间存在收入差距的原因，经济学领域学者通过比较包含不同自变量的收入回归模型的性别回归系数的变化，对性别因素对收入的影响以及与其他因素（包括受教育年限、工作年限、党员身份、单位规模、单位类型、职位分类、地区分类）之间的关系进行了深入分析。最后得出的结论是：在收入分配领域的确存在着性别歧视现象。①

（三）女性就业质量总体水平不高

不同行业的人，其待遇有天壤之别，所以在很大程度上女性从事何种行业决定了其就业质量的高低。通常情况下，在各个行业当中，国家机关、政党和社会团体以及电力煤气及水的生产和供应业的从业者收入较高。与之相反，餐饮服务业主要是简单重复的体力劳动，从业者收入较低。2000年，中国第五次人口普查数据显示，我国总人口性别比为 106.74（女性为100），但在 2000 年我国女性职工在国家机关、政党和社会团体行业全部职工中的比重是 24.4%，在电力煤气及水的生产和供应业是 32.1%，在餐饮服务业是 45.7%。这充分说明我国女性从事的行业相比男性较差。2009 年的数据，女性在公共管理和社会组织当中的就业比例为 37%，而从事餐饮服务业的比例则占到 59%。

---

① 李春玲，李实：《市场竞争还是性别歧视》，载《社会学研究》2008年第2期。

即使女性有幸进入了一个收入较高的行业，但在该行业中（包括女性相对较多的行业）还存在这样一个问题，女性通常居于较低的职位上。1990 年国家机关、党群组织和企事业单位负责人中女性总计只占 7.89%，这与女性在总就业人口中的性别比重（44.69%）相去甚远。2009 年的数据显示，在所有的就业人口当中，处于雇主身份的男性有 5.1%，而女性只有 2.4%；处于家庭帮工身份的男性只有 1.2%，而女性则达到 5%。

总之，女性就业的行业和职业都不如男性，在就业结构中的地位低于男性，就业质量也无法与男性相比。

二、我国现行女性就业的法律与政策考察

造成我国女性在就业职场上表现远不如男性的原因，我们认为，除了传统的"男尊女卑"封建思想遗留的影响之外，现实当中切实存在的大量针对女性的各种歧视，以及女性自身相对于男性的生理弱势特征是导致女性就业情况不佳的重要原因，对此已经有相当多的文献进行了分析和论述，本书不再赘述。但是我们认为，对于我国女性的就业现状，我国现行的有关法律制度和政策也应当承担相当大的责任。为此，我们将对有关女性就业的法律与政策进行必要的考察和介绍。

目前我国关于女性就业权益保障的立法主要见之于《宪法》《劳动法》《妇女权益保障法》《就业促进法》，国务院及其部委制定的行政法规和部委规章，以及地方制定的地方性法规与规章当中。此外，我国加入的相关国际公约与协定也属我国法律的渊源。当然，鉴于执政党和政府的政策在实践中的影响和作用，我们也应当对那些和女性就业相关的政策给予关注。兹介绍如下：

（一）宪　法

宪法具有最高效力，是其他法的立法根据或基础。现行宪法第三十三条规定，中华人民共和国公民在法律面前一律平等。国家尊重和保障人权。该条规定了我国公民的平等权。同时，对于关系女性生存与发展的就业权，国

家也是尊重和保护的。不仅如此，为体现社会主义的优越性，我国宪法更是把保护妇女权益单独列为一条。宪法四十八条规定，中华人民共和国妇女在政治的、经济的、文化的、社会的和家庭的生活等各方面享有同男子平等的权利。国家保护妇女的权利和利益，实行男女同工同酬，培养和选拔妇女干部。也就是说，我国女性不但享有和男性平等的就业权，而且加以特殊保护。

（二）相关法律

1. 劳动法

根据宪法男女平等及对女性特殊保护的原则，《劳动法》做出了更加具体的规定。《劳动法》第三条劳动者的基本权利包括：劳动者享有平等就业和选择职业的权利、取得劳动报酬的权利、休息休假的权利、获得劳动安全卫生保护的权利、接受职业技能培训的权利、享受社会保险和福利的权利、提请劳动争议处理的权利以及法律规定的其他劳动权利。为此，《劳动法》明确规定了女性劳动者在就业领域的平等权利。其中，《劳动法》第十三条规定，妇女享有与男子平等的就业权利。在录用职工时，除国家规定的不适合妇女的工种或者岗位外，不得以性别为由拒绝录用妇女或者提高对妇女的录用标准。

与《宪法》相对应，《劳动法》还具体规定了对女性的特殊保护。第五十九条规定，禁止安排女职工从事矿山井下、国家规定的第四级体力劳动强度的劳动和其他禁忌从事的劳动。第六十条规定，不得安排女职工在经期从事高处、低温、冷水作业和国家规定的第三级体力劳动强度的劳动。第六十一条规定，不得安排女职工在怀孕期间从事国家规定的第三级体力劳动强度的劳动和孕期禁忌从事的劳动。对怀孕七个月以上的女职工，不得安排其延长工作时间和夜班劳动。第六十二条规定，女职工生育享受不少于九十天的产假。

2. 就业促进法

2007年通过的《就业促进法》，对于女性就业平等权做了更具体的规定。《就业促进法》专门强调了对女性平等就业权的保护，其中第三条规定，劳动者就业，不因性别不同而受歧视。很明显，尽管可能存在歧视男性的情况，立法者的意图主要是保护女性不受歧视。同时，该法第九条要求妇女联合会协助政府维护女性劳动者权益。第二十七条规定，国家保障妇女享有与男子平等的劳动权利。用人单位招用人员，除国家规定的不适合妇女的工种或者岗位外，不得以性别为由拒绝录用妇女或者提高对妇女的录用标准。用人单位录用女职工，不得在劳动合同中规定限制女职工结婚、生育的内容。

为切实维护劳动者权益，增强法律的适用性，该法第六十二条还规定，违反本法规定，实施就业歧视的，劳动者可以向人民法院提起诉讼。这为女性维护自己的就业权益提供了救济渠道。

3. 妇女权益保障法

1992 年颁布 2005 年修订的《妇女权益保障法》，在女性就业权方面做出了许多重要规定。该法再次强调宪法规定的男女平等、不得歧视妇女的原则。

除了部分内容与劳动法和就业促进法规定一致之外，《妇女权益保障法》进一步规定了女性的就业权益。法律规定，国家机关、社会团体、企业事业单位培养、选拔和任用干部，必须坚持男女平等的原则，并有适当数量的妇女担任领导成员。除了规定男女同工同酬之外，还规定在分配住房和享受福利待遇方面，在晋职、晋级、评定专业技术职务等方面，应当坚持男女平等的原则，不得歧视妇女。任何单位不得以结婚、怀孕、产假、哺乳等为由，辞退女职工或者单方解除劳动合同。国家推行生育保险制度，建立健全与生育相关的其他保障制度。禁止对妇女实施性骚扰。受害妇女有权向单位和有关机关投诉。这也使在职场中常受性骚扰的女性有了可以维护自己权益的法律武器。

（三）行政法规

为了减少和解决女职工在劳动中因生理特点造成的特殊困难，保护女职工健康，2012 年 4 月 18 日国务院第二百次常务会议通过《女职工劳动保护特别规定》，对散见于各个法律之中的女职工特殊保护做了系统、详细的规定。

该规定第二条明确规定，中华人民共和国境内的国家机关、企业、事业单位、社会团体、个体经济组织以及其他社会组织等用人单位及其女职工，适用本规定。该规定在附录中明确了女职工禁忌从事的劳动范围、女职工经期、孕期、哺乳期禁忌从事的劳动范围，并对用人单位违反这些规定加以严厉处罚。第五条规定，用人单位不得因女职工怀孕、生育、哺乳降低其工资、予以辞退、与其解除劳动或者聘用合同。第七条规定，女职工生育享受 98 天产假，其中产前可以休假 15 天；难产的，增加产假 15 天；生育多胞胎的，每多生育 1 个婴儿，增加产假 15 天。女职工怀孕未满 4 个月流产的，享受 15 天产假；怀孕满 4 个月流产的，享受 42 天产假。第八条规定，女职工产假期间的生育津贴，对已经参加生育保险的，按照用人单位上年度职工月平均工资的标准由生育保险基金支付；对未参加生育保险的，按照女职工产假前工资的标准由用人单位支付。女职工生育或者流产的医疗费用，按照生育保险规定的项目和标准，对已经参加生育保险的，由生育保险基金支付；对未参加生育保险的，由用人单位支付。

此外，国务院 2004 年颁布的《劳动保障监察条例》规定，县级人民政府劳动行政保障行政部门主管对企业和个体工商户的劳动保障监察，用人单位遵守女职工特殊劳动保护规定的情况属于劳动监察事项。

（四）地方性法规

在促进女性就业立法方面，深圳市人大常委会率先垂范，于 2012 年 6 月 28 日通过《深圳经济特区性别平等促进条例》，在保护女性就业权方面做出了许多有益的尝试。

该条例第五条明确规定了性别歧视的定义。本条例所称性别歧视，是指基于性别而作出的任何区别、排斥或者限制，其目的或者后果直接、间接地影响、侵害男女两性平等权益的行为。但下列情形不构成性别歧视：第一，为了加速实现男女两性事实上的平等而采取的暂行特别措施；第二，基于生理原因或者因为怀孕、分娩和哺育，为了保护女性而采取的特别措施；第三，法律、法规规定的其他情形。

第十五条规定，实行行业性别平衡制度。深圳市性别平等促进工作机构应当会同市人力资源和社会保障部门，定期发布行业性别比例平衡指导意见，促进男女两性实质平等。

该条例的一个很大的亮点在于创设了促进性别平等的工作机构——市性别平等促进工作机构，并赋予该机构受理投诉、界定性别歧视、协助受害人依法向人民法院提起诉讼、公布用人单位的行为和申请撤销荣誉称号的权力，填补了中国内地设置性别歧视专门处理机构的立法空白。

2007 年修订的《广东省实施〈妇女权益保障法〉办法》加强对工作场所性骚扰的规制。第二十九条规定："禁止违反妇女意志以带有性内容或者与性有关的行为、语言、文字、图片、图像、电子信息等任何形式故意对其实施性骚扰。用人单位和公共场所管理单位应当通过建立适当的环境、制定必要的调查投诉制度等措施，预防和制止对妇女的性骚扰。受到性骚扰的妇女有权向有关单位投诉。"

2003 年的《北京市人口与计划生育条例》规定，晚育的女职工可以增加奖励假 30 天，并且奖励假可以由男方享受。这都是有利于女性就业权的规定。

2008 年 12 月 19 日黑龙江省第十一届人民代表大会常务委员会第七次会议通过的《黑龙江省劳动保障监察条例》将用人单位遵守有关妇女、少数民族、残疾人、传染病病原携带者等人员公平就业规定的情况、用人单位招用人员办理招用备案手续和就业登记的情况纳入监察范围。

（五）部门规章

劳动部 1994 年颁布的《企业职工生育保险试行办法》，维护女性就业权，保障女性在生育期间得到必要的经济补偿和医疗保健。第五条规定，女职工生育按照法律、法规的规定享受产假。产假期间的生育津贴按照本企业上年度职工月平均工资计发，由生育保险基金支付。

卫生部、劳动部、人事部、全国总工会、全国妇联 1993 年颁发《女职工保健工作规定》，为保护女职工的身心健康及其子女的健康发育和成长做出了具体规定。比如第七条规定，患有重度痛经及月经过多的女职工，经医疗或妇幼保健机构确诊后，月经期间可适当给予 1 至 2 天的休假。

（六）我国政府批准生效的国际条约

目前有关女性就业在我国生效的国际公约包括：1980 年 7 月我国政府签署《消除对妇女一切形式歧视公约》、1990 年 7 月我国政府批准的《对男女工人同等价值的工作给予同等报酬公约》、2005 年 8 月批准的《消除就业和职业歧视公约》。

（七）有关政策

2011 年 7 月 30 日，国务院发布《中国妇女发展纲要（2011—2020 年）》（国发〔2011〕24 号）认为，"就业性别歧视仍未消除，妇女在资源占有和收入方面与男性存在一定差距"，因此把"保障妇女平等享有劳动权利，消除就业性别歧视"列为主要经济目标之一，要求将妇女占从业人员的比例保持在40%以上，城镇单位女性从业人数逐步增长。

2003年2月14日，全国妇联、民政部、劳动部联合发布《关于进一步做好下岗失业妇女再就业工作的通知》（妇字〔2003〕4号）提出，以社区服务业为重点，采取促进、扶助和鼓励的政策措施，重点开发家政服务、社区文化、教育、绿化、清洁、社区治安等领域，引导下岗失业妇女在参与社区服务和社区建设中实现再就业。同时，要把年龄偏大（40周岁以上）、职业技能偏低、家庭生活困难（低保对象）的下岗失业妇女作为就业重点援助对象。积极稳妥地发展城市妇女小额信贷项目，对符合条件的下岗失业妇女及时提供小额信贷担保支持。

2012年7月26日，浙江省财政厅、浙江省妇女联合会发布的《关于印发浙江省妇女儿童发展专项资金使用管理办法的通知》（浙财行〔2012〕55号）指出，浙江省妇女儿童发展专项资金（以下简称"专项资金"）是指由省财政专项安排、用于维护妇女儿童合法权益、促进妇女儿童事业发展的专项资金。

中共信阳市委、信阳市人民政府2007年9月30日发布的《信阳市关爱女性实施意见》规定了一些有利于女性就业的优惠政策。第十八条规定，县处级后备干部中女干部比例不少于20%。第十九条规定，县（区）党政班子中应至少各配备1名女干部，有条件的县（区）人大、政协领导班子也应配备女干部；乡镇、办事处党政班子中至少要有1名女干部，村（居）党支部、村（居）民委员会中至少要有1名女性成员。第二十条规定，在公开选拔领导干部时，女干部的笔试总成绩按笔试满分的2%加分。第二十一条规定，在机关、事业单位工作人员年度考核工作中，同等条件下，优秀等次优先评定女职工。第二十二条规定，各级科技部门在科技项目的申报中，同等条件下优先考虑妇女科技工作者；每年重点支持5~10名女科技人员进行科技创新活动。第二十三条规定，在机关、事业单位工人技术等级考核工作中，对女性给予优待：获得省级劳动模范、省级五一劳动奖章、省级三八红旗手以上的女性技术工人，可由初级工免试晋升中级工、中级工免试晋升高级工；获得市级劳动模范、市级五一劳动奖章、市级三八红旗手的女性技术工人，申报中级工、高级工时，可提前一年。第二十四条规定，鼓励与支持妇女独立创业。注册资本不足100万元的，不再核转县分局登记，由市局直接办理。

第二十七条规定，切实落实对持《再就业优惠证》灵活就业的 40 周岁以上女性参加基本养老保险的政策，给予养老保险补贴，补贴数额原则上不超过其实际缴纳养老保险费的 2/3，补贴期限最长不超过 3 年。第二十八条规定，在实施产业化扶贫方面，扶贫贴息贷款优先扶持安置贫困乡村女性就业比例大的重点龙头企业。

2012 年 3 月 2 日，西安市人民政府印发了 2011—2020 年妇女发展规划和儿童发展规划的通知（市政发〔2012〕15 号）。在《西安市妇女发展规划（2011—2020 年）》中明确指出："鼓励用人单位吸纳妇女就业，按规定对女性就业比例达到 40%以上的企业减免税收。"

（八）我国女性就业促进法律和政策的总体特点

从前述对我国现行的关于妇女就业的法律和政策的大致介绍中可以看出，我国目前关于女性就业的法制主要有以下几个方面的特点：

（1）政策号召性。我国历来将男女平等作为社会主义制度优越性的体现，因此把男女平等作为我国的基本国策。在我国，法律是实施党的政策的必备工具。于是，从宪法到劳动法、妇女权益保障法，有重复男女平等的政策。但是，对于如何真正实现男女平等就业，以及用人单位歧视女性应如何惩罚，承担何种法律责任，有关立法却显得过于原则，缺乏具体的可操作性的规定。因此，关于女性就业的有关法律和政策给人的印象是其号召性很强，但是缺乏具体的执行效果。

（2）立法重点在保护已经就业女性的身体健康。前面我们提到女性就业立法操作性不强，主要是指在保护女性就业不受歧视，尤其是如何规制招聘录用过程以及在职业当中的性别歧视方面缺乏具体规定。与此相对应的是，女性就业立法比较具体的方面集中围绕女性在孕期、经期、产期的健康而展开。从女性不得从事的职业，到女性经期应该休息几天等，非常多的具体内容。女性的生理特征被重点关注，从而予以优惠照顾。

（3）女性就业立法缺乏系统性。当前，我国关于女性就业的法律法规和有关的政策虽有不少，但内容多分散，而且有关立法和政策相互之间不够协调，缺乏统一性。尤其是各个地方关于女性就业的法规和政策彼此之间存在着不少差异，导致实践当中法律适用也存在差别。

三、我国女性就业法律和政策存在的问题

（一）规定女性禁忌从事的劳动范围限制了女性就业选择权

我国现有立法当中有不少关于女性禁忌劳动的规定，对此国务院《女职工劳动保护特别规定》在对其立法目的的解释当中明确说明，有关女性禁忌劳动的规定是为了减少和解决女职工在劳动中因生理特点造成的特殊困难，保护女职工健康。因此，禁止女性从事一些劳动，是为了保护女性。尽管该规定没有明明白白地写上，女性不得从事这些女性禁忌劳动，而只是规定用人单位不得安排女性从事这些禁忌劳动。然而，用人单位不得安排女性从事禁忌范围内的劳动，事实上与禁止女性从事这些劳动没有区别。

法律为了女性的权益而规定女性不能从事某些工作，这样的立法背后所矗立的一个巨大身影即是——典型的法律父爱主义。立法者充当了理智而成熟的父亲角色，女性是"一定程度上弱而愚的人"，需要父亲特别的关照和保护。[①]为什么女人不能像男人那样理性而自由地选择自己的职业，这样的法律规定有什么科学依据吗？我们认为，这种立法本身就是对女性的一种歧视。在立法者看来，一个即使已经成年的女人也不如男人，无法像男人那样自由选择自己的职业，无法自行判断从事某些职业对自己的危险性。显然，这样的看法是站不住脚的。

就业权在某种程度上来说也是人权，因为就业权关系到女性的生存和发展。尤其在我们这样一个社会保障制度还不健全的社会，女性没有工作，可能就很难生存在这个世界上。限制女性不得从事某些工作，在某种程度上说，也是在剥夺女性的人权。也许，立法者说，这样的立法，比如让孕期、哺乳期女性不得从事某些工作，这不仅仅是为了保护女性自身的利益，而且是为了保护下一代人的利益。但是，男性从事某些劳动，不是同样会影响到下一代人的健康成长吗？为什么法律不规定准备生育小孩的男性不得从事某些工作，从而来保护儿童的健康成长呢？如果立法者认为，男性可以自己去选择对下一代有利的工作，那女性应该也是可以的。女性天然的母性自然会让一个母亲做出对孩子最好的选择，但是这种选择应该是女性的权利，而不应该是由法律强制性地为其选择。

兹举例说明，《女职工劳动保护特别规定》将"每小时负重 6 次以上、每次负重超过 20 公斤的作业，或者间断负重、每次负重超过 25 公斤的作业"

---

① 孙笑侠，郭春镇：《法律父爱主义在中国的适用》，载《中国社会科学》2006 年第 1 期。

作为女性职业禁忌。这好像看起来没有问题，因为从生理上来说，女性弱小无力，无法从事这些重体力劳动。一般说女性负重较差，这点没错。可是对于能抓举 91 公斤、挺举 114 公斤的 2012 年伦敦奥运会女子举重 48 公斤级金牌得主王明娟来说，这样每小时负重 6 次以上、每次负重超过 20 公斤的作业，或者间断负重、每次负重超过 25 公斤的作业，实在不是什么问题。事实上对于相当大一部分女性来说，从事一定程度的重体力劳动并非身体不可承受之重。因此，这样的强制性立法可以说是对女性就业权的明显限制。而且，即使有些女性执意要去从事可能会伤害自己健康的工作，雇主作为一个理性的人，也没有理由去雇佣一个不能完成工作或者很难完成工作的劳动者。

综上所述，在女性就业非常困难的情况下，法律还限制女性的就业范围，这只会让女性就业雪上加霜。而且限制女性就业范围，在某种程度上也是对女性就业权的侵犯。

（二）对女职工给予特殊保护使雇主更易拒绝女性

《女职工劳动保护特别规定》在女性生育方面规定了许多特殊保护措施：女职工生育享受产假 98 天（第七条）；女职工产假期间的生育津贴，对已经参加生育保险的，按照用人单位上年度职工月平均工资的标准由生育保险基金支付；对未参加生育保险的，按照女职工产假前工资的标准由用人单位支付。我们在这里重点探讨对生育的特殊保护所造成的后果。

市场经济使企业在招聘过程之中首先要考虑用人成本。女职工生育之后，不能解除劳动合同，还得招聘新人来接替该生育职工的岗位，这明显会增加企业的用人成本。同时，如果没有参加生育保险的，用人单位还得按照女职工产假前工资的标准支付休长达 98 天的产假的女职工工资。显然，企业对于这样的成本是不愿意承担的，因此会想办法予以规避。在当前的劳动力市场上，由于对女性的偏见和歧视本就广泛存在，再加上雇佣女性的额外成本，企业就会更加拒绝女性。

（三）女性早退休的制度使某些女性就业权益受损

根据现有法律和政策的规定，我国的女性劳动者比男性劳动者的退休年龄要平均提早 5 年。女性早退休的制度，使女性更早退出职业生涯，这不利于女性在职业发展和岗位晋升方面和男性进行平等竞争，从而造成女性在职位上和男性的隔离，而且让一些年富力强的女性早早退休，也是对女性人力资源的极大浪费。最重要的是，如果将劳动作为一种义务来说，该立法可以视为对女性的特殊照顾，但是如果将劳动作为一种权利，该立法则是对女性劳动权的一种剥夺，是一种不尊重女性劳动意愿的歧视性立法。此外，根据现行养老保险制度，对于工资水平一定的个人来说，养老金多少是由其缴费年限决定的。女性退休年龄比男性早，因此女性养老金的缴费年限就少于男性，女性得到的养老金就会比男性少。换言之，"女性早退休会造成女性养老金相对水平的显著下降"[1]。

（四）没有明确规定就业性别歧视的判断标准

由于法律只是原则上规定男女平等，不得歧视女性，无法在实践中认定某些行为就是性别歧视，从而造成在就业领域事实上歧视女性的现象时有发生。如果法律没有明确规定如何认定性别歧视，那些看起来很明显的就业性别歧视，也就无法获得实际的法律救济。山西籍女大学生曹菊（化名）应聘北京巨人教育科技有限公司行政助理职位，该公司工作人员称："这个职位只招男性，即使你各项条件都符合，也不会予以考虑。"曹菊意识到用人单位因为性别原因拒录自己的行为属于性别歧视，她决定通过法律维护自己的合法权益。于是 2012 年 7 月 11 日上午，曹菊向北京市海淀区法院递交了诉状，但是直到 9 月 4 日法院仍然没有受理此案[2]。曹菊的案例在实践当中并非少数，它说明在法律没有确定一个就业性别歧视标准的情况下，女性就业权益根本无法得到有效维护。

（五）政府没有承担起自己的责任

首先，当前女性在就业市场遭到歧视，最主要的因素在于生育。女职工生育是为了整个社会的延续和发展，但生育的成本按照现行制度几乎由企业承担。生育保险费是企业缴纳，女职工生育假期的费用由企业承担。企业作为追求效用最大化的以营利为目的的经济组织，自然会在招录过程之中就对

---

① 谭琳、姜秀花：《社会性别平等与法律研究和对策》，社会科学出版社 2007 年版，第 46 页。
② http://lady.163.com/12/0909/15/8AVKN7JM00264IIU.html。

女性敬而远之。生育是社会生产重要组成部分，那么，生育的成本就应该由全社会共同承担，具体则由政府负担。如果政府承担了女性生育成本，企业自然愿意雇佣女性。

其次，政府在维护女性就业权益的时候，也没有完全尽到自己的责任。比如《劳动监察条例》就没有把招录过程中的歧视女性行为作为行政监察部门的职责范围。同时，地方政府为追求GDP的增长，就会想方设法地招商引资，不敢得罪企业，害怕企业搬走，以致对这些企业的侵犯女性职工权益的行为就会睁一只眼闭一只眼，不敢严格执法以切实维护女性就业权益。

（六）保护女职工权益的法律被大量规避

在本部分第二点我们提到，对女职工权益给予特别保护的法律可能使企业更加容易拒绝招录女性，而拒绝招录女性就相应地造成这些法律无法执行。但通常对于很多比较规范的大企业来说，一旦招录了女性劳动者，对这些保护女职工的特别规定的执行情况还是比较好。然而，对大多数民营小企业和个体工商户而言，它们则可能根本就不会遵守这些法律。例如，实践当中很多企业在女性怀孕之后就直接解除劳动合同，而考虑到维权成本，女职工往往也很少通过法律手段维护自己的权益，加上执法部门执法不力，其结果就是法律被大量规避。

（七）女性积极就业政策缺乏

尽管女性在就业市场遭到歧视，就业形势非常严峻，但我国专门针对女性就业的相关积极政策相当缺乏。法律和政策多次强调要男女平等，不得歧视女性，但难以落到实处。我们看到最典型的一个促进女性就业的积极政策，是上文介绍的西安市政府对于女性就业比例达到40%以上的企业给予税收优惠。有人认为，妇女不是"老弱病残"，不应该对女性就业采取优惠政策。[①]而我们认为，妇女在就业市场中处于弱势地位，除了女性固有的生理弱势以及长期遭受性别歧视的原因之外，一个非常重要的原因还在于女性承担了社会人口生产的重任，根据权利义务相一致的原则，社会就有义务在就业市场

[①] 潘锦棠：《促进女性就业的政府责任》，载《甘肃社会科学》2009年第2期。

上给予女性优惠政策，以弥补她们因为生育的天职而在就业市场上遭受的损失。这也是为什么要实施女性就业积极性制度的主要原因。

四、促进我国女性就业的法律与政策建议

我们认为，总体上要促进女性就业，必须改变过去对女性的某些过度保护的立法，注重降低企业雇佣女性成本，强化政府促进女性就业的法律义务，同时确认女性作为弱势劳动者群体享有在就业方面获得国家和社会特别帮助的权利，并在适当的时候修订《妇女权益保障法》。具体可从以下几个方面着手改革：

（一）弱化某些特殊保护机制

尽管就业积极行动要求对女性给予特别照顾，但是本书在第一部分就已经提到，任何就业积极行动措施的采取都必须进行效益分析。而前文已经提到，我国在某些领域对女性特殊的保护立法，可能限制女性就业范围，也造成女性在就业市场上遭到更多的歧视，而且即使女性已经就业，也可能无法真正得到法定的特殊保护，相关的法律形同虚设，致使所谓的就业积极行动促进女性就业的目的全然丧失。

我们认为，当前我国女性就业最大的问题不是在职女性的劳动保护力度不够，而是女性在招录过程之中遭到歧视，造成女性就业机会远低于男性。我国还是一个发展中国家，多数女性就业还是为了满足生存的需要。如果就业机会被剥夺，可能严重危及女性的生存权。在职女性的劳动权益固然重要，但相比生存权来说，显得并没有那么急迫。很多女性为了生存，也会到对女性没有特殊保护措施的企业去工作。这也可以说明，就业权是女性更需要的权利。

对女性的保护性立法，应该转变为授权性立法。有些不合时宜的保护性立法，应当逐步弱化直至取消。法律不能视女性为客体，把女性当做没有自由意志的儿童，完全以传统意义上的家长身份去要求女性不能做什么，或者自认为是为了女性的利益要求女性怎么做。我们认为，应该从尊重和保护人

权的角度，在制定相关法律的时候，赋予女性自由选择的权利。女性既然可以自己做出选择，相关的保护性立法就可以取消。许多发达国家已经取消了过去那种保护性立法。国际劳工组织也强调"保护性立法的目的是促进就业中的男女平等"，又提出"可以与时俱进地取消此类立法"。①

（二）明确界定性别歧视

鉴于前文提及因为法律规定操作性不强，导致很多就业性别歧视的受害人无法得到有效的法律救济，因此界定就业性别歧视已是当务之急。我们认为，参考我国已经批准的《消除就业和职业歧视公约》对就业歧视的界定，我国在制定保护妇女就业权的法律之中可以做出规定。

就业性别歧视，是指国家机关、企业、事业单位、社会团体、个体经济组织以及其他社会组织等用人单位基于女性劳动者与职业能力和职业的内在客观需要不相关的性别因素，在就业机会或职业待遇上做出任何区别对待，从而取消或损害女性劳动者平等就业权利的行为。就业性别歧视的认定可以从以下几个方面着手：

（1）直接歧视，指用人单位基于性别因素对劳动者给予区别对待，取消或损害就业或职业机会平等或待遇平等。例如，一家企业在其招聘广告中直接表明只要男性，不要女性；或者雇主对其男性与女性职工给予不同的待遇，如让女职工只从事一些低级别的工作，而男性占据了所有的重要岗位，或对于相同的工作，给女性明显低于男性的报酬，以及其他方面的不平等待遇等。作为任何一个女性劳动者只要能够举出上列事实，表明其遭受了区别对待就可以控诉雇主实施了就业性别歧视。

（2）间接歧视，指用人单位虽然没有明确表示对女性做出与性别因素有关的区别对待，但其效果会取消或损害女性就业或职业机会均等或待遇平等。这类歧视并不直接针对劳动者的性别，而是依据一些往往依附于性别之上或相关的特征与属性进行区别对待以实行歧视，如拒绝雇佣育有学龄前儿童的妇女的规定。

（3）就业性别歧视的适用除外：① 用人单位出于工作职业内在的客观需要、法律的特别规定或者相关业务及正常运营所必需提出的合理的标准和要

---

① 刘伯红：《特殊保护势在必行，平等发展更需坚持》，载《妇女研究论坛》2012年第4期。

求；② 基于国家安全的需要对劳动者提出的特殊要求。

（三）女性按比例就业

当前，国际上对妇女就业实行按比例就业的配额制是一个比较普遍的现象，但是多集中在政治领域，而其他就业领域的情况相对较少。[①]即使有的国家实行配额制，但也是"软性"配额，即很少直接规定某个企业必须安排多少比例的妇女就业，而是通过一定的激励措施诱导企业安排妇女就业比例。例如，有的国家（如美国）规定，如果企业安排妇女达到政府规定的目标，就可以获得政府合同奖励，我国也有部分地方（如西安）规定，对于完成妇女就业比例的企业，能够获得税收优惠的奖励。而且，我国国务院制定的《中国妇女发展纲要（2011—2020）》明确提出"妇女占从业人员比例保持在40%以上"的目标。为完成这个目标，借鉴我国妇女参政中的配额制，我们认为可以采取以下措施：

（1）国家机关、事业单位、社会团体、国有企业以及作为政府供应商的企业，都应该制订本单位妇女就业比例的计划，保证妇女在本单位就业比例不低于40%。至于这个具体比例是多少，各单位应该考虑不同行业的特性、不同地区的人口性别比、不同性别受教育程度的比例、不同专业人才中的性别比例等因素，与妇女联合会等单位一起探讨，同时应该接受社会监督。不过，各单位可以在一定时间里逐步完成妇女就业的比例达到一定要求。国务院制定的《中国妇女发展纲要（2011—2020）》的目标之一是妇女占从业人员比例保持40%以上，作为国家机关、事业单位、社会团体等单位是接受国家财政拨款的，自然应该在妇女事业方面身先士卒，做出表率。至于国有企业，因为有国家出资，自然应该贯彻国家男女平等政策。作为政府供应商的非国有企业，应当比一般企业更多执行国家政策。

（2）其他用人单位，可以自愿实行女性按一定比例就业的计划。国家可以采取一定措施，对于达到政府预设目标的企业，或者女性就业比例比较高的企业，给予政府合同优先等一定的奖励或直接给予一定的补贴。一般不应该强制要求这些单位一定保证妇女就业比例达到一定比例。不过，国家可以要求这些单位上报职工性别比例，以便国家进行性别管理。但需要注意的是，

---

① 曹艳春：《性别就业歧视的法律救济之思考——以实行配额制度为中心保障妇女就业权》，载《政治与法律》2007年第4期。

如果一个企业没有正当理由而在其雇员当中女性劳动者没有足够代表性的话，女性劳动者或者有关反歧视机构可能对其提起性别歧视的指控。

（四）建立女性就业基金

浙江省已经设有妇女儿童发展专项基金。我们认为，为促进女性就业，中央和地方各级人民政府，都应该拨出专门的财政经费，建立妇女就业的专项基金。促进妇女就业是政府的义务，因此这个基金应该由财政拨款。妇女就业专项基金主要使用范围：① 援助女性劳动权益纠纷；② 资助女性就业培训；③ 奖励女性就业比例比较高的企业。妇女就业专项基金由各级财政和妇联进行管理。

（五）女性就业优先权

为逐步实现真正的男女平等，一直以来我国采取了必要的政策和措施向女干部倾斜，在同等条件下优先选拔和任用女性。我们在前面提到过的《信阳市关爱女性实施意见》即是适例。我们认为，为保证女性就业平等权的实现，纠正目前普遍存在的歧视女性现状，应当制定相关法律规定国家机关、事业单位和社会团体这些带有公益性质的用人单位，在招聘录用、职业培训、职称职务晋升方面，给予女性优先权。需要指出的是，优先的前提是在同等条件下，并不是降低用人标准。在同等条件下招录女性，是为了贯彻国家男女平等国策，真正实现男女实质上的平等，因此不能视为歧视男性。至于其他用人单位，也可以允许自愿采取优先招聘女性的政策。但应当注意到是，这一保障女性就业优先权的规定只限于在那些女性就业还没有达到足够代表性或比例（如 40%）的用人单位才适用，如果已经达到法定的比例，则不能再对用人单位提出上述要求。

（六）完善生育保险制度

前面已经提到，对女性的特殊保护，包括生育期的保护，可能会加剧女性就业难。原因在于女性的生育会导致企业的"性别亏损"，以致企业不愿招聘女性。女性在职场上遭遇歧视，罪魁祸首可能就是生育。因此，我们认为，要促进女性就业，应当降低企业雇佣女性因生育带来的成本。从以下两个方面完善生育保险制度，可以促进女性就业。

（1）将男性纳入生育保险范围。生育是男女双方都享有的权利，抚养子女也是双方共同的义务。我国部分省市对晚育的男性实行 3~30 天不等的带薪"父育假"。比如《北京市人口与计划生育条例》规定男性可以享受 30 天的"父育假"。在部分地方，男性未就业的配偶生育的，男性职工也可以享受生育保险利益的一部分。法律规定男性在生育方面享受的一些利益，可以平衡女性的自然附着成本，从而让企业更愿意雇佣女性。

（2）政府应当加大生育保险的财政投入。生育是社会得以存在和发展的基础，恩格斯认为它是"历史中的决定因素"①。对于这种决定历史发展的生育，自然需要国家的高度重视。生育保险是社会保险，政府也是社会保险的义务主体。因此，政府应当改变当前生育保险几乎全部由企业负责的局面，承担起自己的责任，成为生育保险基金筹资的重要来源之一。

（七）对女性就业比例达到一定比例的企业减免税费

上文已经提到，西安市政府拟对女性就业比例达到 40% 以上的企业按照规定进行税收减免。对此，我们的建议是，不应该是所有企业女性就业比例 40% 以上就进行税收减免，各个行业的企业情况不同。因此，应当科学确定各个行业的企业女性就业比例，然后对女性就业比例达到一定比例的企业采取税收优惠措施。同时，对于女性就业比例达到一定比例的还应该补贴生育保险费。对于具体的税收优惠政策，我们有如下建议：

补贴企业生育保险费。对女性就业比例达到一定程度的企业，在缴纳生育保险费的时候，国家财政应当给予一定比例的补贴，从而降低企业雇佣女性成本，提高企业聘用女性的积极性。对女性就业比例较高的企业补贴生育保险费，也可以平衡企业之间因为雇佣不同数量女性的成本支出，从而使雇佣女性比例较高的企业在市场上不致遭到"性别亏损"。

按照企业上缴税收总额直接给予一定比例的税收优惠。在中央政府没有具体规定的情况下，地方财政部门可以根据地方税收收入的一定比例，给予

---

① 《马克思恩格斯列宁斯大林论妇女》，人民出版社 1978 年版，第 90 页。

女性就业比例较高的企业一定的财政补贴。女性就业比例高的企业，必须是和女性签订一年以上期限劳动合同并依法缴纳社会保险费的企业。企业要获得这些财政补贴，必须出具纳税证明。但同时又应当规定，超过一年如果因为企业的原因而与女性雇员解除合同的，除了要依照劳动合同法的规定给予妇女补偿金之外，还必须将已经从国家那里所获得的补贴退给国家。

（八）其他建议

除以上七点建议之外，还应建立专门保护女性就业的机构、完善女性就业歧视的法律救济途径、加大对女性职业培训制度的改革和投入力度、加大劳动监察力度等。总之，鉴于我国女性在就业领域的边缘化地位，政府应当采取更积极的就业政策，让女性能够更好地实现就业。

第五章　我国青年就业积极行动制度研究

在世界范围内，青年就业问题一直是备受关注的问题。实践当中，青年劳动者往往比起成年劳动者更加处于弱势地位，他们缺乏工作经验和必要的工作技能，初入职场困难，所面临的工作条件和工作待遇不稳定而且较差，这些都使青年无法充分发挥他们的潜力，无法真正融入社会，难以承担必要的家庭和社会责任，进而影响社会的持续稳定发展。因此，青年就业在各国的就业政策中都至关重要，它也是促进和保障青年社会权利的重要途径。当前无论是我国，还是国外，无论是发展中国家还是发达国家，青年劳动者都面临着比较严峻的就业形势和很多具体的就业困难，而国外解决青年就业问题有一个共同点就是，很多国家和地区都通过采取各种积极行动措施来对青年劳动者的就业进行特殊照顾和保护。我国在这方面也有一些尝试，但是还有很多需要改进的地方。本书拟从如何促进青年就业的角度进行分析，并对涉及的就业积极行动制度进行法律和政策上的分析。

一、"青年"的概念和"青年就业问题"

（一）对"青年"的界定

"青年"在英语当中通常被称为"youth"。对于这个概念，在我国一直以来没有严格的立法界定。从劳动法的角度，我国《劳动法》规定了最低就业年龄，即必须年满 16 周岁，但是立法并没有专门就青年劳动者给出一个上限规定，这意味着在法律上我国没有青年劳动者这个概念。但事实上，在联合国以及很多国家对何谓"青年"都有所界定。这种界定有的是通过立法来体现的，有的则是通过有关的政策文件所体现的。对于"青年"概念的界定，其法律意义在于，可以明确将青年作为一个需要立法给予特别对待的社会群体，也即明确法律的调整对象（主体），然后根据这个群体的基本特征进行特别的立法。

从目前来看，对于"青年"的界定，主要是以适于工作的年龄为标准。根据联合国的标准定义，"青年"是指介于 15 周岁至 24 周岁之间的人。但是，实践当中，由于各国的文化、历史以及政治因素不同，对于青年的界定又各有不同。例如，在欧洲工业国家当中，比较统一的做法是规定最低年龄限制，而这种最低年龄限制往往与各国学生允许离开学校的最小合法年龄相一致，超过了这一年龄，学生就不再负有接受教育的义务，可以在继续接受教育或者走入社会之间进行选择，基本上欧洲各国都将合法离校年龄规定为 15 或者 16 周岁。相比最低年龄的规定，对于年龄上限的规定则基本上没有统一的标准，多数国家规定 24 岁，有的国家则规定 29 岁、30 岁乃至 32 岁（如西班牙和意大利）。[①]

而且，在上述以年龄作为标准所界定的"青年"当中，还有必要根据实际情况进行进一步的划分，即可以将他们划分为青少年和成年青年，因为他们所面临的问题不同，很多时候体现在立法上对他们的规定也就有所区别。一般来说，青少年阶段，国家立法更多的是考虑如何让他们接受基本的就业技能培训；而在成年青年阶段，国家立法则更多的是考虑如何改善他们的就业或者创业的条件，鼓励和促进他们更快、更好的就业。此外，在本书当中，我们认为，与"青年"相比，还有必要区分一些比较概念，通常在"青年"以下年龄段的人因为不涉及就业问题，所以本书并不界定，而处于"青年"以上年龄段的，本书将其统称为"成年劳动者"，而且在这也不涉及"成年劳动者"的进一步细分问题。

另外，一个本书当中需要澄清的问题是，关于"学生"的身份问题。因为本书论及的是青年的就业问题，即"青年"必须和就业相关联。在大多数国家，学生是被排除在劳动力市场之外的，这一点我国也不例外。但是在有些国家，如挪威、德国，基本上只要是积极去寻找工作的人，包括学生在内（接受学校教育或职业培训教育），都统一被视为劳动者受到劳动就业法的调整。从本书研究的角度而言，正在接受职业教育或培训的学生同样可以被视为劳动就业法的调整对象，立法目的就在于确保青年接受较好的职业培训以更好就业。

[①] Niall O'Higgins: *The challenge of youth unemployment*, International Social Security Review, 1997, 50, 4/97.

（二）"青年就业问题"

所谓青年就业问题是指青年在实现就业的过程当中所涉及和存在的各种问题。前文提及，在全球范围内，青年就业都面临难题，我国也不例外。就我国青年的就业状况而言，根据 2005 年全国 1% 人口抽样调查数据推算，2005年年底中国 16 岁至 29 岁的劳动适龄青年共有 2.44 亿人，占总人口的 23%。其中，30.22% 的青年生活在城市，17.22% 生活在乡镇，52.56% 生活在乡村地区，城镇化水平为 47.44%。上述青年人口当中，在业率为 65.87%，有 35%左右的青年处于不在业状态，不在业的人一般有这样几种状况：在校学生（21.18%）、料理家务（4.17%）、丧失劳动能力（0.55%）、正在找工作（3.62%）、因其他原因未就业（4.62%）。①国家统计局 2008 年的统计数据则显示，2008年我国失业人口当中，30 岁以下的青年所占比率高达 40% 左右，其中 14～19 岁的占 10%，20～24 岁的占 18%，25～29 岁的占 8%，而 30～34 岁开始呈下降趋势，降至 5%。在导致 16～29 岁的青年失业的原因当中，12.9% 为料理家务，23.3% 毕业后没有工作，27.5% 为被动失去工作，19.9% 为因个人原因失去工作。②从以上数据来看，我国 30 岁以下青年的失业率或未就业率远远高于其他年龄段的劳动者，在整个就业人口当中处于弱势地位。除了以上统计数据显示的青年就业和失业情况之外，实践当中，我国青年就业还存在着青年接受职业教育和培训的程度与质量严重不足，并且与实际就业市场需求高度脱节，青年就业质量差，就业稳定性低，容易失业等问题。

在国外，青年就业也经常面临困境。以欧洲为例，根据欧盟委员会的有关报告显示，截至 2009 年，欧洲共有将近 1 亿 15～30 岁的青年，占欧洲总人口的 1/5。相比年长一代而言，这些青年面临着一系列就业方面的问题，包括如何实现从教育或培训向劳动力市场转变的问题，其中又有诸如缺乏工作经验或者其掌握的技能不符合雇主要求，甚至还有相当部分青年，如一些移民后裔或许多东欧国家的青年根本没有接受必要的教育和培训。他们总体上在劳动力市场上面临低工作条件和低待遇等问题，他们更加容易失业并只能从事兼职工作，或者获得临时劳动合同。青年还更加容易受到经济危机的冲击，以 2008 年以来的全球金融危机为例，在该危机当中失业的青年人数远

---

① 中国青少年研究中心、中国人民大学人口与发展研究中心本书组：《当代中国青年人口发展状况研究报告》（2007），中国青少年研究中心《专题研究报告》（2007）第 14 号。

② 国家统计局：《2010 年中国劳动统计年鉴》，中国统计出版社 2011 年版。

远超过成年劳动者。相比较于 2005 年至 2008 年欧洲青年失业的稳定比例，2008 年到 2010 年第 2 季度，欧洲 15～24 岁的青年失业总人数达到了 520 万（达到了平均 20.4%的青年劳动者比例），比 2008 年年初的青年失业率高出了 1/3，而且这些数据只是欧洲的平均数据，在不同的国家，这些数据还有较大差别。①西班牙在 2011 年的青年失业率甚至超过了 40%。

　　总体来说，与成年劳动者相比，青年的就业处于弱势地位，具有以下两个特点：一是青年劳动者的就业率明显比成年劳动者的就业率低，而失业率则明显要高。而且这种差距还会受到性别因素的影响。其实际情况是，青年妇女的失业率又要比青年男子的失业率远远更高，考虑到这个因素，很多国家如意大利在其青年就业促进立法当中也会有所体现，如规定青年妇女劳动者可以享受更多的优惠。②二是青年劳动者的就业水平相比较于成年劳动者而言更低。青年劳动者往往从事较低等级的工作或兼职、临时工作，而且所获得的待遇和报酬更低，尽管他们付出的劳动价值相当甚至能够付出更好的劳动。而因为青年的各种待遇更低，所以一旦遇到危机需要裁员时，更低的裁减成本使雇主倾向于首先裁减青年，也就是说较低的就业水平进一步导致了青年更加容易失业，导致其失业率在一些特定时期增高。值得一提的是，导致青年失业率相对较高的原因比较特殊，那就是青年劳动者的主动失业，即青年劳动者更加容易跳槽，而这往往会进一步使青年就业不稳定的趋势恶化，并进而影响其整体就业水平。

二、国外青年就业促进法律与政策考察——以欧洲为例

（一）欧盟的青年就业促进法律制度

1. 欧盟青年就业法律制度概况

　　欧盟的就业法律制度其实不能简单地理解为各种立法的组合，总体上它是由具有欧盟水平的各种立法、政策、共同宣言、建议以及有关的行动计划

---

① European Commission： *European Employment Observatory Review — Youth employment measure, 2010*, Luxembourg： Publications Office of the European Union，2011.

② Michele Tiraboschi： *Prodctive Employment and the Evolution of Training contract in Italy*, The international journal of comparative labour law and industrial relations，2006，22/4，P635-649.

等共同组成的，这些制度大体上从欧洲经济共同体时代就开始逐渐形成。但迄今为止，欧盟在整个就业法领域，包括促进就业（含促进青年就业）方面的立法并没有显著的成就，其典型表现就是欧盟在就业领域还是没有多少具体的立法权，很多具体的立法内容还必须授权各成员国自己制定。欧盟的就业法与其成员国的就业法的区别非常明显：成员国的立法往往涉及具体的劳动关系，如涉及劳动合同和职业培训等问题通常就只能由成员国的立法规定，而欧盟的立法除了一些涉及基本人权范畴的问题，如平等权、安全和健康权等方面有相对较为细致的指令或规则之外，更多的是将各种具有社会政策性的内容宣示在各种公约当中，或者直接制定具有指导意义的欧盟统一的社会行动计划。换言之，欧盟的就业法在很大程度上可以说是社会政策法。①

欧盟的青年就业促进法属于前述欧盟就业法的组成部分。但是需要指出的是，在欧盟的就业法律体系当中并没有关于促进青年就业的专门立法，其有关促进青年就业的内容主要体现为一些具体立法当中的个别条款。正如欧盟就业法具有社会政策法的特性一样，欧盟解决青年就业问题也主要是靠一些青年政策或者成员国之间的协调行动或计划来直接或间接实现目的，这些政策或行动计划尽管不能直接称为法律，但由于它们对成员国具有一定的指导和规范功能，因此仍然可以视为欧盟青年就业促进法律制度的合理内容。现有的欧盟就业法律制度主要从以下几个方面起着促进青年就业的作用：

（1）关于劳动条件或劳动标准的立法。例如，1957年欧洲经济共同体条约第117、119和120条规定了关于成员国促进工人工作条件和改善工人生活标准的要求以及男女同工同酬与确保假期工作报酬的内容；1996年的《工人工作指令》②则规定了最低工资、最长工作时间、最少休息时间、最少的带薪休假时间以及有关的健康、安全标准。2009年的里斯本条约还规定了劳动者的一系列社会权利，包括获得公平解雇权、获得公平的劳动条件的权利以及进行集体谈判和集体行动权等。这些关于工作条件和标准的规定对于青年就业的积极意义在于，它可以确保青年劳动者在就业，尤其是初次就业时获得必要的劳动条件。

（2）关于成员国之间建立就业政策磋商机制的立法。例如，欧洲经济共同体条约第125条规定，在成员国之间在就业政策方面建立合适的磋商机制，

---

① Sebastian Krebbert: *Status and potential of the regulation of labor and employment law at the european level*, Comp.Labor Law and Pol'y Journal, 2009, 30, P877.

② Directive 96/71/EC of 16 Dec.1996, OJ 1997, L/18/1.

其目的在于在欧洲经济共同体内建立完全的和更好的整体就业政策，它是建立欧盟统一青年就业政策的法律依据。

（3）关于职业培训的立法。欧共体条约第150条规定，为了执行共同的职业培训政策，有必要建立必要的职业培训标准，建立欧洲培训中心。在欧洲就业实践当中，职业培训政策最直接的受益者就是青年劳动者，对于促进青年就业具有十分重要的作用，在有些国家甚至是最为有效的手段。

（4）关于禁止歧视的立法。这方面的立法分为两个阶段：一是2000以前的立法，主要是1975年的《男女平等报酬指令》和1976年的《进一步的男女就业平等待遇指令》；①二是2000年通过了欧盟基本权利宪章之后的立法，包括2000年的两个反歧视指令和2006年的平等待遇指令，②它们规定任何劳动者不得因性别、种族、民族、年龄等原因而在获得就业或自我就业、获得职业培训机会、就业或工作条件（包括解雇和报酬）以及加入工会等方面受到歧视。值得特别提及的是，在禁止年龄歧视的有关规定中，第一次专门规定了禁止对青年的歧视，从而使实践当中针对青年劳动者的歧视行为有了直接的规制依据，而以往的立法往往只保护高龄劳动者。

（5）关于工人自由流动制度。因为欧盟成员国之间发展不均衡，允许工人在整个欧共体范围内自由流动有利于协调各国劳动力市场的供需矛盾，也有利于改善共同体的整体就业水平。因此自1958年起欧共体就通过了一些规则来确保成员国之间的工人自由流动，其中包括允许工人自由迁徙，允许某一成员国工人迁移到其他成员国工作时，同样有权为自己或家人申请社会保险。③工人自由流动制度的核心是无歧视原则，这一制度对于促进青年就业也具有明显作用，因为在欧盟范围内主要的跨国流动劳动者就是青年。

（6）各种具有一定法律效力的社会政策或行动计划。根据有关的公约或指令、规则，欧盟往往会制定一些对整个共同体都有效的社会政策或行动计划。历史上比较有名的与就业有关的社会行动计划有三个：第一个是1974年欧洲经济共同体理事会制定的旨在实现共同体更好更完全的就业、改善共同体劳动者生活和工作条件的《社会行动计划》；第二个是1997年开始实施的，旨在帮助成员国获得高水平的就业以促进竞争和经济增长的《欧洲就业

---

① Directive 75/117/EEC of 10Feb.1976, L 45/19; Directive 76/207/EEC of 9Feb. 1976 OJ 1976, L 39/40.

② Directive 2000/43/EC of 29 Jun.2000, OJ 2000, L 180/22; Directive 2000/78/EC of 27 Nov.2000, OJ 2000, L 303/16; Directive 2006/54/EC of 5 Jul.2006, OJ 2006, L 204/23.

③ 1958 O.J.（L 30）597；1968 O.J.（L 257）2；1971 O.J.（L 74）1.

战略》；第三个是 2000 年的《里斯本战略》，该战略的目的在于，一个经济强劲的欧洲，不仅需要更多的工作机会以实现充分就业，也需要合适的措施以保证更好的就业水平。这些社会政策一般不是通过指令或规则等"硬措施"来达成目标，而是通过指南或者建议等"软措施"来实现目的。①

（7）欧盟法院的判例。欧盟法院在一些具体的案件审理当中所形成的判例对于成员国制定和执行有关法律、政策时也具有非常重要的作用，从而形成了欧盟劳动就业法律制度的重要组成部分。

除了以上对于全欧盟范围内发生效力的立法和政策之外，欧盟一些机构也经常会提出一些促进青年就业的建议或决议，这些建议或决议虽然不一定对成员国具有直接的强制约束力，但是也具有相当的指导意义。其中，比较有代表性的是 2007 年欧共体委员会向欧洲议会、欧洲理事会、欧洲经济与社会委员会以及地区委员会专门提出了一项建议《促进青年在教育、就业和社会活动当中的全面参与的建议》。该建议全面地阐述了欧洲青年在参与教育、就业以及社会活动当中存在的问题，并提出了改善建议，是欧盟及其成员国制定相关立法或政策的主要依据。②

在教育方面，建议指出，促进青年就业首先必须改善青年的教育和培训状况，青年必须接受必要的教育为进入劳动力市场做准备，同时也要具备能够进行终生学习和调适的能力，这是青年步入劳动力市场的关键。而实现这一目标需要成员国应当在国家长期学习战略中坚持质量优先，并优先投资于早期儿童教育；成员国应当提供改善管理、投资以及课程设置等促进教育和培训的水平提高和实现现代化；成员国应当高度关注在国家改革过程中的教育和培训工作，应当给青年提供更多更好的建议，并在教育机构和工作场所之间建立更加紧密的联系；成员国应当改进劳动力市场的关联性、吸引力以及职业教育和培训的开放性，以便青年能够更好地面对劳动力市场；坚持具有欧洲水准的教育、培训质量体系，以支持青年学生和劳动者的适应性，并认证他们通过各种途径所学到的内容；与成员国一起制定各种促进青年适应能力和终生学习能力的行动计划。

在就业方面，建议认为，在 15 ~ 29 岁的欧洲青年（尤其是青年妇女）失

---

① Saskia Klosse：*The European Employment Strategy：Which Way Forword*，The international journal of comparative labour law and industrial relations，2005，21/1，P5-36.

② Commission of the European Communities：*Promoting young people's full particication in education，employment and society*，Brussels，5.9.2007，COM（2007）498 final，SEC（2007）1084 and SEC（2007）1093.

业问题比较严重。在欧洲，导致青年失业的因素主要包括教育和技能缺乏足够质量无法适应现代知识经济的要求、教育与培训与劳动力市场脱节、从学生到就业的转换适应能力缺乏、劳动力市场的相对分割以及地区差别等。为了改善这一状况，有必要加强对成员国青年就业的监督，并促进最好的实践交流；执行旨在改善青年从学校到工作的适应能力的项目，如"第一次工作"指南项目；建立欧洲实习质量认证规则；成员国应当在国家改革项目中更多关注青年的就业；成员国应当制度灵活性战略，促进青年的就业灵活性；成员国应当强力关注实习、见习与培训或学习课程之间的关联性，并制度适当的框架；成员国应当促进青年的"企业家精神"教育，将企业家精神作为一项重要的竞争力，鼓励青年创业，改善青年成为企业家的条件；鼓励成员国使用国家政策或欧盟基金，特别是欧洲社会基金、欧洲地区发展基金和农村发展基金或任何其他欧盟基金和项目来支持青年从教育向就业进行转换，并尽量减少地区差别。

　　建议还分析了青年就业所必需的社会条件，认为应当加强和改善来自贫困家庭、少数族群、移民家庭的儿童、青年以及残疾青年的社会融入程度，为他们提供平等的教育、培训机会和参加各种社会活动的机会；改善欧洲在就业问题上存在的严重的性别差别，改变欧洲青年妇女比男性失业率更高、就业水平更低的状况；关注青年的健康问题，建立完备的青年健康干预政策，改善欧洲青年在酗酒、抽烟、毒瘾、透支健康、营养不足和营养过剩、艾滋病以及精神等方面的问题；充分发挥欧洲青年组织（如"欧洲青年论坛"）的作用，建立欧盟和青年组织的合作机制；鼓励所有青年参与欧洲范围内的各种社会活动，以提升综合能力，以在就业竞争中获取优势。

2. 欧盟青年就业促进法律制度的实施及评价

　　如前所述，事实上欧盟青年就业促进制度并非由一两个独立的法律所组成，其所涵盖的内容也不局限于就业领域，而是通盘考虑从经济到社会，从教育、保健到就业，由各种各样的规则、制度以及相应的政策共同组成，其发挥的作用具有综合性特点。这样一种制度体系实施起来从以下几个方面保证了欧洲青年的就业水平：第一，制定欧盟水平的法律制度或政策，能够有效地排除各成员国各自为政，从而避免地方保护主义对欧洲就业市场的干扰，建立统一的欧洲劳动力市场，譬如防止成员国制定排除或歧视外国移民工人（尤其是青年工人）的法律和政策。更为重要的是，欧盟建立统一的劳动力市场，能够有力地促进欧盟以一个整体协调自己的政策和步骤，以在世界范围内增强竞争力。第二，由于欧盟高度重视青少年的教育和培训问题，尤其重视从学校教育到就业之间的顺利接轨，因此其教育和培训体系的建立紧紧围绕着就业这个中心展开，这就充分避免了欧洲青年所接受的教育和培训与就业之间的脱节，进而为青年从学校走入社会实现就业打下了坚实的基础。第三，欧盟对于青年的成长包括就业的关心是综合性的和全面性的，例如不仅对青年进行培训以促进就业，还通过各种制度和政策积极支持青年培育企业家精神，鼓励创业。此外，对青年参加各种社会活动的大力支持，在促进欧洲青年的进一步国际化方面的努力，对青年所面临的社会问题、经济问题、健康以及家庭问题的重视解决等都在很大程度上提高了欧洲青年的劳动就业能力，增强了其整体的竞争水平。

但是，尽管在世界范围内欧洲青年的就业竞争能力很强，但欧洲就业市场仍然面临着很多问题：第一，就业市场最容易受到经济形势的影响。2008年的世界金融危机对欧洲青年的就业影响就非常大，截止到2010年第二季度的统计数据，欧盟15～24岁的青年劳动者的失业率就高达20%，在一些东欧成员国当中甚至超过40%。第二，在适龄青年劳动者当中，低技能的劳动者失业情。这主要是因为，尽管欧洲国家很重视青少年的教育和培训，但是事实上效果不尽理想。例如，截止到2009年，欧洲大多数国家的青年（15～24岁年龄段，这其中又以移民和贫困家庭子女为主）的早期离校率（即不接受任何形式的教育和培训）就超过了10%，这些国家甚至包括了德国、法国等发达国家，英国甚至超过了15%，这在相当程度上降低了欧洲青年的整体就业能力和就业水平。[1]第三，由于各成员国的教育和培训政策不同，因此其效果也各异，各国水平很不均衡。这其中很大一个问题就是，教育、培训体系与就业市场的契合度，这直接决定了青年走出学校后能否找到第一份工作。在有些国家如德国、瑞典，其教育和就业市场的契合度高，其青年就业率就高，而在其他国家如法国、意大利以及一些东欧国家则相对较低。

有鉴于此，欧盟委员会在2010年9月15日通过了一项《欧洲2020青年行动计划》，其目的在于完善教育制度，促进青年就业。该计划建立了一个基本框架以期减少欧洲青年的失业，并改善青年的就业前景：一是采取措施帮助青年获得第一份工作以开始职业生涯；二是给予处于危机当中的青年以各

---

① European Commission: *European Employment Observatory Review — Youth employment measure*, 2010, Luxembourg: Publications Office of the European Union, 2011.

种支持和援助；三是为青年提供足够的社会保障；四是支持青年创业或自我就业。①为此，欧盟需要采取的措施包括改善教育和培训制度、建立和完善与青年就业有关的配套法律制度和政策以及积极改善青年（尤其是青年当中的弱势群体如移民后代）就业在整个就业市场当中的弱势地位等。

（二）欧洲主要国家的青年就业促进法律制度

欧洲国家在促进青年就业方面有很多共同之处，主要体现在三个方面：一是高度重视青年就业能力的培养，为此都很关注对青年的教育和培训，并有相应的法律法规配套；二是高度重视青年就业的平等机会问题，各国都制定了相应的平等权利法案，尤其注重对不同种族、不同地区、不同性别青年的平等就业机会的保护；三是都十分注重使用各种政策、经济手段促进青年就业，同时又往往以必要的法律制度为依托，及时将有效的政策、经济手段法律化。但是，欧洲各国由于国情不同，法律制度不同，在促进青年就业方面的一些做法当然也就存在一些差异，本书拟对德、英、意为典型的国家的相关制度进行介绍和评价。

1. 德国的青年就业促进法律制度

作为欧洲大国，德国青年的就业水平一直处于欧洲前列，即使在金融危机期间，其青年的就业也是最为稳定的，其 2010 年的青年失业率仅为 8% 左右，远低于欧洲平均水平（20%）。究其原因，除了德国作为稳定的工业大国，就业吸收能力强这一因素之外，其法律制度当中的职业教育和培训制度发挥了非常重要甚至是决定性的作用，是促进德国青年就业的关键。可以说，德国的整个劳动力市场就是围绕着德国的职业教育和培训来组织的。

德国的职业培训法律制度始于 1969 年的《职业培训法》（BBIG 1969），1981 年又通过了一项《职业培训促进法》（BerBIFG），2005 年德国修订法律，将上述两个法律合二为一称为《2005 年职业培训法（修订）》。该次修法的目的非常明确，就是确保和促进所有青年，不论其社会或地区背景如何，都能够获得高质量的职业培训。以上法律构成了德国职业教育和培训制度的基础。

在德国，学生结束基础教育（一般在 15 岁以前）之后，有两种途径接受

---

① Com{2010}477 final.

就业前的教育和培训：一是继续进入文理高级中学（Gymnasium），然后考大学进入大学学习。但是根据德国联邦职业教育和培训机构（BIBB）[①]的统计显示，德国大约仅有37%的学生进入高级文理中学并有机会进入大学学习（实际上高级文理中学当中又只有一部分学生能够考入大学），因此事实上进入德国大学学习的德国学生占德国青年的比例较小，大学在促进青年就业方面起到的作用并不十分明显。二是非大学教育和培训，大约65%的德国学生非常希望直接进入劳动力市场，为此，大约12%的学生在结束基础教育后选择进入全日制的职业学校学习，而大约有51%（这是2005年的数据，1992年这一数据甚至达到80%）的学生则选择进入"双轨制培训机制"（Dual system），即进入非全日制的职业培训学校和企业进行学习和培训。

德国青年职业教育和培训最重要的制度即在于其公私结合的双轨制，迄今仍然超过一半的德国青年在这一制度下实现就业。这种制度的特点在于，一部分时间在非全日制的职业学校（公），一部分时间在公司或企业的工作场所（私）进行培训（必须签订专门的培训合同），这一制度的基础在于职业学校和企业之间的紧密合作。根据法律规定，这一制度的整个培训期为2~3年，其中3/4的时间在企业作为学徒学习，1/4的时间在职业学校进行基础理论教育。值得一提的是，作为私人的德国企业参与度很高，大约有25%的德国企业提供这一制度下的青年职业培训，在特定时期如果企业提供的学徒机会减少时，政府则可以通过提供补贴，降低学徒工资标准等方式予以激励。[②]

双轨制教育和培训的管理由联邦政府、各州的代表、工会以及雇主代表共同组成理事会（即联邦职业教育和培训机构，BIBB）进行统一管理，其职责在于规定双轨制的基本准则、考试和检测要求、培训项目内容和持续时间、与培训有关的资格标准和认证、培训合同规则以及学徒工资等。在管理权限上，职业学校部分由各州政府管理，而企业培训则由联邦政府统一管理，各地方政府负责监督。在资金投入方面，超过70%的投入投向企业培训，其他则投向各类职业学校。根据法律规定，德国的职业培训涉及360种职业，而每一种职业都有相应的标准和要求，职业培训必须符合这些职业要求。

德国的双轨制是高度组织化、标准化、法律规范化的职业教育和培训制度，长期以来的实施效果明显：它有效地将真正的工作经验和在职业学校的理论指

---

① 德国联邦职业教育和培训机构（BIBB）是一个公共组织，它由联邦政府、各州的代表、工会以及雇主代表共同组成理事会，对全国的职业教育和培训进行管理。

② Waiter R Heinz: *Youth transition and employment in Germany*, ISSJ 164/2000©UNESCO 2000.

导结合起来，并很好地实现了青年劳动者、企业和社会利益的统一。企业通过培训为自己提供了必要的人力资源储备，减少了人力资本投入，而由于企业的投入，政府得以减少预算，并保证所有青年都能够得到培训，社会效益彰显，受培训者则得到了必要的统一标准的培训，为实现就业打下了良好基础。

但是，德国的双轨制职业教育和培训制度也存在一些问题，包括：一是过于严格和统一的培训标准一方面保证了其培训质量；另一方面又体现出一定的非灵活性，难以适应在全球化竞争背景下各种职业不断发展变化的特点，需要进行必要的改革，以增强其灵活性。①二是职业学校培训与企业培训之间还存在一定脱节，需要进一步在两者之间融合。三是双轨制当中对于企业的依赖性较大，而企业是否提供培训岗位往往要受经济形势或企业成本的影响，这直接影响了培训机会的有效供给，因此政府需要有相应的配套政策措施来激励企业参与到培训计划当中。

2. 英国的青年就业促进法律制度

英国在促进青年就业方面的做法在欧洲也具有代表性。总体来说，英国也属于典型的欧洲发达国家，但其青年就业却属于欧洲中等水平的代表，与德国无法相比。两者对比，德国在 2010 年的青年失业率为 8%左右，而英国的同期青年失业率则达到了近 20%。这其中的原因，除德国是制造业工业大国，而英国逐渐丧失制造业大国地位从而减弱了就业吸纳能力的因素外，英国与德国在青年就业方面的法律制度的差异也是主要原因。

从立法上来看，英国为促进青年就业的立法主要包括：

（1）1948 年的《就业与培训法》（该法在 1973 年修订）（*Employment and Training Act* 1948），该法授权劳工部发布全国就业信息，指派就业委员会委员举办成人就业培训，保障就业安全，辅导劳工异地就业等。劳工部设置专门的青年就业及残疾人员司，其主要职责之一就是为青年提供就业服务。

（2）1964 年的《工业训练法》（*The Industrial Training Act* 1964），该法授权劳工部成立工业培训委员会，加大劳工，尤其是青年劳动者的培训工作力度。

（3）各种促进就业机会平等的立法，包括残疾人、种族以及年龄方面的反歧视法。

① Tomas Korpi, Antje Mertens: *Training system and labor mobility: a comparison beween Germany and Sweden*, Scand.J. of economics, 2003, 105（4）, 597-617.

　　除了直接的立法之外，自从 1975 年以来，英国制订了一系列的促进青年就业的计划，比较典型的如 1975—1978 年的工作经验计划，1978—1983 年的青年机会计划，1983—1988 年的青年培训计划，1995 年的现代学徒计划以及 1998—2002 年的青年新协定促进就业计划等。其中，在 1983 年计划当中还加入了青年强制培训的内容，为所有 18 岁以下未接受全日制教育的青年（不论是否就业）提供职业培训的综合性计划。此外，英国政府还通过补贴就业或减免企业税费的方式来鼓励青年就业。例如，对雇用 25 岁以上的长期失业青年 6 个月以上（其间每周工作 30 小时以上）的雇主，给予每周法定金额的培训补贴费；对 18 至 24 岁的青年提供就业训练津贴；建立具有再就业导向的青年再就业津贴；为了让在学青年能够更好地与就业市场衔接，英国还制定了《求职协定》（JSA），让青年在 17 岁之后可以接受职业训练，并给予 26 周的失业津贴；对于长期失业的青年，政府还可以提供政府公益机构（如环境工作机构）或志愿者部门等的兼职工作。此外，英国还非常重视对青年就业提供服务，其建立的"一站式"服务体系在为青年就业提高服务方面发挥着重要作用。

　　从青年就业促进制度体系来看，英国的体系比较完备，但是其效果却不如德国，甚至差距很大，我们认为，这当中最大的原因还在于其人才培养体系与德国的人才培养体系之间存在的差别。首先，英国传统上奉行的青年教育和培训机制比较极端，就是所有的基础教育都在学校完成，而所有的职业学习则都在在职培训当中进行，其在 1995 年开始推行学徒计划，但是比起德国在 1969 年就开始的学徒制差距甚远，这直接导致青年在工作经验和基础理论学习之间存在较大脱节，从而严重影响青年的首次就业，并进而影响青年的就业质量。其次，英国向来崇尚自由市场，因此其制定的促进青年培训与就业计划从内容到执行都缺乏如德国一样严谨的制度体系和监管体系，也缺乏必要而统一的职业资格标准（直到 1990 年代中期，英国才逐渐建立国家职业标准，但当时只有不到一半的英国工人能够达到最低标准），因此其效果也就大打折扣。①最后，英国的青年职业培训计划缺乏社会成员的广泛参与，其中一个最大的缺陷就是，职业培训计划的制订与执行通常只有政府、社区与企业参与，却没有工人组织或工会的参与，这就使其执行起来非常困难，企业不一定愿意提供培训，或只愿意提供有选择但不一定符合青年劳动者需

---

　　① Christine Greenhalgh：*Does an employer training levy work?the incidence of and returns to adult vocational training in France and Britain*，Fiscal Studies，2002，23，no.2.pp.223-263.

求的培训机会。而德国的整个教育培训计划自始至终都是由政府、雇主组织以及个人组织或工会共同参与制定，因此企业执行起来更加自愿。

3. 意大利的青年就业促进法律制度

意大利也属于欧洲的大经济体，但是该国的就业状况历来比较糟糕，其青年就业属于欧洲经济体当中较差水平的代表，早在 1995 年其青年失业率就超过了 30%（32.5%），截止到 2010 年第二季度，其青年失业率依然达到了 30%，比欧洲平均水平要高近 10%，而且这一数据在 2011 年仍在继续，甚至还有恶化的趋势。导致意大利青年失业率高的因素固然有很多，但是其青年就业法与政策当中也存在不少问题，值得我们思考并引以为戒。

意大利的就业情况有非常明显的结构性特点：一是地区差异大。中部和北部地区的失业率相对较低，而南部地区失业率很高，几乎是中部和北部的失业率的两至三倍。二是妇女的就业率非常低。基本上意大利的妇女就业率长期只有 30%左右，而欧洲妇女的平均就业率是 50%左右，而德国和英国的妇女就业率一般都在 60%左右，而意大利妇女就业率过低直接拉低了意大利的整体就业率。三是就业参与意愿率低。即有意愿工作的意大利适龄劳动者（主要是青年劳动者）比率较低，大抵只有不到 60%的意大利适龄劳动者愿意工作（妇女更是不到 50%，南方地区更低），而德国和英国都超过了 70%。四是意大利青年（尤其是青年妇女）的失业率很高，就业率很低。

意大利促进青年就业的立法和政策主要体现在三个方面：

一是各种经济激励。包括对于参加学徒培训、就业培训的雇主和青年（14～32 岁）给予各种补贴，包括税收减免、降低工资和减少社会保险费支出等，并对于青年自我就业或创业的行为给予金融和财政刺激，在技术和培训上给予支持。

二是通过不断地制定、修订和重新解释劳动法和培训合同规则来增加劳动力市场的弹性，其中的重点是关于青年培训合同规则的改革。意大利的培训合同主要包括三类：第一类是始于 1955 年的学徒制（15～29 岁，最长 6 年），它分为初级学徒、职业学徒和高级学徒三个阶段，立法对于学徒的每个阶段的学徒资格、学徒时间、内容、形式、学徒导师、学历和职业资格的获得以及政府补贴等都有细致的规定。第二类是始于 80 年代的青年培训合同。它主要针对 19～32 岁的青年，包括 24 个月的长期培训合同和 12 个月的基本培训合同。立法对于该种合同的具体内容也做了具体规定，并对于采用该合同的雇主给予低工资支出优惠和财政补贴。该合同在 2003 年被获得工作合同取代，获得工作合同类似于固定期限雇佣合同，它优先考虑如何让青年进入或重新进入劳动力市场，合同内容重点在于职业培训计划，立法通过一系列的经济和规范的激励鼓励雇主订立该合同以雇佣包括青年在内的弱势劳动者，并规定了没有达成合同培训计划的惩罚措施。[①]第三类合同是非典型合同，立法激励和促进兼职合同和临时工作合同的发展，尤其注重对青年和妇女就业的促进。

三是采取各种积极措施促进社会弱势群体（如妇女、青年）等融入社会，参加工作。例如，加大对经济落后的南方地区的投资，制定专门针对南方地区青年和妇女就业的特殊优惠政策等。

但是上述立法和政策在意大利一直并没有起到应有的作用，尤其是经济激励政策仅仅是带来了预算的增长，促进就业效果不明显。究其原因，主要在于：第一，意大利经济发展和就业、失业的结构性问题严重，地区差距很大。这一问题长期没有改善，从而拉低了整体就业率，使失业率居高不下。第二，意大利的青年就业促进法主要通过给予雇主经济激励来推行，但是这一做法导致其执行出现偏差。如青年培训合同在实践当中就被不恰当的滥用，雇主更多地看重其降低劳动成本好处，而不重视真正的培训，因此促进青年就业效果较差。第三，意大利地下劳动力市场泛滥，政府打击不力，导致正规的劳动力市场萎缩，青年就业机会减少。第四，青年普遍就业收入期望值偏高，导致就业率偏低。第五，由于缺乏投入，意大利青年缺乏足够的职业培训和学校教育。第六，意大利的政府效率和组织协作能力低，不像德国有着严谨和完整的青年培训和教育制度体系，且运行效率高。第七，各项青年就业促进立法和政策的执行缺乏必要的监控体系和有效的分析机制以评估它们的效率。

三、完善我国青年就业促进机制的建议

综上，结合我国的青年就业情况，欧洲的青年就业法律与政策可以在以下几个方面给予我们启示，并为我国完善青年就业促进制度体系提供借鉴。

---

① Michele Tiraboschi: *Productive employment and the evolution of training contracts in Italy*, The international journal of comparative labour law and industrial relations, 2006, 22/4, 635-649.

（一）明确青年的弱势劳动者群体地位，建立青年就业积极
　　行动制度

　　欧洲普遍将青年视为弱势就业群体，在制定有关立法和政策时给予制度特殊照顾和优惠，并且投入力度很大。但是，长期以来我国理论界和实务界在认识和界定弱势劳动者群体方面却都局限在农民工、残疾人或下岗工人等方面，在考虑制定有关就业促进立法和政策时，也多偏向于对这些劳动者的特殊倾斜，却忽视了青年劳动者（包括数量越来越庞大就业越来越难的大学毕业生）也属于弱势劳动者，也需要国家给予特别照顾。因此，我国的相应立法和政策也应当确立青年劳动者的弱势地位，并建立专门针对青年劳动者的就业积极性的制度，给予必要的倾斜和照顾，加大对促进青年就业的投入，依法建立各种形式的青年劳动力投资与激励制度。

　　具体来说，可以考虑在以下方面建立有关制度：建立专门的青年就业服务中心，帮助青年就业；对于雇佣青年的企业以及实现就业的青年给予岗位或工资补贴，以激励和促进青年就业；[①]对于参加各种形式的职业培训活动青年和提供培训机会给青年的机构或企业给予补贴；对青年创业给予技术扶持、程序简化、税收减免、信贷优惠等政策；[②]对于青年的健康、福利、承担家庭责任等给予帮助；通过各种方式，如建立青年发展基金，资助举办青

---

① 东莞市就有类似的规定：2005 年及以后毕业的东莞户籍（指入学前户籍已在东莞市）大中专毕业生（含各类自学考试、成人教育等取得学历证书的大中专毕业生），在生产性或服务业企业持续工作满一年，且目前仍在企业工作的，给予企业岗位津贴；津贴标准为每人每年津贴 2 000 元，连续津贴两年。其中，在企业持续工作满一年后，可申领一次，在企业持续工作满两年后，可再申领一次；也可在企业连续工作满两年后一次性申领两年的津贴。另外，该市还曾规定，对 1999—2004 年毕业的东莞户籍（指入学前户籍已在东莞市）大中专毕业生（含各类自学考试、成人教育等取得学历证书的大中专毕业生），在生产性或服务业企业持续工作满一年，且目前仍在企业工作的，一次性给予 2 000 元岗位津贴。

② 财政部 2006 年曾发文（财综〔2006〕7 号）《高校毕业生实行收费优惠政策的通知》规定：高校毕业生从事个体经营的，且在工商部门注册登记日期在其毕业后两年以内的，自其在工商部门登记注册之日起 3 年内免交有关登记类、证照类和管理类收费。此外，根据《中央办公厅、国务院办公厅印发〈关于引导和鼓励高校毕业生面向基层就业的意见〉的通知》（2005）等文件的规定，对到农村基层和城市社区从事社会管理和公共服务工作的高校毕业生，符合公益性岗位就业条件并在公益性岗位就业的，按照国家现行促进就业政策的规定，给予社会保险补贴和公益性岗位补贴，所需资金从就业专项资金列支；对具有基层工作经历的高校毕业生，在研究生招录和事业单位选聘时实行优先，在地市级以上党政机关考录公务员时也要进一步扩大招考录用的比例；对企业招用非本地户籍普通高校专科以上毕业生，直辖市以外的各地城市要取消落户限制。企业招用符合条件的高校毕业生，可按规定享受相关就业扶持政策。劳动密集型小企业招用登记失业高校毕业生等城镇登记失业人员达到规定比例的，可按规定享受小额担保贷款扶持。

年论坛与活动等协助青年融入社会，增强自信。

（二）将青年就业问题纳入国家发展战略

欧洲国家高度重视，认真对待青年就业问题，将促进青年就业问题纳入整个欧洲和各国长远发展并进行国际竞争的战略高度。在这方面，我国却一直重视不够，缺乏对于青年发展的国家整体和长远战略，对于青年问题更多采取"头痛医头，脚痛医脚"的做法。有鉴于此，我国应当适时建立青年发展与就业的远期和近期战略和规划，建立明确的战略目标，确定具体而丰富的战略方针和手段，系统地指导我国青年的综合发展问题，并促进青年劳动者更好地实现就业。

（三）高度重视青年的职业教育和培训机制建设

欧盟及欧洲主要国家都建立了系统化的青年培训和教育机制，尤其重视青年的职业培训，重视青年从学校到就业的转化能力的培养，在整个欧洲普遍采用的学徒制即为典型。严格说来，我国对于青年的教育和培训问题不可谓不重视，但是也存在不少问题，重点可从以下几个方面着手完善：

首先，改革现有的教育机制。我国现有的教育机制过于僵化，尤其是学校教育和就业市场之间的脱轨比较严重，直接影响青年从学校到就业之间的成功转换。因此，建议通过立法的形式强行规定普通中学和普通高等学校必须设立职业技能课程，规定每一学期或学年必须完成多少实习、实践环节的学时，并建立有关的实习、实践质量认证规则，将其考核作为学生毕业的必要条件。在条件成熟时，改革现有高等教育以国办独资为主的体制，在高校实行校董会管理机制，在不改变办学公益性质的前提下，允许甚至鼓励校外企业以入股的形式进入高校联合办学，但是企业必须保证为学生提供一定的实习、实践和工作岗位。

其次，建立系统的青年职业培训机制。尽管我国在 1996 年出台了《职业教育法》，但实际上迄今为止我国的职业教育模式和体系仍然比较混乱，缺乏系统管理和必要的制度支撑。例如，职业教育各自为政，缺乏统一有效的管理协调机构，现有管理主体的组成单一，限于政府部门，缺乏工会等劳动者组织和雇主协会（如行业工会等）的参与，而且办学主体混乱，办学考核机制也极不健全。建议借鉴德国的经验，在从高中升入以理论和研究为主的普通高等学校的教育体制之外，建立另外一套正规的职业教育体制。从初中毕业开始，允许毕业生选择是否进入职业学校学习，而职业学校又依法进行分级，可根据情况分为初级、中级和高级，其中高级职业学校类似于普通高等学校，但是以职业训练为主。但前提是这些职业学校必须有良好的组织与管理，有严格和系统的考核机制。此外，建立针对完成九年义务教育之后辍学青年的强制培训制度，即如果不升入普通高中，就必须至少参加初级水平的职业学校，完成规定的培训内容，并以此作为今后进入劳动力市场和享受有关福利的资格，建立这一制度可以确保所有青年在就业之前都能够接受必要的职业教育和培训。在建立系统的职业培训机制时，欧洲国家行之有效的"学徒制"也是我国应当重点借鉴的对象。

最后，建立统一而强制执行的职业资格制度。现有的职业资格认证标准不完备，也不统一，与实际需求脱节严重，难以发挥应有的功能，急需改革，建议制定专门的《职业资格认证法》，统一有关标准和管理。

（四）促进青年的交流，增强青年就业的国际视野

欧洲国家特别是欧盟成员国之间相互开放劳动力市场，允许并鼓励各国青年的交叉交流和就业，从而提升了欧洲青年的整体就业能力和全球竞争力。我国在促进各地劳动者相互交流方面也存在需要改进的地方：首先，考虑到现有立法（如《就业促进法》）普遍比较原则和抽象，缺乏可执行性，需要通过制定更加细致的立法如《劳动力自由流通法》，进一步破除就业当中的户籍限制和地方保护主义，同时积极采取措施推动各地青年劳动者之间的交流，建立各种青年论坛和青年组织；其次，应当加大我国青年劳动者与国外青年劳动者之间的交流，通过与其他国家或地区订立双边或多边协议的方式，相互承认对方青年劳动者的劳动资格，减少跨境就业壁垒，从而增强青年的国际视野和国际就业竞争力。

（五）注重对青年的全面关心机制的构建

欧洲促进青年就业的体系比较全面和综合，涵盖了从教育与培训和激励创业，到关注青年的家庭责任、医疗卫生等各个领域。对此，我国在青年的

教育与培训以及激励创业方面同样做出了很多努力，采取了很多措施促进青年就业，但是对于青年的社会保障机制仍不是很健全。例如，青年的失业保险，青年的福利救济以及青年的医疗卫生保障等往往因为青年难就业、易失业、保险费无力缴纳等因素则难以实现，因此急需建立相应机制。需要注意的一个重要问题是，我国促进青年就业的各种措施，尤其是激励就业或创业的措施非常繁杂，但是他们都缺乏一个必要的机制——效果评估机制，其后果是资源浪费并且效果不佳，而这也是意大利促进青年就业机制比较失败的重要原因，因此有必要建立促进就业的效果评估机制，并通过立法形式加以规范。

（六）加强对青年当中的弱势群体的特别保护

欧洲非常重视对于青年劳动者当中的妇女、残疾人以及移民后代的特殊保护，并给予落后地区的青年劳动者以特殊优惠，以减少青年就业和失业当中的结构性问题。这在我国也具有现实意义，因为实践当中妇女和残疾人的就业以及外来劳工的就业难也是我国青年就业工作面临的结构性问题。对此，我国虽有《妇女权益保障法》和《残疾人保障法》等法律给予保障，但是其中的问题也不少，有些规定要么比较原则，需要细化；要么就根本难以实现，如就业配额制的推行；要么就执行情况非常糟糕，如残疾人无障碍工作环境的建设。因此有关立法需要进一步完善，并加强执法，切实改变青年就业当中的结构性难题。

（七）加强促进青年就业的法律专门化

欧洲在促进青年就业方面的法律化趋势增强。由于青年就业的弱势地位具有长期性和稳定性，欧洲国家越来越重视对促进青年就业问题的法律规范化。除了注重对传统上涉及青年的就业培训和就业平等等方面的内容制定专门的法律之外，有些欧洲国家已经尝试制定专门的青年就业促进法。例如，法国于 1997 年颁布了关于《青年就业发展法》，2002 年又颁布了另一项有关促进青年就业创业的法律。爱尔兰在 1998 年颁布了《青年就业保护法案》以对青年就业进行特殊保护，并在 2001 年颁布了《青年工作法案》，对青年的教育和培训以及工作发展计划和项目的开展等内容进行了规定。德国也在

1976 年颁布并于 2011 年 12 月修订了《青年工作保护法》，对青年的培训和就业给予特殊保护。

当前我国对于青年就业问题的对策主要集中在对青年就业的一些优惠和补贴方面，且多为政策，很少立法，而政策因为缺乏必要的法律支持，在实践当中往往存在执行力不够的问题。因此，我国也可以考虑借鉴欧洲国家的经验，适时制定《青年就业保障法》，逐步将青年就业问题法律化、制度化和系统化。该法的重点应就以下内容加以规定：

1. 法律的适用对象

正如本书开头从理论上对青年的界定一样，法律要对于青年进行定义，并划定范围。首先，从对青年的界定必须以年龄为划定标准。最小年龄一般以法定就业年龄为限，在我国具体为 16 周岁；最大年龄则要根据国内的就业统计数据来决定，从已有数据分析，30 岁以前的青年劳动者就业率相对较低，失业率较高，就业稳定性较差，30 岁以后情况则大为改善。因此，立法对青年劳动者的最大年龄应当限定为 29 岁。其次，在划定青年劳动者范围的时候，应当注意不能进行区别对待。当前，我国政策过于偏重对高校毕业生就业的照顾，而对于其他青年就业的问题有所忽视，这是一个需要改变的地方，应当明确针对青年的所有特殊照顾政策都平等地适用所有青年。

2. 建立系统而有实效的青年职业教育和培训机制

在改革我国青年职业教育和培训机制方面应当注意以下几点：一是应当注重我国青年教育和培训体制与劳动力市场的紧密联系和结合，注重从学校到工作的衔接，注重青年劳动者首次工作的重要性；二是应当加大对我国现有职业教育机制的改革，加大对职业教育和培训的投入和正规化管理，扩大对青年参加职业教育和培训的免费范围，促进对职业教育和培训学校与企业等用人单位的结合，在职业教育和培训学校强制推行职业资格考试制度；三是在普通学历教育尤其是高等教育当中，要进行改革，调整课程设置，多开设结合实践的课程，规定必修职业技能课，发展与企业和其他单位联合办学项目；四是建立青年强制培训制度和真正的学徒制度；五是建立对青年接受职业教育和培训的补贴，补贴对象既可以是给予培训机构，也可以是给予企业，也可以直接给予受训青年本人，补贴方式也可以多样化。

3. 建立促进青年就业和创业的激励与扶持机制

在促进青年就业方面的激励机制主要体现在对于接受青年就业达到一定期限的用人单位可以给予一定的补贴，对于青年参加各类国家机关、事业单位等公益性岗位资格考试给予优先考虑等。在扶持青年创业方面则可以从几个方面着手：一是重视培育青年的企业家精神，这个可以从教育的过程当中，可以从社会宣传当中，还可以从国家政策激励当中体现出来；二是考虑到青年创业多从微型企业着手，因此在政策上要多鼓励和扶持青年创建各类微型企业；三是鼓励建立青年创业孵化园，为青年创业提供从咨询、指导到资本提供等一系列服务；四是建立青年企业家论坛，支持青年创业交流，并建立青年创业奖励制度；五是给青年创业给予各种照顾，包括税费减免、信贷优惠以及程序简化等。

4. 建立专门的促进青年就业的公共就业服务制度

和其他弱势就业群体一样，青年劳动者就业也需要建立专门的就业服务机制。这个机制应当包括职业咨询、职业介绍和推荐、职业指导、职业培训、职业评估、心理监测等一条龙服务，有关服务应当免费，由国家财政予以补贴。就业服务机构还应当定期为青年组织就业讲座和创建青年就业交流平台。

5. 建立促进青年从学校到工作机会的制度

在欧洲的立法和政策当中特别重视帮助青年从学校到工作的转换。美国甚至有专门的立法，其在 1994 年颁布《从学校到工作机会法》(*School to Work Opportunities Act*)为各州建立使学生顺利实现从学校到工作场所转变做准备的服务体系提供了资金。这些服务体系培养学生在美国市场上所需要的技能，为他们获得高工资、高技能的第一份工作和增加他们进一步接受教育的机会打下基础。该法案还要求每一个地方性的计划必须建立一个以工作为基础的学习组织，包括工作经验、工作场所转换以及各个行业所需要的通用技能等。[①]我国的立法也应当借鉴经验，建立相应制度，帮助青年实现从学校到工作之间的顺利过渡。

6. 完善对青年就业的其他支持制度

正如欧洲所采取的政策那样，在促进青年就业方面是一个系统工程，除

---

① 杨伟国，陈玉杰：《美国残疾人就业政策的变迁》，载《美国研究》2008 年第 2 期。

了直接给予青年在就业方面的各种支持之外，还应当考虑在青年的保健、减轻家庭负担、融入社会等方面给予支持和帮助。青年保健主要体现在建立青年定期体检制度，体检费用由国家给予补贴；减轻家庭负担主要体现在对青年的家庭给予必要的帮助，包括对于青年的没有工作的配偶以及青年的子女给予适当的生活补贴等；参加社会活动则是国家鼓励和支持建立各类青年论坛，参加各类社会活动，其目的在于通过交流促进信息互享并增强青年自信。以上这些都可以通过立法体现出来，并在实践当中以具体的政策或社会项目予以实现。

第六章 我国高龄劳动者就业积极行动制度研究

2010 年全国第六次人口普查数据显示,我国当前 60 岁以上的人口为 1.77 亿,占全部人口比重的 13.26%,比 2000 年上升了 2.93 个百分点,而 65 岁以上人口比重则已经达到 8.87%,超过了联合国关于老龄化社会的标准(7%),显示我国已经进入老龄化社会。据统计部门预计,在今后几十年我国老龄化的趋势将进一步加快。而人口老龄化带来的后果,除了使社会养老负担愈加沉重之外,日益增多的高龄劳动者就业问题也逐渐凸显。而实践当中,高龄劳动者就业相对处于弱势也是一个社会现实。对此,很多国家和地区都很重视对高龄劳动者的就业保障,有些国家还专门制定的高龄劳动者促进法,而我国在这方面的重视程度远远不够,本书将着重从完善对高龄劳动者进行特殊保护的积极行动制度的角度进行探讨。

一、高龄劳动者的界定及其就业弱势地位

(一)高龄劳动者的界定及标准

在讨论该问题之前,我们首先必须弄清何谓"高龄劳动者"。高龄劳动者在国外的英文表述通常被称为"older worker",在通常情况下,高龄劳动者是指那些年龄超过 40,或超过 45,或超过 50,或超过 60 岁的劳动者。换言之,高龄劳动者顾名思义是指那些达到相当年龄的劳动者。高龄劳动者也被称为老年工人、成熟工人、接近退休人员等。[1]而根据国际劳工组织 1980 年《老年工人建议书》(也有译为《高龄劳动者建议书》)的规定,高龄劳动者是指所有那些因年龄增大而在就业和职业方面面临困难的劳动者。该定义指明

---

[1] Government of Alberta, Alberta Employment and Immigration, *What Works: Career-buildidng Strategies for People from Diverse Groups-Older Workers*, Retrieved April 2, 2012, http://alis.alberta.ca/publications, last visit on July2, 2012.

了界定高龄劳动者的两个主要标准：一是"高龄"；二是面临就业和职业困难。但该建议书并未指明高龄劳动者的具体年龄标准，而是建议成员国根据各自的国情加以确定。

当前，已有不少国家和地区通过立法规定高龄劳动者的年龄标准，但是不同国家和地区因为国情不同，其对于年龄的要求也存在一定的差别。例如，美国《就业年龄歧视法》规定，禁止对 40 岁以上的高龄劳动者进行基于年龄的就业歧视，这一立法的背景是基于美国 40 岁以上的劳动者往往容易受到就业歧视，难以找到工作，易于失业和难以再就业；德国《促进高龄劳动者就业机会法》的调整对象为 50 岁以上的劳动者。英国的《禁止年龄歧视法》则只规定禁止基于年龄对 65 岁以下的劳动者进行歧视，并无年龄下限的规定。日本的《高龄劳动者就业安定法》与英国法一样，只规定了高龄劳动者的上限为 65 岁，没有规定年龄下限。韩国《禁止雇佣中的年龄歧视和高龄者就业促进法》对高龄者的认定也是 50 岁以上。我国台湾地区"就业服务法"也规定，所谓的高龄劳动者是介于 45~65 岁的劳动者。比较遗憾的是，我国大陆地区因为并没有专门针对高龄劳动者的立法乃至政策，所以迄今还没有关于高龄劳动者的统一界定。

尽管武断地以某一年龄作为是否高龄劳动者的分水岭并不一定科学，但是在实践当中，高龄劳动者除了具备"高龄"这个条件之外，往往还具备以下一些特征：

（1）一般而言，各国的劳动者在达到一定年龄之后，其就业率就开始逐渐下降，综合各国的有关调查数据，大体上这个年龄段为 45 岁以上。

（2）高龄劳动者大多受教育程度低，难以适应新技术和新知识的要求，容易出现生理健康问题，并且由于社会偏见等原因而在寻找工作、就业待遇、职业培训、工作条件以及解雇等方面遭受困难，成为就业市场上的弱势群体。

（3）高龄劳动者往往面临比较沉重的家庭负担和工作压力。

（4）高龄劳动者容易失业，一旦失业则容易陷入经济、生理、心理上的困境。在经济上整个家庭可能陷入困境，在生理上易出现失眠、疲劳、高血压、头痛、食欲改变等问题，心理上则易出现愤怒、沮丧、焦虑、不知所措、困惑、害怕、强烈的挫败感等不良情绪，而上述问题在年轻的劳动者身上一般较不明显。

（二）高龄劳动者的就业弱势地位

如前所述，高龄劳动者在就业实践当中容易面临就业困难，从而处于弱势劳动者群体的范畴。但需要指出的是，本书所界定的高龄劳动者，并不严格区分劳动者的受教育程度或所从事的职业和行业（如区分脑力和体力劳动者），因此本书所提及的就业困难也许不完全适用于所有已经达到"高龄"的劳动者，而仅适用于通常情况下达到"高龄"并且处于就业困境的劳动者。事实上，从国外的立法实例来看，也无进行上述区分的实例。具体而言，当前高龄劳动者的就业弱势地位主要表现在以下几个方面：

第一，高龄劳动者面临的就业市场竞争环境正日益恶化。由于在未来三四十年内，世界各国将相继进入比较严重的老龄化社会，中老年人口占的人口比例将越来越重，相应的，高龄劳动者面临的就业竞争环境将越来越恶劣。出现这种情况的一个重要原因是，根据当前的经济和劳动力市场发展趋势，适合高龄劳动者的岗位（尤其是在那些对工作技能和对劳动者受教育程度要求比较低的劳动密集行业）不仅没有明显增多，相反还有下降趋势的情况下，高龄劳动者数量的增加必然会加剧该级劳动力市场的竞争。

第二，高龄劳动者的就业能力总体水平较低。现实当中，大多数高龄劳动者都集中于劳动密集型的行业或部门工作，而随着世界经济的发展日益转向依赖高新技术和新知识，高龄劳动者也将日益难以适应新技术和新知识的发展和变化，从而在就业上呈现弱势，因为他们早期接受的培训很容易变得过时。这也意味着高龄劳动者急需各种职业培训以提高其就业能力，但即使如此，很多高龄劳动者由于各种原因，学习能力、接受新知识和新技术能力出现下降，因此仅仅依靠提供职业培训难以从根本上改变其就业弱势地位。

第三，高龄劳动者在就业市场上容易失业并难以再就业。他们往往在用人单位裁员、合并或重组时容易被解雇或被强制提前退休，而且一旦他们失业，想要再就业就变得非常困难，这也意味着高龄劳动者的失业周期很长。导致高龄劳动者容易被解雇或提前退休的原因通常在于其技能过时，身体健康出现问题以及用工成本随着劳动者年龄增长而逐步增大等。导致他们再就业困难的原因则在于：首先，高龄劳动者往往集中于传统行业，而这些行业新增的就业岗位只会越来越少；其次，他们的技能相较于现有的要求已经过时；最后，他们往往倾向于寻找和其以前从事的工作类似的工作，因此难以在新的行业当中获得工作岗位。

第四，高龄劳动者在就业实践当中容易遭受就业歧视。这种歧视具体表现为：在录用劳动者时，以一定的年龄作为决定是否录用的标准；对在职劳动者，将年龄作为薪酬标准、晋升或职业培训的基本条件；在决定是否解雇或裁员时，将年龄作为一个决定性的依据；人为制定强制性地退休年龄标准等。导致年龄歧视的原因很多，有调查报告显示，66%的答卷者认为年龄大的员工接受新事物的意愿和能力较弱；40%认为年龄大的雇员能为企业工作的剩余年限较少，干不了几年就退休了，雇佣他们的成本较高；38%认为年龄大的员工由于身体、惰性等原因，个体劳动生产率可能不会太高；30%认为年龄大的员工往往经验丰富，索要的薪酬较高，雇佣他们的成本较高；28%认为年龄限制是企业队伍年轻化的要求，队伍年轻化可以体现我的政绩；24%认为年龄大的雇员性格往往孤僻，不易接受企业文化。①尽管被歧视的原因很多，但是不管怎么样，年龄是一个劳动者无法自己选择的客观因素，基于这个因素而对他们给予差别对待是不公平的，因此当前绝大多数国家都持反对态度。

第五，高龄劳动者的工作条件和健康状况堪忧。首先，高龄劳动者在劳动时间上由于身体原因难以继续如青壮年劳动者能够从事长时间的工作，这需要立法加以特别保护和限制；其次，缺乏对从事艰苦、危险或有害健康的工作的高龄劳动者的必要保护；最后，缺乏对高龄劳动者的合理而适当的工作调整机制，这种机制的缺乏容易导致高龄劳动者无法适应岗位的发展变化的要求而加速其离开工作岗位。在我国通常体现为很多劳动者一到某个年龄段就下岗，严重的甚至被解雇失业。

二、高龄劳动者就业立法与政策考察

当前对高龄劳动者的就业，国际劳工组织和多数国家都非常注重从立法上予以保障，同时制定相应的政策措施予以配合，从而形成比较完备的高龄劳动者就业保护制度体系。总的来说，这些立法和政策措施绝大部分都体现了对高龄劳动者的特殊照顾，它主要体现在以下几个方面：

---

① 孙劲悦：《关于就业年龄歧视原因的调查分析》，载《财经问题研究》2004 年第 4 期。

（一）高度重视老龄化社会是各国制定高龄劳动者就业促进制度的前提

在考察国外有关高龄劳动者就业保护的立法时，我们可以看到一个非常普遍的特点，那就是几乎每个立法在对其立法意图的说明当中都会比较详细地介绍和分析该国的老龄人口数据和高龄劳动者的就业情况，并在此基础上探讨对高龄劳动者进行就业保护的必要性以及保护的程度。以最近几年很多国家提高退休年龄的立法为例，无论是德国将退休年龄提高至 67 岁，还是日本将退休年龄提高到 65 岁，其背后的背景都是这些国家的老龄化趋势逐步加快，高龄劳动者的数量日益增大，各国在养老金支付以及高龄劳动者就业方面都面临着巨大压力，因此纷纷通过提高退休年龄的方式来缓解这种矛盾。

（二）促进高龄劳动者就业的主要立法模式

第一种立法模式是单独制定高龄劳动者就业促进基本法，在这个立法当中将涉及高龄劳动者就业的所有内容全部规定其中。韩国《禁止雇用中的年龄歧视和高龄者就业促进法》即为此例。该法共分五章，第一章规定政府、劳动部和雇主三方应当制定相应的措施和办法禁止年龄歧视和促进高龄者的就业；第二章是关于政府为促进高龄者就业应当承担的义务；第三章规定了雇主应当执行政府规定的雇用高龄者的最低比例及其执行机制；第四章规定了 60 岁的强制退休年龄；第五章主要是关于执法检查和法律责任的规定。[1]从国际法的角度看，国际劳工组织 1980 年颁布的《老年工人建议书》也具有类似基本法的性质，它为各成员国制定保护高龄劳动者的法律、法规以及有关实践提供了指导和建议，建议书规定的内容涵盖了对高龄劳动者的界定、机会和待遇平等以及各种保护措施的采取，是一部综合性的法律文件。

第二种立法模式是制定促进高龄劳动者就业促进基本法的同时，辅以其他相关配套立法，形成完备体系。日本是这种立法模式的典型。日本的高龄劳动者就业促进的基本法——《高龄者就业安定法》在 2004 年进行了大幅修订，该法比较全面地对如何促进高龄劳动者就业进行了规定。此外，日本还在 1963 年颁布的《就业保障法》当中规定了对失业的高龄劳动者的就业促进

---

[1] 蔡定剑，王福平：《韩国反歧视法律制度研究》，载《政治与法律》2010 年第 1 期。

问题，1966 年颁布并在 2001 年修订的《就业措施法》及其实施政策文件《年龄指南》，则规定了禁止就业年龄歧视。[①]

　　第三种立法模式是没有专门的高龄劳动者就业促进基本法，但是通过一些相关的单行法共同组成高龄劳动者就业促进法律体系。以德国为例，德国与高龄劳动者有关的立法主要有五个：一是 1984 年的《提前退休福利促进法》；二是 1996 年的《平稳退休过渡法》；三是 1999 年的《促进老年工人的兼职工作法》；四是 2006 年的《平等待遇基本法》，该法对年龄歧视问题进行了详细的规定；五是 2007 年的《促进老年工人就业机会法》，该法致力于采取一系列措施以改进高龄劳动者的就业机会。

（三）禁止就业年龄歧视制度

　　禁止就业年龄歧视是国际法和国内法在促进高龄劳动就业方面的共同要求。国际劳工组织的《老年工人建议书》就明确要求成员国在其立法及有关的实践方面，采取措施，防止对高龄劳动者的就业和职业歧视，确保高龄劳动者享有平等的机会与待遇，特别表现在以下几个方面：① 有机会得到职业指导和工作安置服务；② 根据他们的个人技能、经验和资格，有机会得到在公共和私人部门中的工作（除非职业本身对年龄有特殊要求）、获得必要的职业培训以及获得晋级和合理的任务分配；③ 解雇保障；④ 同工同酬；⑤ 社会保障措施和福利津贴；⑥ 工作条件；⑦ 住房、社会服务和医疗设施的待遇。[②]

　　美国是反就业年龄歧视的先驱，其在 1967 年通过并几经修订的《就业年龄歧视法》是世界上第一部反年龄歧视法。《就业年龄歧视法》禁止任何针对 40 岁以上的劳动者的就业歧视。该法适用于所有雇主、劳动组织和就业机构，并适用于几乎所有公共和私人部门的雇员和求职者（但立法同时规定了少数适用除外情形，如执法人员）。

　　该法的具体目标有三：一是在基于劳动者的能力而非年龄的前提下，促进高龄劳动者的就业；二是禁止任意的，基于年龄的就业歧视；三是帮助雇主和劳动者寻找解决在就业当中基于年龄而产生的问题的方法。根据该法的

---

① Japanese Ministry of Health Labour and Welfare: *Employment Measures for Older Workers in Japan*, 2008.

② 国际劳工组织《老年工人建议书》第 3～10 条。

规定，雇主可能会有以下行为违法：基于某个劳动者的年龄而无法或拒绝雇佣该劳动者，或解雇该劳动者，或在劳动赔偿、劳动期限、劳动条件以及劳动特权等方面对该劳动者施加歧视。总体来说，立法不仅禁止在雇佣、职业介绍、提升和降职、调动、训练和解雇等方面的歧视，还禁止在就业福利计划，如健康保障与退休年金等方面的歧视。[①]其他国家，如欧盟成员国家（根据欧盟 2000 年的就业指令，所有成员国必须在 2006 年之前制定有关立法以反对年龄歧视）以及日本、韩国等国也纷纷制定了相应的立法以反对就业年龄歧视。如英国在 2006 年通过了《就业年龄歧视法案》，随后在 2010 年，该法案又进一步融入了《平等法案》，在该法中专门对于年龄歧视问题进行了规定。德国在 2006 年通过了《平等待遇基本法》，对年龄歧视问题进行了详细的规定。日本也在 2001 年修订的《就业措施法》当中规定了禁止就业年龄歧视。韩国的禁止年龄歧视规定则体现在《禁止雇用中的年龄歧视和高龄者就业促进法》之中。

（四）促进高龄劳动者就业能力提高的制度

建立于 1965 年的美国"经历工作公司"是一个全国性的非营利性组织，专门向高龄劳动者提供就业培训、就业和社区服务机会。它的工作包括了一系列旨在帮助高龄劳动者求职、获得更具挑战性的岗位、转换职业以及增加收入的项目。该公司目前提供的最大项目是高级社区就业服务计划，该项目根据《老年美国人法》设立，其目的在于给全美 55 岁以上的高龄劳动者提供就业培训和咨询等服务。该公司提供的服务是唯一提供给高龄劳动者的国家服务网络，而最有成效的是其提供的各种培训服务。[②]

"新工作质量计划"是德国企业、工会、社会保险组织、各种基金以及联邦和地方政府共同推动的政策，其目的在于促进高龄劳动者健康和持续的工作，其手段之一就是维持和发展高龄劳动者的就业能力，为此需要建立高龄劳动者的终身学习机制和给予他们持续的健康关注。[③]德国还积极促

[①] Jody Feder: *The Age Discrimination in Employment Act（ADEA）: A Legal Overview*，CRS Report for Congress，2010，23.

[②] Experience Works Inc. Retrieved April 1，2012，http：//www.experienceworks.org，last visit on July 2，2012.

[③] Christiane Voss-Gundlach, *Strategies to Promote Employability of Older Workers-country Example*，Thematic Review Seminar of the European Strategy，April 20，2005.

进对高龄劳动者的职业培训。比较成功的做法包括：第一，对于雇工在 100 人以下的中小企业，如果他们能够持续地雇佣高龄劳动者，德国公共就业服务机构将对他们的高龄劳动者培训计划给予资助或补贴。第二，实行岗位轮换制，即企业如果让其员工参加职业培训期间，能够聘用失业人员以进行岗位轮换，将会获得工资补贴以弥补损失。但其效果是一方面让员工得到培训，另一方面也让失业人员得到一个额外的工作机会。第三，免费的短期培训计划，对于享受失业福利的高龄劳动者最为有效，它是由国家公共就业服务机构组织，培训课程内容包括语言和软件课程，如何撰写工作申请和进行面试等。

在日本，雇主必须制定专门针对因为退休或解雇而离职的高龄劳动者的书面的再就业援助计划。这一计划应当包括：第一，在雇员离职前给予一定的准备时间以供离职者进行求职面试、参加教育和培训以及参加有关职业资格考试；第二，提供咨询、培训和教育课程，以便雇员再就业。

日本公共就业保障办公室支持以下高龄者就业促进措施：一是为白领的高龄劳动者建立职业交流广场，举办求职报告会，提供场所供人们交流职业经验，并负责提供免费的技能培训；二是建立"银发人力资源中心"，为那些已经退休但仍有工作意愿的老年人提供临时性和短期工作；三是处理有关求职者技能与雇主需求不匹配的问题，指导劳动者进行自我人力资源管理。

在促进劳动者自主技能发展方面，采取的措施是：第一，公共就业保障办公室指派的职业咨询师、人力资源银行为离职者提供支持和建议；第二，利用广泛的教育资源，包括私营机构为高龄劳动者提升工作技能；第三，引入教育培训补贴制度，支付失业劳动者的培训补贴高达所有培训费用的 80%。[①]

根据韩国《禁止雇用中的年龄歧视和高龄者就业促进法》的规定，政府负责建立职业技术培训机构，并对雇主给予高龄者教育和培训或者改善工作条件的行为给予必要的资金支持，同时直接对高龄劳动者改善就业技能提供各种补贴。政府还负责建立相应的职业资格考试制度和为高龄者提供各种就业咨询等以提高高龄劳动者的就业能力。

---

① Japan, Employment and policy Development Relating to Older People in Japan, Background Document in the Ninth European-Japan Symposium, Improving Employment Opportunities for Older Workers, Brussels, 2002.

（五）促进高龄劳动者增加就业意愿的制度

发达国家一个共同的特点是为社会成员提供高社会福利，这在一定程度上构成高龄劳动者寻求提前退休或者不愿意工作的动力。为此，各国采取的主要措施有：第一，通过立法提高高龄劳动者的退休年龄，强制高龄劳动者继续劳动。这是当前各国，尤其是老龄化严重的国家普遍采取的做法。第二，对高龄劳动者提供就业补贴。如韩国为再就业的高龄劳动者提供再就业补贴，德国的"工资保障津贴"，则是对那些从事低收入工作而受到财政损失的高龄劳动者给予的补偿。该种补贴只针对 50 岁以上的高龄劳动者（包括失业后再就业者），其补贴额度高达薪水的 50%，这些补贴将一直持续到该劳动者有资格领取失业福利时。第三，削减失业福利，其目的是减少高龄劳动者对失业福利的依赖，促使他们积极寻找工作。

以德国为例，其削减失业福利的具体做法是：一是取消提前退休激励政策。二是削减失业保险待遇。一般情况下，德国失业人员的失业保险待遇能够达到失业前工资的 67%（有子女者）或 60%（无子女者），在 2006 年以前，45～54 岁的劳动者能够领取 18～26 个月的失业保险待遇，55 岁以上的劳动者能够领取 26～36 个月的失业保险待遇，2006 年进行第一次改革，将前者减为 12 个月，后者减为 18 个月，在 2008 年时再次改革，这一次稍微有所增加，50～54 岁的人延长为 15 个月，57 岁以上的延长为 24 个月，但总体上来讲通过改革，德国的失业保险待遇有所下降。三是削减失业援助福利，该项福利是指失业保险待遇享受期满之后仍然未就业者给予的福利，在 2005 年之前，该项福利能够达到失业前收入的 57%（有子女者）或 53%（无子女者），2005 年进行改革，该项福利不再与失业前收入联系，而采取统一标准，并且降低福利水平，其降低额度高达 10%以上。①

（六）促进高龄劳动者就业机会的制度

当前促进高龄劳动者的就业机会在各国主要表现为对增加高龄劳动者就业机会提供资助和补贴并为高龄劳动者就业提供服务。如美国"高龄者国民

---

① Laura Romen Gorden, Joachim Wolff: *Creating employment or keeping them busy? An evaluation of training program for older workers in Germany*, Deutsches Zentrum Alterfragen, 2010（1）.

议会"是一个旨在倡导促进高龄劳动者就业的国家机构。它主要对根据《老年美国人法》设立的项目提供资助，并为高龄劳动者寻找工作提供帮助。[①]在2000年的时候，英国政府发起一项国家项目，雇主每雇佣50岁以上，并且失业实践长达6个月以上的高龄劳动者1人，将获得高达600英镑的培训补贴。在德国，雇主每向50岁以上的高龄劳动者提供一个工作岗位，能够获得高达50%的工资补贴。在日本，雇主必须制订计划促进高龄劳动者再就业，如为高龄劳动者提供再就业培训和咨询，在雇主之间建立相互再就业支持系统，在高龄劳动者离职时，雇主有义务根据提供能够证明雇员的工作经历和职业能力的书面文件，以供劳动者重新求职。日本公共就业保障办公室建立"人力资源银行"负责调配高龄劳动者在小企业的工作，并建立"银发人力资源中心"，为那些已经退休但仍有工作意愿的老年人提供临时性和短期工作。同时，日本还建立了各种各样的津补贴制度，以补贴那些接受非自愿失业的高龄劳动者的企业。韩国则直接规定雇主应当执行政府规定的雇用高龄者的最低比例，雇主雇用高龄者比例超出最低比例者可获得相应的减税优惠，政府负责确定高龄者优先就业的行业。

（七）改善高龄劳动者就业条件和就业环境的制度

对于改善高龄劳动者的就业条件和就业环境规定得最为完备的是国际劳工组织的《老年工人建议书》，它要求成员国：

（1）当高龄劳动者在适应工作方面遇到的困难主要是年龄原因时，应根据有关活动的类型采取适当措施，以便改善会加速老化的工作条件和工作环境；对超出有关劳动者的能力、导致压力或过度紧张的工作组织形式和工时进行变更，特别是限制加班工时；利用一切技术手段，调整劳动者的工作及其内容，以便保证健康、防止事故和维持工作能力；为劳动者的健康状况提供更系统的监督；为保护劳动者的安全和健康，在工作现场提供适当的监督。

（2）采取措施，以减少从事艰苦、危险或有害健康的工作的高龄劳动者的工作时间；对所有提出减少工时的高龄劳动者，在他们达到工人正常享受养老金日期之前的规定时间，促进逐步减少工时；根据工龄或年龄，增加带薪年假；使高龄劳动者根据自己的方便安排工作和休息时间，特别是安排他

---

① Maturity Works: Retrieved April 1, 2012, http://www.maturityworks.com, last visit on July 2, 2012.

们非全日工作和提供弹性工时；在一定年限的连续或间断倒班工作之后，安排高龄劳动者从事正常日间工时的工作。

（3）采取措施，对高龄劳动者实行适于他们需要的报酬体制。

（4）还可以采取措施，向提出要求的高龄劳动者提供本专业或其他专业的就业机会。

（5）当裁减工人时，应特别考虑到高龄劳动者的特殊需要，例如提供其他产业的再培训，使高龄劳动者获得新的工作岗位而向他们提供协助，或提供充分的收入保护或经济补偿。

（6）应特别帮助因家庭责任失业之后而寻找工作的高龄劳动者就业或再就业。①

综上，无论是国际法还是各国国内法关于高龄劳动者就业问题的立法和政策大体上遵循了以下思路：第一，都基于各国逐渐进入老龄化社会的现实，有关的立法和政策必须充分考虑这一现实可能带来的影响；第二，各国都认识到高龄劳动者在现实当中处于就业的弱势地位，需要政府和社会给予特别保护和援助；第三，反年龄歧视是各国促进高龄劳动者就业立法的基本出发点，几乎所有国家和地区都高度重视这一点；第四，各国在促进高龄劳动者就业时所采取的具体政策措施都是围绕着提高高龄劳动者的就业能力、增强高龄劳动者的就业意愿、激励雇主增加雇佣以及改善高龄劳动者的就业条件和就业环境几个方面制定的。这些立法和政策无疑可为我国制定高龄劳动者就业促进制度提供借鉴。

三、促进我国高龄劳动者就业的制度思考

（一）我国高龄劳动者的就业情况及其法律保护现状

1. 当前我国高龄劳动者的人口数据和就业情况

因为我国的人口普查当中关于就业人员年龄段的划分并不是很详细，所以我们只能看到 60 岁以上的年龄段和 15 至 59 岁的年龄段的统计结果，但是从 60 岁以上人口已经超过 8.87% 这一数据来看，我国很明显已进入快速老龄

---

① 《老年工人建议书》第 11~19 条。

化阶段，而在实施计划生育之前的几次婴儿潮时期出生的人口在未来几十年也将集中步入老龄。这提醒我们，在今后相当长的一段时间内我国的主要劳动力将是所谓的高龄劳动者，解决他们的就业问题并建立有效的促进机制已是当前需要着力开始做的事情。

根据国家统计局 2010 年的统计数据显示，我国高龄劳动者的人口数据和就业状况很不理想，凸显了高龄劳动者数量的快速增长和就业弱势地位，具体体现在以下几个方面：

（1）2009 年关于就业人员年龄的数据显示：我国城镇就业人员当中 45 ~ 49 岁的劳动者占 12.6%，50 岁以上的劳动者占 20%，这意味着我国城镇 45 岁以上的劳动者人口已经占到总数的三分之一。如果不是仅统计城镇就业人口，而是对全国就业人口进行统计，则其数据为 45 ~ 49 岁的劳动者占 11.9%，50 岁以上的劳动者占 27%，45 岁以上的劳动者人口占到总数的三分之一还多。以上数据表明我国的就业人口老化趋势非常严重。

（2）2008 年关于失业人口的数据显示：我国失业人口集中在头和尾，即 25 岁以下的青年劳动者失业率较高，达到 1.8%，25 岁到 39 岁的平均失业率为 0.9%，从 40 岁开始到 44 岁，失业率突然生至 1.2%，从 45 岁至 54 岁，失业率继续升至 15%左右，但到 55 岁开始又下降至 0.6%。这一数据表明，我国的高龄劳动者和青年劳动者一样都属于容易失业的弱势劳动者群体。

（3）2009 年关于失业人员未工作时间的数据显示：失业持续时间在 12 个月以下的，各年龄段的人口分布很均匀，没有明显差距；失业持续时间在 13 ~ 24 个月时，55 岁以上的劳动者显著增加，55 至 59 岁的劳动者占到 31.9%，而 50 至 54 岁的劳动者只占 23.2%；失业持续时间在 25 个月以上的，则从 50 岁开始，劳动者数量就显著增加，50 至 54 岁的劳动者占 22.2%，55 至 59 岁的劳动者占 25.6%，而 45 至 49 岁的劳动者只占 18.6%，40 至 44 岁的劳动者只占 18%。以上数据表明，越是高龄劳动者，其失业周期越长，这意味着高龄劳动者一旦失业，比年轻劳动者而言更难再就业。

（4）2009 年关于城镇失业人员的失业原因的数据显示：在 50 至 54 岁的失业人员当中，因为离退休而失业的占 10.4%，因为单位原因（即非自愿失业）而失业的占 54.3%；在 55 至 59 岁的失业人员当中，因为离退休而失业的占 16.3%，因为单位原因（即非自愿失业）而失业的占 48.9%；因为单位原因而失业的，年龄越往下，所占的比率越低。这一统计结果表明，高龄劳动者更加容易被动失业，它往往比主动失业更难再就业。

（5）2009 年关于不同年龄段劳动者从事的行业数据显示：50 至 59 岁的劳动者当中有平均 42.7%从事最低等级的农林牧渔行业；40 至 49 岁的劳动者只有平均 25.4%从事农林牧渔行业；而 30 至 39 岁的劳动者只有 18.9%从事农林牧渔行业。这一数据表明，我国的高龄劳动者往往从事比较低级别的行业工作。

（6）2009 年关于失业人员受教育程度的数据显示：初中至大学前，各年龄段之间并无明显差别，但是到大学阶段，从 55 岁开始明显下降，只有 0.8%，而 50 岁以下的劳动者都占到 2%以上；在近乎文盲阶段的从未上学和小学文化等级当中，50 至 54 岁的劳动者有 6.6%没上过学，39%是小学文化，55 至 59 岁的劳动者有 10.7%没上过学，51.7%是小学文化，60 至 64 岁的劳动者有 16.3%没上过学，60.5%是小学文化；49 岁以下的劳动者没上过学的低于 3%，小学文化的低于 25%。以上数据表明，我国高龄劳动者的受教育程度普遍较低。

除了以上统计数据所显示的我国高龄劳动者的弱势地位之外，还有一个比较明显地凸显高龄劳动者尴尬地位的现象就是，在我国的就业实践当中就业年龄歧视非常普遍，各种招聘广告当中充斥着对劳动者年龄的限制，甚至连以政府主导的公务员考试也堂而皇之地限定了年龄标准。这种现象放在当代各国都是难以想象的事情，它一方面是对高龄劳动者就业基本权的侵害，另一方面对我们当前因应老龄化社会的挑战也极为不利。

2. 现有的高龄劳动者就业法律和政策

严格说来，我国迄今为止在促进高龄劳动者就业方面，无论是从立法、司法实践还是劳动就业实践当中都是非常欠缺，尤其是在法律层面，基本上尚未见任何相关法律规定，只在个别地方性法规当中可以见到一些相关条款。

首先，无论是《劳动法》，还是《劳动合同法》和《就业促进法》都没有关于高龄劳动者的概念和有关保护性规定。其中，《劳动法》和《就业促进法》当中都未明确禁止就业年龄歧视，这使现实当中广泛存在的年龄歧视受害者无法获得法律救济。值得一提的是，重庆市的地方性法规《重庆市就业促进条例》（2010）倒是尝试将男 50 岁以上，女 40 岁以上的高龄失业人员视为需要就业援助人员（第四十二条），并且在立法中明确规定劳动者不得因民族、种族、性别、年龄、宗教信仰等不同而受歧视（第三十四条），从而为禁止就业歧视首次提供了法律依据。无独有偶，《山东省就业促进条例》（2009）也在第四十二条当中规定男 50 岁以上，女 40 岁以上的高龄失业人员属于就业援助对象，这也算是对高龄劳动者的一种界定，遗憾的是该条例并未规定反年龄歧视条款。①

其次，由于立法的缺失以及政府的不重视乃至有意识地忽视（对于公务员报考年龄标准的限制和工龄工资制的普遍存在即为例证），在现有劳动就业实践中极度缺乏专门促进高龄劳动者就业的制度措施和相关手段。不仅如此，在司法实践当中也经常出现对高龄劳动者不利的裁判，例如有的判决认定已退休的高龄劳动者无权再缔结合法的劳动合同，其根据是《劳动合同法》及其实施细则都规定达到法定退休年龄的，劳动合同终止。但事实上这是很不合理的，因为我国现有的法定退休年龄太早（如女性 55 岁），导致有继续就业能力和意愿的高龄人员过早地离开劳动力市场，这是人力资源的极大浪费，现今多数国家都已经延长退休时间，并允许甚至鼓励退休后继续工作。②以上种种在很大程度上加剧了我国高龄劳动者就业的弱势地位，并出现前述统计数据中所显示的对高龄劳动者不利的情况。

（二）促进高龄劳动者就业的立法建议和制度构想

当前我国必须改变观念，充分认识到高龄劳动者在就业当中的弱势地位，高度重视解决高龄劳动者的就业问题，尤其是要重视通过制定体现对高龄劳动者特殊照顾的法律来实现对高龄劳动者的就业保障。实践证明，国外很多国家和地区在运用法律解决高龄劳动者就业问题方面取得了实际效果，不但切实维护了高龄劳动者的公平就业权（既强调禁止歧视，又强调对高龄劳动者的特殊照顾），也对于充分使用高龄劳动者的人力资源、积极应对老龄化社会发挥了重要作用。因此，借鉴国外已有的成功立法经验和做法，并根据我国国情，及时制定我国的高龄劳动者就业促进法是极有必要的。考虑到我国

① 上述两条例都只是将满足一定年龄要求的失业人员纳入就业援助对象，其范围限定非常狭窄，和本书所探讨的高龄劳动者概念相去甚远，因为本书所指高龄劳动者是指所有满足一定年龄标准的劳动者，无论其是在职还是失业，对高龄劳动者的保护也不仅限于失业后的再就业援助。

② 有一种说法是老年人早点退休能够为青年腾出更多的位置来，这对于缓解青年的就业压力有重要作用。但事实上老年人提前退休和青年获得就业之间并无必然联系，相反它仅仅是增加了提前退休人员带来的社会成本，这个成本既包括直接的费用支出损失，也包括丧失合理利用高龄劳动者可能带来的利益损失。

高龄劳动者群体数量非常庞大，所面临的就业问题又具有特殊性，而现有的《就业促进法》又几乎没有对高龄劳动者就业问题进行规定，所以建议对我国高龄劳动者就业促进问题进行单独立法，为免与《就业促进法》的名称重复，该项法案可称为"高龄劳动者就业保障法"或"高龄劳动者就业服务法"，该法的具体内容建议如下：

1. 立法目标和适用范围

该法的立法目标为：促进高龄劳动者的就业能力提高、积极为高龄劳动者创造就业机会、促进高龄劳动者充分就业、保护高龄劳动者的公平就业机会和权利、积极改善高龄劳动者的工作条件和工作环境。

该法适用范围的设定：第一，应当适用于所有达到法定年龄而在就业方面遭遇困难的劳动者。第二，关于高龄劳动者的年龄标准。从我国有关就业统计数据来看，我国劳动者基本上从 50 岁开始，其从事的职业、被动失业的可能性、失业后再就业的难度以及受教育程度等方面都突然显示出其弱势，因此建议立法将我国高龄劳动者的年龄标准设定为 50 岁。第三，该法适用于所有的雇主（含国家机关）工会、就业机构以及其他相关社会组织。第四，该法可设定适用除外情形。

2. 有关主体的职责、义务及其法律责任

政府的责任大体包括三个方面：一是制定有关高龄劳动者就业的计划，并根据实际制定促进高龄劳动者就业的各种特殊优惠措施，如各种补贴制度、配额制度等；二是具体实施促进高龄劳动者就业的计划与措施，包括搜集和统计有关信息，建立高龄劳动者就业服务中心，为高龄劳动者提供教育和培训，提供公益岗位，完善职业资格制度，并定期对有关政策措施进行效果评估等；三是对雇主和就业机构等执行法律情况进行监督检查。

除了政府责任，雇主和就业机构的责任分为两部分：一是履行法律明确规定的各项义务；二是在雇主和就业机构当中大力推行企业的社会责任观念，改变对高龄劳动者的偏见，促进高龄劳动者就业。

工会在保证雇主和就业机构履行责任的过程中能够起到的作用则是依法维护高龄劳动者的合法权益，协助政府执行有关政策措施。此外，对于法律后果的合理规定至关重要。当前，有很多政策性的立法，规定了众多法律义务，却没有对应的法律责任，因此导致立法的效果大打折扣。

3. 建立禁止年龄歧视制度

该法应当明确指出，禁止以年龄为由对高龄劳动者进行任何形式的歧视，并具体规定禁止的歧视范围和情形，同时规定除外情形。该法的核心在于如何认定年龄歧视。实践当中，判断是否构成年龄歧视的重点是雇主将年龄作为就业决定的行为是否和从事某项工作所需要的技能和能力直接相关，而这也将直接成为雇主能否成功地为自己辩护的决定性因素。在一个具体的争议当中，劳动者只要能够证明上述雇主行为，就将成为雇主实施年龄歧视的依据。在证明时，劳动者可以进行比较，即对同一个工作岗位，符合雇主年龄要求的劳动者获得该岗位，但其能力与因超过年龄标准而被拒绝的劳动者相比并无更强之处，甚至明显更差。随后举证责任将转移到雇主身上，如果雇主能够证明自己基于年龄做出的就业决定能够得到客观地、合理的解释，是出于合法的目的，并且该决定在实现合法目标的时候是必要的、程度适当的话，就可以避免承担年龄歧视的责任。

4. 改革退休年龄制度和工龄工资制度

基于老龄化的社会现实，应当根据我国人口发展的趋势，制定一个中长期目标，在规定的期限内逐步提高强制退休年龄到 65 岁。[①]同时，统一男女退休年龄，不再进行区别对待。但是可以根据事先设定的提前退休标准（如特种行业或疾病等原因），允许劳动者申请提前退休，但要禁止用人单位强行制定退休年龄标准。工龄工资制度因为会导致雇主的工资成本随着劳动者年龄增长而相应增加，因此可能引发雇主不愿意使用高龄劳动者或者解雇高龄劳动者，或强迫高龄劳动者提前退休，所以应对这一制度进行改革，以使工资更加符合岗位和绩效。[②]但由于工龄工资制度的改革涉及的对象不仅是高龄劳动者，因此在《高龄劳动者就业保障法》当中不宜直接规定，只需指出建立有利于促进高龄劳动者就业的工资制度即可，具体改革方案可另行制定"工资法"解决。

[①] 之所以要规定一个改革强制退休年龄的长期期限，而不是直接一刀切，是因为最近的许多民调显示，很多从事体力劳动的劳动者较多反对延长退休年龄，而很多从事脑力劳动的劳动者则比较赞成延长退休年龄，因此在双方意见难以完全统一之前，立法可以设定一个缓冲期限，如 10 年，在这 10 年之内，劳动者可以自愿选择 60 岁（女 55 岁）退休，还是 65 岁退休，而一旦 10 年期满，则强制推行 65 岁退休。

[②] OECD: *Ageing and Employment Policies*, Paris OECD Publication, 2004.

5. 建立高龄劳动者继续教育和培训支持制度

建议对安排高龄劳动者参加培训的雇主给予一定比例的工资补贴或社会保险费用减免，对高龄劳动者自己参加培训的，给予培训补贴。此外，政府还应当设立公共的教育和培训机构（这在发达国家是比较常见的做法），高龄劳动者可以从公共就业机构获得免费培训。一个值得借鉴的具体措施是，在德国的大学和其他公共教育机构的图书馆是对普通公众开放的，因此经常可以看到大学图书馆有很多中老年人在里面读书学习，这对于提高高龄劳动者的知识和技能具有重要作用。我国也可以在完备有关机制的前提下，充分利用各种教育资源，为高龄劳动者提供更多的机会。

6. 建立促进高龄劳动者就业机会的制度

首先，立法可以规定就业激励制度。如雇主每雇佣一个失业的高龄劳动者，给予一定比例的工资补贴或社会保险费用减免。失业的高龄劳动者在失业保险待遇期满前重新就业的，给予一定的再就业奖励，如将剩余期间未领取的失业保险待遇金作为奖励，这样一来越早就业，领取的奖励就越多。此外，对于高龄劳动者自营就业给予激励，如给予税收优惠、技能培训支持以及必要的资金援助等。其次，建立专门针对高龄劳动者的公共就业服务中心，该中心主要为高龄劳动者提供就业咨询和指导，举办就业讲座，建立高龄劳动者就业信息库，为高龄劳动者提供就业介绍和推荐，并积极为高龄劳动者与雇主之间的交流提供帮助。就业服务中心还负责建立高龄劳动者就业统计数据库，为制定更好的就业政策提供依据。①

7. 积极改善高龄劳动者的工作条件和工作环境

根据高龄劳动者的特别需求，建立岗位轮换制度和工作任务重组制度。限制高龄劳动者加班加时，缩短工作时间，同时可以根据高龄劳动者的特点灵活调整工作时间。提供安全卫生的工作环境，定期为高龄劳动者进行健康检查。此外，可以建立高龄劳动者的工资补贴制度，这一制度的目的在于对那些从事极低收入工作的高龄劳动者本人及其家庭提供基本的生活保障。具体可以规定：对于55岁以上的高龄劳动者，如果其本人收入加上其家庭成员的收入低于当地平均生活水平的，可由政府进行补贴，补贴标准可以设定多

---

① 林佳玟：《中高年劳工失业问题暨辅导政策之研析》，台湾成功大学2005年硕士学位论文。

种档次，具体按照家庭收入和负担状况确定。

8. 建立高龄劳动者解雇保护制度

建立解雇保护制度是促进高龄劳动者就业稳定的重要举措。可以考虑借鉴日本的经验，要求员工人数达到一定标准的雇主必须制定书面的促进高龄劳动者再就业计划并在劳动主管部门备案，在解雇高龄劳动者之前，应当给予高龄劳动者一定的寻找新工作的时间，并为高龄劳动者进行适当的离职前培训（可申请政府补贴），为高龄劳动者提供相关就业信息，推荐合适的新工作，并为高龄劳动者提供书面的能够证明其就业经验和能力的证明文件，以供其重新就业所需。

第七章　我国农民工就业积极行动制度研究

农民工是我国一个非常特殊的劳动者群体，也是历史上受到歧视最为严重的弱势劳动者群体，因此加强对农民工的保护具有非常重要的现实意义。总体来说，当前我国对于农民工的保护主要存之于政策层面，在法律层面几乎处于空白。对农民工的保护既要强化在就业领域的直接保护，又要强化可能会间接影响农民工就业的非就业领域的保护。对农民工的保护的重点应当放在公平上面，一方面要尽量消除对农民工的歧视；另一方面又要制定充分体现对农民工的特殊照顾和优惠的法律和政策（就业积极行动），以矫正既往的制度和社会不公给他们带来的损害。

一、农民工与农民工就业问题概述

（一）农民工的概念与特征

农民工这个概念是改革开放以来在我国新出现的一个独特的社会群体概念，它是指拥有农村户口，但是主要不从事农业生产，而是主要从事工业、服务业、建筑业等非农业生产工作，并主要依靠非农工作收入维持生活的人员。严格说来，农民工并非一个法律上的概念，从《就业促进法》的规定来看，法律上的规范说法应当是"进城就业的农村劳动者"，但从简化和习惯的角度，本书仍称其为"农民工"。总体上来说，农民工具有以下几个方面的特征：

第一，农民工是以拥有农村户口的居民为主体，以失地的非农村户口居民为补充的群体。所谓拥有农村户口的居民是指所有户籍登记为农村户籍的农村居民，而这里所谓的划定为农民工范畴的非农村户口居民特指那些被动失去土地，其户籍从农村户籍转为城镇户籍的失地农村居民，俗称"失地农民"，这一部分居民尽管其户籍已经发生变化，但是其就业状况并没有发生根本性的改变，因此本书仍然将其界定为农民工范畴。

第二，我国农民工的人口数量十分庞大，是我国国民经济和社会发展不可缺少的重要劳动力来源。国家统计局数据显示，2011 年全国农民工总量达到 25 278 万人，比 2010 年增加了 1 055 万人，增长 4.4%。其中，外出农民工 15 863 万人，增加 528 万人，增长 3.4%。住户中外出农民工 12 584 万人，比 2010 年增加 320 万人，增长 2.6%；举家外出农民工 3 279 万人，增加 208 万人，增长 6.8%。本地农民工 9 415 万人，增加 527 万人，增长 5.9%。①

第三，农民工往往在城镇从事非农业生产工作，其工作范畴主要集中在制造业、服务业以及建筑业等行业。以国家统计局公布的 2011 年的数据显示，农民工当中从事制造业的比重最大占 36.0%，其次是建筑业占 17.7%，服务业占 12.2%，批发零售业占 10.1%，交通运输仓储和邮政业占 6.6%，住宿餐饮业占 5.3%。

第四，农民工主要依靠其从事的非农工作收入维持生活。我国农民工的收入情况如下：2011 年，外出农民工月均收入 2 049 元，比 2010 年增加 359 元，增长 21.2%。分地区看在东部地区务工的农民工月均收入 2 053 元，比 2010 年增加 357 元，增长 21.0%；在中部地区务工的农民工月均收入 2 006 元，比 2010 年增加 374 元，增长 22.9%；在西部地区务工的农民工月均收入 1 990 元，比 2010 年增加 347 元，增长 21.1%。分工作类别看，在外出农民工中，受雇人员月均收入 2 015 元，比 2010 年增加 360 元，增长 21.8%；自营人员月均收入 2 684 元，比 2010 年增加 458 元，增长 20.6%，受雇人员比自营人员收入低 669 元。对比本地务工与外出务工的收入情况，在本地受雇的农民工月均收入比外出受雇的低 261 元。

（二）我国农民工的就业问题

如前所述，我国高达两亿多的农民工靠在城镇就业作为生活收入来源。大体上，农民工就业和城镇职工就业一样存在着受雇就业和自我就业两大层次。近些年来，我国农民工的就业面不断扩展，农民工的收入也逐年提高。但是，在现阶段我国农民工的就业弱势地位也仍然明显，实践当中仍然存在

---

① 有关国家统计局数据详见国家统计局发布的《2011 年我国农民工调查监测报告》，2012 年 4 月 27 日发布，http：//www.stats.gov.cn/was40/gjtjj_outline.jsp。本书采用的有关国家统计局的数据均出自该报告。

许多障碍和问题有待解决，这些问题具体包括：

第一，农民工就业层次偏低。具体体现在两个方面：一是我国农民工的就业领域集中在制造业、服务业、建筑业等知识含量低、收入低以及对劳动者技术水平要求低的"三低"行业；二是我国农民工所从事的工作往往处于这些行业的最低端环节，基本上是那些城市劳动者不愿意或很少从事的一线生产岗位和脏重累的体力劳动岗位。

第二，农民工就业受歧视情况仍然严重。对农民工的就业歧视不仅仅直接体现在就业方面的歧视，还体现在对农民工就业产生不利影响的其他情形。其中，前者主要包括各种建立在户籍制度基础上的歧视性制度、政策以及各种在就业过程当中针对农民工的区别对待；后者则是指存在于非就业领域，但是对于农民工就业却会产生实质性不利影响的因素。例如，对农民工子女接受教育的歧视，对农民工在就业地点实现安居方面的歧视。以及在农民工享受社会福利等方面的歧视，这些非就业领域的歧视事实上减少了农民工的应得福利，同时增加了农民工外出工作的成本。

第三，与城镇职工相比，农民工的工资收入相对较低，但所负担的家庭与社会责任却相对较重，殊不公平。尽管农民工本人的人均工资收入在最近几年大为提高，但是由于农民工家庭负担重，农村人口总数多，因此农村居民整体人均收入很低。以 2011 年的统计数据为例，2011 年全国农村居民人均纯收入为 6 977 元，其中人均工资性收入 2 963 元；而同期 2011 年城镇居民人均总收入 23 979 元，人均可支配收入 21 810 元，人均工资性收入 15 412 元；城镇居民人均可支配收入与农村居民人均纯收入之比为 3.13∶1。

第四，农民工整体受教育程度低，接受就业培训率低，导致农民工就业能力总体水平也偏低。从受教育程度来说，我国现有农民工中，文盲占 1.5%，小学文化程度占 14.4%，初中文化程度占 61.1%，高中文化程度占 13.2%，中专及以上文化程度占 9.8%。外出农民工和年轻农民工中初中及以上文化程度分别占 88.4%和 93.8%。从接受职业培训的角度来说，我国现有农民工，接受过农业技术培训的占 10.5%，接受过非农职业技能培训的占 26.2%，既没有参加农业技术培训也没有参加非农职业技能培训的农民工占 68.8%。以上数据表明，为了促进农民工的就业能力，必须加大对农民工及其子女的教育和培训力度。

第五，农民工就业稳定性差，并容易受经济波动影响。调查数据显示，我国超过 1/3 的农民工从事的都是临时工、钟点工等不固定工作岗位，其工作变动性强，稳定性差，很容易在变动工作的过程中失业。[①]此外，实践当中，由于我国农民工主要在制造业、建筑业等极易受经济危机和经济波动影响的行业就业，因此一旦出现大了经济危机或经济波动，农民工往往首当其冲容易被解雇或裁员而导致失业。正如前文所言，2008 年的全球金融危机当中，受危机影响，我国当年就有 2 000 万农民工失业。

第六，比起城镇劳动者，农民工就业成本偏高。这些成本具体包括：一是就业机会获知的信息成本。我国农民工当前获取就业信息的渠道主要是靠亲戚、老乡和朋友介绍以及自己外出寻找工作，这几种渠道占到的比例为70%以上，而通过社会中介组织和政府组织外出工作的比例很小。[②]这种就业模式使农民工获得社会和政府就业帮助的机会减少，也增加了其就业的相对成本（相对于城镇劳动者而言）。二是城镇劳动者不会面对的就业的制度成本。例如，子女在外地接受教育必须缴纳的异地就读费和农民工办理各种异地就业所需证件费支出。[③]三是农民工外出就业的食宿、交通等生活成本也远比城镇劳动者高。以外出工作的农民工的住宿问题为例，我国 41.3%的农民工雇主或单位不提供住宿也没有住房补贴，这部分农民工每人月均居住支出 335 元，占其月均收入的 16.0%。

第七，农民工权益保护状况堪忧。具体表现在：一是针对农民工的就业歧视仍然广泛存在。二是农民工被雇主或用人单位拖欠工资的情况仍然严重。三是农民工劳动安全卫生权益得不到有效保障。农民工从事的有毒、有害、高温和危险工作，缺乏必要安全卫生保护条件的情况严重，农民工职业病发生率高。此外，农民工工作时间偏长问题长期得不到改善，2011 年每周

---

① 高月：《我国农民工就业及其制约因素研究》，吉林大学 2011 年博士毕业论文，第 56 页。

② 蔡昉：《中国人口与劳动问题报告（NO.8）》，社会科学文献出版社 2007 年版，第 54 页；谢建设：《中国农民工权利保障》，社会科学文献出版社 2009 年版，第 255 页。实践当中，农民工的就业渠道对其就业分布也有着重要的影响，非正规渠道就业的一般都集中在私营企业，而在国有、集体企业就业的一般都是通过正规渠道实现就业的。例如，以亲朋好友介绍为途径的农民工的就业一般主要集中在私营企业，而靠自己找工作的农民工一般都是以"自雇"形式实现了就业，这就增加了农民工就业的不稳定性，而且还不利于城市的有序化管理。以政府或学校劳务输出渠道就业的农民工大多集中在国有、集体企业就业。这充分说明了社会资本和政府干预有利于农民工实现正规就业。（高月：《我国农民工就业及其制约因素研究》，吉林大学 2011 年博士毕业论文，第 89 页）

③ 有调查数据显示，2004—2005 年，被调查的农民工有 67.9%办理了暂住证，有 35.6%的农民工办理了生育证，有 11.7%的农民工办理了外出务工许可证，还有 9.1%的农民工办理了城镇劳务许可证，农民工办理暂住证平均每人花费 30.79 元，办理生育证平均每人花费 63.62 元，办理外出务工许可证平均每人花费 31.55 元，办理城镇劳务许可证平均每人花费 64.31 元，还有缴纳其他管理服务费人均花费 113.50 元。参见郑功成、黄黎若莲等：《中国农民工问题与社会保护》，人民出版社 2007 年版，第 406、643 页。

工作时间超过劳动法规定的 44 小时的农民工高达 84.5%，劳动强度大，而且超过 70%的农民工在节假日加班没有获得法定的加班工资。四是农民工签订劳动合同的情况较差。国家统计局统计数据显示，在 2008 年的《劳动合同法》将签订劳动合同规定为强制性义务的前提下，2011 年外出受雇农民工与雇主或单位签订劳动合同的仅占 43.8%，仍有一半以上农民工没有签订劳动合同。五是外出农民工参加社会保险的水平有所提高，但总体仍然较低，中西部地区农民工参保比例明显低于东部地区。2011 年雇主或单位为农民工缴纳养老保险、工伤保险、医疗保险、失业保险和生育保险的比例仅分别为 13.9%、23.6%、16.7%、8%和 5.6%。五是农民工很少能够享受到和城市劳动者同等的雇主福利和社会福利。六是法律对农民工权利保护机制不完备。七是农民工法律权利保护意识差，社会缺乏有效的法律救助机制。实践当中，农民工往往不知自己有哪些权利，当权利受到侵害时，一般都是忍气吞声，不懂得也缺乏勇气去维护自己的合法权益，从而助长了那些非法雇工行为。

二、我国农民工就业的制度障碍——户籍制度

前文介绍了我国农民工面临的就业问题，导致这些问题的原因多种多样，有的是由于农民工自身的原因所造成的，如农民工的受教育程度和职业培训水平较低从而导致其就业能力低下；有的是由于雇主或用人单位的歧视所造成的；也有的是由于经济危机等不可控制的外力因素所致。但事实上，导致农民工就业困难的根源都在于我国由来已久的户籍制度。其包含的不公平内容非常广泛，所引起的社会矛盾也较严重，它的长期存在是农民工总体受教育程度和就业能力低，也是农民工受到各种歧视的根本原因。因此有必要专门对这一制度进行分析。

户籍歧视在我国是一个讨论已久的问题。具体到就业领域，它主要又包括两个方面的内容：一是在城乡之间基于户籍形成的就业歧视，二是在各个地方之间对外地劳动者基于户籍形成的就业歧视。前者的歧视对象通常限于农民；而后者的歧视对象则不仅限于农民，还包括不是农民，但属于外地户口的劳动者，但实践当中通常还是以农民为主体。

在当代社会，人们已经认识到以实行户籍制度为工具，通过限制劳动力的流动来实现发展工业化国家的目标不仅没有办法实现，反而造成了严重的城乡两极分化的后果，甚至已经成为影响社会公平、危及社会和谐与国家进一步发展的障碍。因此，最初实行户籍制度的原因应该说就不存在了。但是，新的情况的出现却导致了这一制度仍然维持着其存在的"必要性"与"合理性"。这个新情况就是，在长期的城乡分割过程当中，已经产生了一个庞大的利益集团，即城市居民。因为在过去的"二元社会"当中，城市居民享受到了太多相对于农民的特权，他们的工作、医疗、住房、教育等一切都由政府负担。但现在如果允许农民自由地进城工作的话，在很多人看来，就会抢走本来属于他们的岗位。在这种背景下，城市居民就会不断地向政府施加压力，要求维护他们的利益。这种表达压力的方式一是通过他们所持有的政治上的投票权向政府施加压力；①二是通过各种抱怨，甚至请愿示威的方式（它们有可能成为社会不稳定的直接原因）要求政府满足他们的要求。②而在现有的体制下，社会稳定和就业率是考核地方政府的重要指标，③因此政府不得不向他们妥协，从而降低了政府进行改革、放松对劳动力流动限制的动力，相反还积极地制定出一些政策或规定，进一步强化了对来自农村乃至所有来自外地的劳动力的限制。

现在看来，户籍制度与在此基础上产生的各种限制劳动力流动的政策和行为的一个最为严重的后果，就是在本来应该是相互平等的人们之间人为地制造出等级差别。农民工和外地人的身份成为一个人能够享有什么样的权利的基本前提，这本身就是一种不公平的制度。其原因就在于，当大家能力相同，付出的劳动相同的时候，获得的待遇却完全不一样，而这样的结果完全取决于一个劳动者自己所无法选择的因素。而所有的这一切当然属于典型的歧视，而且该歧视的形成主要并不是个人（包括雇主）对个人的歧视，而是一种制度性的歧视，其所造成的不公平的后果更加严重，影响也更加广泛。而且，人类社会自进入近现代以来，一个最大的进步就在于实现了从身份到契约的转变，但在户籍制度下，让人感觉似乎又回到了几百年以前。

具体来讲，在户籍制度下对农民工的就业歧视包括直接歧视与间接歧视

---

① 而根据现有选举法，农民工在非户籍所在地的工作地是没有选举权和必要的投票权的。

② 蔡昉，都阳，王美艳：《劳动力流动的政治经济学》，上海三联书店、上海人民出版社 2003 年版，第 156-157 页。

③ 但按照有关的统计标准，农民劳动者即使失去了其在城市的工作，也不被纳入失业计算当中的，它使政府可以没有顾虑地实施限制农民劳动者的政策。

两种。其中，直接歧视是指国家或政府有意识地直接针对农民工或外地劳动者（以外来农民工为主，下同）制定的那些形成区别对待的制度。从这个意义上讲，由中央政府制定的户籍制度本身就是一种直接歧视。中央政府基于户籍制度实行就业歧视的另一个明证就是，在 1999 年国务院颁布的《失业保险条例》当中明确规定农民工不必须参加失业保险，雇主没有义务为他们缴纳失业保险费。而各级地方政府对劳动者的直接歧视行为主要表现在两个方面：一是直接控制农民工或外地劳动者的数量，如有些地方政府就直接规定该地方每年最多能够接受的流动人口的数量；二是直接规定农民工或外地劳动者的就业范围。本书前文当中提及的 1995 年的《北京市外地来京人员务工管理规定》对外来劳动者（主要是农民工）的歧视性规定即为适例。不仅北京，上海以及其他很多大城市都曾有类似的规定。这些规定使农民工或外地劳动者往往只能从事那些城市居民不愿意从事的脏、累、重活，从而人为地在城市劳动者与农民工或外地劳动者之间形成主流劳动市场与边缘劳动市场的二元市场。①

间接歧视是指国家或政府并不直接针对农民工或外地劳动者实行就业上的区别对待，但是其制定的其他的一些规定或标准却使农民工或外地劳动者在就业上受到了比城市居民要严格得多的待遇，或面临更多的成本，进而影响其公平就业。例如，大多数城市都要求外来的农民或非农劳动者必须要办理暂住证、就业证、上岗培训证等证件，这些证件的办理给农民工等外来务工人员造成了很高的成本，而本地居民却不需要承担这些成本。又比如，差不多所有城市都规定了各种各样的制度障碍使农村和外地劳动者的子女在城市难以就学，从而迫使他们另找地方就业。例如，按照之前北京的规定，要进入北京的学校，首先要求到农村和外地劳动者的流出地的政府开具家里无监护人、同意外出借读的证明，然后要凭就业证、暂住证和计划生育证明到流入地街道或政府提出申请。这些手续看起来很合理，但是对外来劳动者尤其是农民工而言却是非常烦琐、非常艰难和成本非常高昂的事情。这些做法比直接驱赶外来流动人口更为有效，而且既达到了限制农民工或外地劳动者在城市工作的目的，又不至于引起直接歧视的舆论指责。②

需要指出的是，上述就业歧视都属于由政府直接实施的具有普遍适用效力的制度性歧视，而在这些制度的直接约束和影响下，户籍成为一个人身份

---

① 景天魁等：《社会公正理论与政策》，社会科学文献出版社 2004 年版，第 128 页。
② 景天魁等：《社会公正理论与政策》，社会科学文献出版社 2004 年版，第 137 页。

的象征，并在雇佣市场中导致很多雇主也基于户籍而对农民工实施歧视。例如，雇主通常安排农民工从事一些低层次的工作，如重体力活或一些简单重复的劳动，或者只给他们非常廉价的报酬，并且通常不跟他们签订正式的劳动合同，不给他们购买法定的社会保险和提供福利，不提供安全的劳动条件，不提供必要的职业培训和升职机会，优先解雇或裁员农民工等。

雇主对农民工的歧视主要有三方面的原因，基本上都与户籍制度有直接或间接的关系：第一是地方政府有相应的规定，雇主必须遵守；第二是纯粹的偏见，将户籍直接作为歧视的依据，这在很多雇主看来已经成为理所当然的事情，尽管他们并没有受到来自政府的压力；第三属于统计性歧视，即雇主在确定就业岗位和工资水平的时候，由于获得的雇员信息不完全或不确定，而根据群体的特征，如一般情况下由于农村劳动力受到的教育更低所以其生产率会低于本地城市劳动力，来代替劳动者的个人特征帮助自己做出选择。[①]上述三种原因的歧视对于劳动者来说都是不公平的，但就第一种原因的歧视而言，因为不是雇主自己可以选择的行为，因此通常能够成为雇主免除歧视责任的合法理由，第二种原因的歧视没有任何可以辩护的余地，而第三种原因的歧视因为是建立在一种没有确定根据的基础之上，其歧视依据并不能反映某个具体劳动者的实际劳动生产率，因而也是不公平的，构成不可辩护的歧视。

三、我国现有农民工就业法律与政策考察

（一）现有立法及其评价

1. 从实体法的角度

第一，《宪法》和《劳动法》。首先，现行《宪法》主要从法律的基本原则与公民的基本权利角度对劳动者的就业权利进行了规定。根据《宪法》第三十三条之规定，中华人民共和国公民在法律面前一律平等。其次，《劳动法》（1994 年颁布，至今未修订）作为劳动基本法对劳动者的就业权利作了比较

---

① 蔡昉，都阳，王美艳：《劳动力流动的政治经济学》，上海三联书店、上海人民出版社 2003年版，第 208-209 页。

全面的规定。其第三条规定，劳动者有平等就业和选择职业的权利、取得劳动报酬的权利、休息休假的权利、获得劳动安全卫生保护的权利、接受职业技能培训的权利、享受社会保险和福利的权利、提请劳动争议处理的权利以及法律规定的其他劳动权利；第七条规定，劳动者有权依法参加和组织工会。对此，《工会法》第三条也规定，在中国境内的企业、事业单位、机关中以工资收入为主要生活来源的体力劳动者和脑力劳动者，不分民族、种族、性别、职业、宗教信仰、教育程度，都有依法参加和组织工会的权利，任何人不得阻挠和限制。第十二条规定，劳动者就业不因民族、种族、性别、宗教信仰不同而受歧视。第四十六条规定，工资分配应当遵循按劳分配原则，实行同工同酬。上述宪法和劳动法尽管没有直接对农民工的就业权进行规定，但是其关于所有劳动者都平等地享有就业权的规定显然也适用于农民工。

第二，《就业促进法》。《就业促进法》是当前我国明确提出对农民工就业进行保护的法律。该法首先在总则明确规定，劳动者依法享有平等就业和自主择业的权利；国家实行城乡统筹的就业政策，建立健全城乡劳动者平等就业的制度，引导农业富余劳动力有序转移就业。分则第三章则用整整一章的内容专门规定了公平就业的内容。与农民工有关的具体规定包括：① 各级人民政府创造公平就业的环境，消除就业歧视，制定政策并采取措施对就业困难人员给予扶持和援助；② 用人单位招用人员、职业中介机构从事职业中介活动，应当向劳动者提供平等的就业机会和公平的就业条件，不得歧视；③ 农村劳动者进城就业享有与城镇劳动者平等的劳动权利，不得对农村劳动者进城就业设置歧视性限制。

《就业促进法》还有一个非常特殊的制度就是，提出应当积极制定措施对于就业困难人员进行扶持和援助。这一制度已经打破了就业平等的范畴，更多的是倾向于通过形式上不平等的一些政策安排来达到实质上的公平，即基于需要原则要求对某些就业弱势群体给予特别帮助。《就业促进法》第六章以"就业援助"的专章形式规定了与农民工有关的就业积极措施：① 各级人民政府建立健全就业援助制度，采取税费减免、贷款贴息、社会保险补贴、岗位补贴等办法，通过公益性岗位安置等途径，对就业困难人员实行优先扶持和重点帮助。就业困难人员是指因身体状况、技能水平、家庭因素、失去土地等原因难以实现就业，以及连续失业一定时间仍未能实现就业的人员。这一规定当中规定的因为技能水平和失去土地而就业困难的劳动者很显然是农民工适用该制度的重要依据。② 政府投资开发的公益性岗位，应当优先安排符合岗位要求的就业困难人员。被安排在公益性岗位工作的，按照国家规定给予岗位补贴。③ 地方各级人民政府加强基层就业援助服务工作，对就业困难人员实施重点帮助，提供有针对性的就业服务和公益性岗位援助。地方各级人民政府鼓励和支持社会各方面为就业困难人员提供技能培训、岗位信息等服务。

第三，《劳动合同法》和《社会保险法》。首先，正因为《就业促进法》已经明确规定包括农村劳动者在内的所有劳动者享有平等的劳动权利，所以尽管《劳动合同法》并没有针对某一类劳动者进行特别规定，但理论上其规定的所有制度也应当平等地适用于所有劳动者，包括农民工。值得一提的是，劳动合同法在保护农民工方面的一个重要贡献是对于实践中主要是由农民工从事的派遣劳动和非全日制用工问题进行了专门规定，这对于规范该领域的用工，保护农民工就业权利起到了重要作用。其次，《社会保险法》在《劳动合同法》的基础上不仅规定了所有劳动者都有权利参加社会保险，同时还在附则当中明确规定了进城务工的农村居民（农民工）依照本法规定参加社会保险。征收农村集体所有的土地，应当足额安排被征地农民的社会保险费，将被征地农民纳入相应的社会保险制度。

第四，其他立法。当前除了上述法律以上的立法之外，我国还有一些行政法规（如《失业保险条例》）和地方性法规以及规章也或多或少地涉及对农民工问题的规定。这些立法有的是对法律的细化，如各地方颁布的《就业促进条例》或《就业促进办法》，有的却是以前出台还未来得及废除和清理的对农民工进行就业限制的法规或规章。因为类似立法比较繁多，在此不一一列举。

2. 从程序法的角度

首先，在宪法层面，有关对农民工的保护主要是从宪法解释与违宪审查两个方面实现的：

（1）就宪法解释而言，它的基本功能在于通过有权机关的权威解释，使对宪法的理解不会发生冲突，保证它的权威性和统一性。根据我国《宪法》第六十七条之规定，对宪法和法律的解释权都属于全国人大常委会，而根据《立法法》第四十三条之规定，国务院、中央军委、最高法院、最高检察院和全国人大各专委会以及各省、自治区、直辖市的人大常委会可以向全国人大常委会提出法律解释的要求（不是提出"宪法解释"要求，但因为没有其他程序可用，可以考虑类推适用）。宪法解释一般有两种解释模式，一是严格按照宪法条款的字面意义进行解释；二是根据最新的社会发展现实，创造性地解释宪法条款，以使前人制定的宪法能够与社会发展相适应。①考虑到我国宪法在对农民工保护方面还有一些过于原则和不具操作性的问题，因此在宪法没有修订之前，需要通过宪法解释来扩大它的适用，故应当允许全国人大常委会根据最新的社会发展现实，创造性地解释宪法条款。

（2）根据《宪法》第六十二条、六十七条，《立法法》第八十八条之规定，建立了我国的违宪审查制度，即全国人大有权对全国人大常委会的法律、条例和决定进行审查和撤销，全国人大常委会有权对国务院的行政法规、决定和命令以及各省、自治区、直辖市的地方性法规、条例进行审查和撤销，国务院有权对部门规章和地方政府规章进行审查和撤销。总之，我国建立了多层次、多元的违宪审查制度。②考虑到我国目前的一些针对农民工的就业歧视行为属于制度性的歧视，在没有办法对它们进行司法审查的现有条件下，通过违宪审查来对它们进行纠正无疑是唯一的办法。

其次，我国《劳动法》和《劳动争议调解仲裁法》也为劳动者就业公平权的保障提供了相应的救济途径。除了仲裁和诉讼救济制度之外，《劳动法》还规定了有关的行政执法机制，农民工在自身合法权益受到侵害的时候，可以通过多种途径寻求救济。

3. 对现有立法的简要评价

严格说来，我国现有立法对于农民工的就业保护力度是非常不够的。首先，无论是《宪法》《劳动法》，还是《劳动合同法》，这几个有关劳动者就业权保护最重要的法律都完全没有提及农民工问题。应当说，农民工和妇女劳动者、残疾劳动者一样在我国都处于特别明显的就业弱势地位，因此如果上述法律都专门对妇女劳动者、残疾劳动者有所规定，甚至还有对应的单独保护立法的话（《妇女权益保护法》和《残疾人保障法》），对农民工也应该给予同样的关注。其次，《就业促进法》和《社会保险法》尽管对于农民工有专门的规定，但是其规定比较原则，缺乏具体可操作性。以《就业促进法》为例，该法规定，农村劳动者进城就业享有与城镇劳动者平等的劳动权利，不得对农村劳动者进城就业设置歧视性限制。但是对于侵害农民工平等权利的行为如何认定和处理却没有具体的规定。再次，现有不少地方立法仍然存在针对

---

① 王振民：《中国违宪审查制度》，中国政法大学出版社 2004 年版，第 284 页。
② 王振民：《中国违宪审查制度》，中国政法大学出版社 2004 年版，第 106-107 页。

农民工的歧视性规定，尚没有得到完全清理，在适用有关立法的时候，很多地方并不严格执行国家立法，而往往首先执行地方立法。最后，现有立法尽管已经对农民工进行了扩大保护，但是实践当中法律执行情况却很不理想，农民工法律权益救济机制有待进一步完善。

（二）现有政策及其评价

1. 综合性政策文件

这方面的代表性文件是 2006 年国务院发布的《国务院关于解决农民工问题的若干意见》。该意见具体包括以下内容：

第一，充分认识解决好农民工问题的重大意义，指出农民工问题事关我国经济和社会发展全局，维护农民工权益是需要解决的突出问题，解决农民工问题是建设中国特色社会主义的战略任务。

第二，提出农民工工作的主要原则：① 尊重和维护农民工的合法权益，消除对农民进城务工的歧视性规定和体制性障碍，使他们和城市职工享有同等的权利和义务；② 转变政府职能，加强和改善对农民工的公共服务和社会管理；③ 实行农村劳动力异地转移与就地转移相结合。

第三，抓紧解决农民工工资偏低和拖欠问题，包括建立建立农民工工资支付保障制度，合理确定和提高农民工工资水平。

第四，依法规范农民工劳动管理：① 严格执行劳动合同制度；② 依法保障农民工职业安全卫生权益。

第五，搞好农民工就业服务和培训：① 逐步实行城乡平等的就业制度。各地区、各部门要进一步清理和取消各种针对农民工进城就业的歧视性规定和不合理限制，清理对企业使用农民工的行政审批和行政收费，不得以解决城镇劳动力就业为由清退和排斥农民工。② 进一步做好农民转移就业服务工作。要建立健全县乡公共就业服务网络，为农民转移就业提供服务。城市公共职业介绍机构要向农民工开放，免费提供政策咨询、就业信息、就业指导和职业介绍。③ 加强农民工职业技能培训。扩大农村劳动力转移培训规模，提高培训质量。完善农民工培训补贴办法，对参加培训的农民工给予适当培训费补贴。推广"培训券"等直接补贴的做法。输入地要把提高农民工岗位技能纳入当地职业培训计划。要研究制定鼓励农民工参加职业技能鉴定、获取国家职业资格证书的政策。④ 落实农民工培训责任。⑤ 大力发展面向农村的职业教育。

第六，积极稳妥地解决农民工社会保障问题：① 高度重视农民工社会保障工作；② 依法将农民工纳入工伤保险范围；③ 抓紧解决农民工大病医疗保障问题；④ 探索适合农民工特点的养老保险办法。

第七，切实为农民工提供公共服务：① 把农民工纳入城市公共服务体系；② 保障农民工子女平等接受义务教育；③ 加强农民工疾病预防控制和适龄儿童免疫工作；④ 进一步搞好农民工计划生育管理和服务；⑤ 多渠道改善农民工居住条件。

第八，健全维护农民工权益的保障机制：① 保障农民工的民主政治权利；② 深化户籍管理制度改革；③ 保护农民工土地承包权益；④ 加大维护农民工权益的执法力度；⑤ 做好对农民工的法律服务和法律援助工作；⑥ 强化工会维护农民工权益的作用。

第九，促进农村劳动力就地就近转移就业：① 大力发展乡镇企业和县域经济，扩大当地转移就业容量；② 引导相关产业向中西部转移，增加农民在当地就业机会；③ 大力开展农村基础设施建设，促进农民就业和增收；④ 积极稳妥地发展小城镇，提高产业集聚和人口吸纳能力。

第十，加强和改进对农民工工作的领导：① 把解决农民工问题摆在重要位置；② 完善农民工工作协调机制；③ 引导农民工提高自身素质；④ 发挥社区管理服务的重要作用；⑤ 加强和改进农民工统计管理工作；⑥ 在全社会形成关心农民工的良好氛围。

2. 关于促进农民工职业培训的政策文件

2010 年国务院办公厅发布《关于进一步做好农民工培训工作的指导意见》。该意见要求：

第一，搞好培训工作统筹规划：① 制定实施新一轮培训规划，抓好培训项目的组织实施；② 明确培训重点，实施分类培训；③ 以市场需求为导向，增强培训针对性；④ 创新农民工培训机制。

第二，建立规范的培训资金管理制度：① 以省级统筹为重点，集中使用培训资金；② 制定农民工培训补贴基本标准；③ 对培训资金实行全过程监管；④ 按照谁审批谁负责的原则，严肃查处违规违纪行为。

第三，充分发挥企业培训促进就业的作用：① 加强产学结合的企业培训；

② 强化企业培训责任；③ 发挥行业的指导作用；④ 落实企业培训资金，积极探索培训资金直补用人单位的办法，鼓励行业、企业建立农民工培训奖励基金，扶持农民工参加学习与培训。

第四，努力提高培训质量：① 加大培训组织工作力度，逐步建立和完善农民工培训的政策法规；② 规范培训管理，加强绩效评估；③ 严格培训结业考核和发证制度。

第五，强化培训能力建设：① 加强培训基地建设，增强实训能力；② 规范农民工培训机构管理；③ 加强培训基础工作，加强农民工培训专兼职师资队伍建设，抓好培训教材规划编写和审定工作，切实做好农民工培训统计工作，加强公共就业服务信息网络建设，提高农民工培训教学和管理的信息化水平。

第六，加强组织领导：① 完善统筹协调机制；② 强化地方政府责任；③ 开展先进经验交流，探索农民工培训的客观规律。

3. 关于促进农民工就业的优惠政策

这一类政策主要有三类：第一类是对用人单位和农民工直接给予的各种补贴，前述文件要求建立的培训补贴制（如发培训券）即为适例；第二类是对农民工创业就业给予税收减免优惠；第三类是对农民工创业就业提供优惠贷款政策。

4. 其他促进农民工就业的政策

其他政策基本上都是围绕《国务院关于解决农民工问题的若干意见》展开，如 2010 年的《国务院办公厅关于开展国家教育体制改革试点的通知》就要求完善农民工子女接受义务教育机制，在北京市、上海市、安徽省、广东省、云南省、新疆维吾尔自治区等地探索试点非本地户籍常住人口随迁子女非义务教育阶段教育保障制度。

5. 对现有政策的评价

现有政策对于我国解决农民工问题提出了一系列的纲领和原则，在某些领域还提出了具体的操作方案。而且这些政策都体现出一个共同的特点，即对农民工问题高度重视，并在多个方面、多个层次制定了针对农民工的特殊照顾和优惠政策措施。但是这些政策也存在一些问题：第一，很多政策的制定缺乏必要的法律依据，事后也未及时将其上升为立法的规定，导致其权威性和执行力有所欠缺；第二，多数政策还是偏于原则和抽象，往往只是指出一个大的方向，却没有具体的执行机制，因此执行效果不好；第三，现有政策涉及的范围较窄，在很多领域还没有制定相关政策，而且各地方在制定有关政策的时候，由于缺乏统一规则指导，彼此之间存在诸多冲突；第四，在对农民工就业给予特殊照顾方面有待探讨新的形式和内容。由此可见，在完善有关立法的基础上，进一步完善和细化具有实际可操作性的政策或计划具有非常重要的意义。

四、完善我国农民工就业制度的建议

前文提出，完善我国农民工就业制度的关键在于促进公平，具体包括两个方面的任务：一是消除针对农民工的歧视，特别是消除各种造成不公平的制度障碍；二是制定针对农民工的就业积极行动，并且将其法律化、制度化。

（一）消除农民工就业的不公平制度障碍

1. 对现有立法当中针对农民工的不公平就业制度进行清理

当前我国很多地方都在进行法规清理工作，我们认为应当同时对涉及农民工的有关法规一并进行清理。在对有关立法（含法律、法规和规章）具体进行清理或处理的时候，必须遵循相应的法律程序和规则：第一，必须严格按照下位法服从上位法的规则进行处理，即凡是与上位法的原则和规定相抵触的，都必须予以纠正；第二，必须严格按照法定的程序进行处理，如《立法法》规定的违宪审查程序；第三，有关机关应当自己定期或根据有关主体的申请不定期地对现有法律、法规以及规章进行清理，及时发现并处理存在不公平问题的立法；第四，对不公平的就业立法的清理除了应对已有的立法进行清理之外，对于任何新的立法的提案、调研、审议、表决等过程也都应该加强审查，尽量避免出现不公平的立法。

2. 对政府或有关机关制定的对农民工不公平的规范性文件进行清理

第一，根据国家机关的上下层级关系进行清理。按照我国现有体制，国家权力机关有权对政府的不合法或不适当的行为（包括制度性行为，如规范性文件）进行监督和审查，上级机关有权对下级机关的不合法或不适当的行为进行监督和审查。也可以考虑设立专门而独立的机构（如就业公平委员会）专职负责这项工作。此外，立法还应当明确审查程序，规定提起审查申请的具体条件、受理机关的受理和进入审查程序的条件，以及进行审查处理的时限、最终做出的处理决定的种类和效力等。

第二，建立和强化对非立法性的规范性文件的司法审查制度。目前，按照我国现行宪法和司法体制，我国的司法机关没有违宪审查权和对抽象行政行为的直接司法审查权。但是司法机关无疑是拥有司法建议权的。建议修订《立法法》或《行政诉讼法》，要求一旦收到来自司法机关的正式的司法建议，权力机关或有关国家机关（制定规范性文件的上级机关）必须启动审查处理程序，并在法定的期间内作出明确的答复和结论。

（二）制定"农民工权益保障法"，强化对农民工的倾斜保护

由于我国的农民工数量十分巨大，农民工拥有总体上相同的就业特征，而且在相当长的时间内，农民工都将处于弱势就业地位，因此有必要借鉴《妇女权益保护法》和《残疾人保障法》的立法模式，制定"农民工权益保障法"对农民工进行专门立法保护。但为与《就业促进法》相区别，也可以叫"农民工权益保障法"。但要注意的是，"农民工权益保障法"与《妇女权益保护法》和《残疾人保障法》的历史使命不同，前者具有一定的期限性和条件性，一旦我国农民工的就业地位得到充分提高，不再需要给予特别保障的时候，法律就需废除；而后者由于妇女和残疾人的生理弱势地位具有永久性，因此法律也往往具有永久性，不会因为某个期限的到来或条件的成立而丧失效力。具体来说，"农民工权益保障法"应当主要包括以下几个方面的制度内容：

1. 明确各主体的权利、责任和义务

首先，立法应当明确宣布农民工和其他劳动者一样依法享有任何劳动与

社会保障法律、法规所规定的所有权利。其次，用人单位或雇主的责任和义务主要包括严格遵守劳动法和社会保障法的规定，与农民工签订劳动合同，提供同工同酬，提供必要的职业培训，保证劳动安全卫生条件，依法为农民工购买社会保险，不轻易解雇或裁减农民工等。最后，政府的责任则有三：一是管理责任。对农民工有关事务加强管理，严格执法。二是政策制定责任。政府负责制定有关农民工保护和促进农民工就业的各种政策和项目。三是财政支持责任。①政府在农民工方面所负有的财政责任主要在于对吸收农民工的企业或其他雇主提供鼓励和扶持、对农民工创业提供帮助以及为农民工提供就业能力进行扶助等方面，具体的财政支持手段则包括财政补贴、税费减免和信贷优惠等。

2. 建立明确具体，可操作的反歧视制度

考虑到《就业促进法》已明确规定禁止对农民工的就业歧视，但是该规定却比较原则，缺乏具体的认定和操作标准。因此，"农民工权益保障法"应当首先规定有关农民工歧视的认定标准。建议采取定义加列举的方式，在给针对农民工的歧视进行定义的基础上，再具体列举实践当中比较常见的歧视行为。在具体列举的时候，要区分直接歧视和间接歧视。前者是直接而明确地对农民工给予区别对待的情形，后者则是虽然不直接针对农民工，但是雇主或政府制定的某个政策或就业标准会给农民工带来实质上的就业障碍。禁止的歧视内容也不仅限于农民工的就业过程，还应当扩及至对农民工及其子女接受教育或培训，享受工作地优惠、住房优惠政策等方面的内容。在具体认定歧视的时候，采取原告举证和举证责任转移规则。

通常情况下，原告举证可以考虑两点：第一，和本地城市劳动力相比，农民工或外地劳动者普遍处于不利的地位。例如，某一项不需要特殊技能但比较轻松的工作岗位，基本上都是由本地城市劳动力担任，或者达到了一个让人无法容忍的地步。第二，对于某一个具体的工作岗位，在众多的竞争者当中，自己作为农民工落选，而本地城市劳动者当选，或者自己与本地城市劳动者都是从事同样的工作，如都是驾驶员，但是彼此的工资待遇差别很大。一旦劳动者能够证明自己受到歧视的事实，举证责任就发生转移，被告（既可以是雇主，也可以是政府）这时可以主张，该劳动者之所以受到区别对待，

---

① 兰启发：《财政支出方向与农民工就业》，载《经济研究导刊》2010年第34期，第15页。

是有着客观而合理的理由和依据的。比如说，被告可以证明该区别对待确实是由于某个农民工的能力和资格（如学历，但应当与工作相关）不如城市劳动者（必须是可比较的具体劳动者），或者是出于职业的特别需要而只能由本地劳动者担任某项工作（如需要一个熟悉该城市特定的历史和文化的本地城市居民担任导游），从而为自己进行辩护。此外，立法还应明确规定农民工对歧视行为采取申诉控告的权利，并规定可以具体适用的权利救济程序以及有关赔偿或处罚标准。

3. 培训和教育制度

针对农民工的培训制度分为四个部分：

第一部分是职前培训。立法应当将对农民工的就业培训纳入公共就业培训计划，地方政府每年必须列支确定金额的费用用于对本地农民工和外来农民工进行培训的开支。农民工凭户口证明可以免费参加公共机构组织的培训项目，集中参加培训的，除免培训费之外，还给予一定的食宿、交通补贴。试行培训券制度。国家鼓励与支持社会和私人举办针对农民工的培训项目，对有关项目给予补贴。国家鼓励青年农民工参加企业学徒工训练项目，对参加学徒训练项目的企业和青年农民工给予工资补贴。

第二部分是在职培训。法律应当规定农民工和所有其他劳动者一样有权在用人单位获得职业培训。建议要求用人单位每年必须安排所有员工，包括农民工参加固定期限的职业培训，同时对安排农民工参加在职培训的用人单位给予工资和培训费用补贴。

第三部分是农民工的再就业培训。在农民工被动离职之前（如无过错被解雇和被裁员），企业必须给农民工安排一次再就业培训或者发放再就业培训津贴。

第四部分是创业培训。这部分培训政策和第一部分的相同。与创业培训政策相结合，国家对农民工创业就业的，给予税收和信贷优惠政策。各地可考虑建立农民工就业培训基金，独立组织运行，实行省级统筹。基金的资金来源主要由政府财政拨款组成，鼓励社会对基金进行捐赠，凡是捐赠者，可以依法享受税收优惠。此外，完善农民工培训的各种职业资格制度，积极促进农民工增强就业能力。

在鼓励和支持农民工参加职业培训的同时，还要积极关注农民工子女的受教育问题，解决农民工就业的后顾之忧。立法应当明确规定在全国范围内给予农民工子女以平等受教育权，禁止向农民工收取子女异地借读费或其他额外费用，并不得限制农民工子女入学的地域、学校以及班级。不但如此，农民工子女接受教育还应当获得一定的财政补贴，甚至还可以在某些地区试行农民工子女上学配额制。尽管配额制对其他学生不一定公平，从长远角度但是这种做法可以逐渐改变农民工子女的弱势地位，从而实现农民工整体社会地位的提升。

4. 建立专门针对农民工的公共就业服务制度

当前我国已经初步建立了公共就业服务制度，基本上在全国各地都设立有相应的公共就业服务机构，为劳动者提供从就业培训到就业信息提供、就业咨询和介绍，提供公益性岗位等工作。但是现有的公共就业服务机构仍然存在不少问题有待改进：

第一，应当坚持针对弱势就业群体（包括农民工）的公共就业服务完全免费原则。

第二，确定公共就业服务主要为弱势劳动者群体服务原则，在此基础上分别设立针对各类弱势劳动者群体的专业服务机构，其中包括应当建立专门针对农民工的公共就业服务体系。之所以要设立专门的公共就业服务体系，是因为在现有体系下，由于并不区分特定的服务对象，所以大多数农民工并不知道有该体系，也不知道怎么去利用该体系，而设立专门针对农民工的机构和运作体系，通过在社会中广泛宣传，为农民工提供专业服务，能够起到更好的效果。

第三，改善和扩大现有公共就业服务体系的内容和范围。例如，建立完善的弱势就业群体就业激励机制，逐步引入经营性职业中介机构为弱势群体提供更为广泛的服务（免费但经营者可从政府得到补贴），逐步建立公共就业服务的一条龙（或叫一站式）服务机制。

5. 建立农民工工资保障制度

在工资问题上我国农民工主要遇到两个方面的问题，一是工资待遇普遍偏低；二是工资待遇难以得到保障，加班没有加班工资，经常被拖欠工资。为此，我国需要建立农民工工资保障制度。当前我国不少地方已经颁布了相应的规定，[①]"农民工权益保障法"应当充分总结其经验教训，从法律的角度加以规制。第一，法律应当特别指明，所有雇主必须严格执行《劳动合同法》的规定，和农民工签订书面劳动合同，劳动合同应当明确工资的支付标准、支付时间、支付方式及双方约定的其他工资支付事项；第二，法律应当明确规定，对农民工必须实行同工同酬，严格遵守各地关于最低工资标准的规定，按时足额支付工资和加班工资；第三，制定农民工工资准备金和保证金制度，用人单位（尤其是建筑领域的雇主）必须事先向有关机构缴存一定的金钱作为对农民工付款的保证；第四，以省级统筹建立农民工工资保障基金，由政府负责管理，在农民工工资难以得到支付时，紧急情况下允许从该基金预支，然后由基金向应当负责的用人单位或雇主进行追偿；第五，建立严格的法律责任制度，严格处罚侵害农民工工资权益的用人单位和具体负责人。如给予侵权人以高额罚款、吊销执照等行政法律责任乃至必要时追究有关人员的刑事责任。

6. 完备农民工权益救济制度

实践当中，农民工权益得不到有效保障的一个重要原因是缺乏合适的权益救济机制。为此，法律可以从以下几个方面加以完善：第一，应当支持和保障农民工参加各级工会组织，明确工会在保护农民工合法权益方面的法定责任；第二，应当鼓励和支持县级以上各地方建立类似妇联、残联的农民工保护组织，由财政列支活动经费，规定农民工保护组织有义务帮助农民工维权，并支持农民工参加劳动仲裁和诉讼，必要的时候，该组织有权以原告的名义对侵害农民工的用人单位或雇主提起公益诉讼；第三，建立农民工法律援助中心，由法律专业人士为农民工提供免费的法律服务；第四，考虑到农民工参加劳动争议仲裁和诉讼的困难，法律可以规定专门的适用于农民工的简易程序，缩短程序进行时限；第五，完善侵害农民工权益的法律责任制度。对于法律责任的规定一定要具体，要具有可操作性。

（三）加强与完善劳动执法，切实促进农民工就业与权益维护

当前，导致我国农民工诸多就业问题的一个非常重要的原因是在执法方

---

① 如云南省 2011 年 5 月 1 日施行的《云南省农民工工资支付保障规定》和陕西省 2012 年 10 月 1 日开始施行的《陕西省农民工工资支付保障规定（试行）》。

面存在严重的执法不力的问题,这其中既有很多法律本身对农民工权益的忽视,导致执法者无从依法保护农民工权益,也有执法者执法不严或不科学、不合理的问题。具体来说,加强与完善劳动执法可以从以下三个方面着手:第一,因为法律规定的很多制度往往比较原则,缺乏具体的可执行性,因此各级政府应当制定各种政策和项目(如在促进农民工提高就业技能和自我创业等方面的项目)来具体落实法律当中规定的制度;第二,应当提高执法者的素质,依法执法,在执法的过程中特别注意维护弱势劳动者群体的劳动就业权益,在法律许可的范围内,从执法规程、手续、费用、时效等方面尽可能地方便和照顾农民工等弱势劳动者;第三,在农民工当中加强对法律和有关政策的宣传,增强农民工的维权意识,鼓励农民工积极维护自己的合法权益。

参考文献

一、著作类

[1]　李薇薇，Lisa Stearns. 禁止就业歧视：国际标准和国内实践[M]. 北京：法律出版社，2006.

[2]　[美]罗尔斯. 作为公平的正义——正义新论[M]. 姚大志，译. 上海：上海三联书店出版社，2002.

[3]　[美]德沃金. 至上的美德——平等理论与实践[M]. 冯克利，译. 南京：江苏人民出版社，2003.

[4]　佟新. 社会性别研究导论——两性不平等的社会机制分析[M]. 北京：北京大学出版社，2005.

[5]　[英]布莱恩·巴里. 正义诸理论[M]. 孙晓春，曹海军，译. 长春：吉林人民出版社，2004.

[6]　戴维·米勒. 社会正义原则[M]. 应奇，译. 南京：江苏人民出版社，2001.

[7]　[加]威尔·金里奇. 自由主义，社群与文化[M]. 应奇，葛水林，译. 上海：上海世纪出版集团，2005.

[8]　曲相霏. 人权主体论[M]//徐显明. 人权研究（第 1 卷）. 济南：山东人民出版社，2001.

[9]　皮特·纽曼. 新帕尔格雷夫法经济学大词典（第 3 卷）[M]. 许明月，等，译. 北京：法律出版社，2003.

[10]　罗尔斯. 正义论[M]. 何怀宏，何包钢，廖申白，译. 北京：中国社会科学出版社，1988.

[11]　[英]哈耶克. 自由秩序原理[M]. 邓正来，译. 上海：上海三联书店，1997.

[12]　蔡定剑. 中国就业歧视现状及反歧视对策[M]. 北京：社会科学出版社，2007.

[13] 孟宪范. 转型社会中的中国妇女[M]. 北京：中国社会科学出版社，2004.

[14] 谭琳，姜秀花. 社会性别平等与法律研究和对策[M]. 北京：社会科学出版社，2007.

[15] 中华人民共和国妇女联合会. 马克思恩格斯列宁斯大林论妇女[M]. 北京：人民出版社，1978.

[16] 国家统计局. 2010年中国劳动统计年鉴[M]. 北京:中国统计出版社,2010.

[17] 国家统计局. 中国劳动统计年鉴[M]. 北京：中国统计出版社，2011.

[18] 蔡昉. 中国人口与劳动问题报告（NO.8）[M]. 北京：社会科学文献出版社，2007.

[19] 谢建设. 中国农民工权利保障[M]. 北京：社会科学文献出版社，2009.

[20] 郑功成，黄黎若莲，等. 中国农民工问题与社会保护[M]. 北京：人民出版社，2007.

[21] 郑永流. 当代中国农村法律发展道路探索[M]. 北京：中国政法大学出版社，2004.

[22] 蔡昉，都阳，王美艳. 劳动力流动的政治经济学[M]. 上海：上海三联书店，上海人民出版社，2003.

[23] 景天魁，等. 社会公正理论与政策[M]. 北京：社会科学文献出版社，2004.

[24] 王振民. 中国违宪审查制度[M]. 北京：中国政法大学出版社，2004.

[25] 董保华,杨杰. 劳动合同法的软着陆[M]. 北京:中国法制出版社,2007.

[26] [德]W.杜茨. 劳动法[M]. 北京：法律出版社，2005.

[27] 余少祥. 弱者的权利——社会弱势群体保护的法理研究[M]. 北京：社会科学文献出版社，2008.

[28] [美]波斯纳. 法律的经济分析[M]. 蒋兆康，译. 北京：中国大百科全书出版社，1997

[29] [美]默里 L 韦登鲍姆. 全球市场中的企业与政府[M]. 张兆安，译. 上海：上海三联书店，上海人民出版社，2002.

[30] PFAFF, M, HUBER, W. Disability policy in the federal republic of germany[M]// public policy towards disabled workers: cross national analyses of economic impacts ed. Ithaca: Cornell University Press, 1984.

[31] J EDWARD KELLOUGH. Understanding affirmative action: politics, discrimination, and the search for justice[M]. Georgetown University

Press，Washington，D，C，2006.

[32] FRANCIS J. Beckwith. affirmative action：social justice or reverse discrimination?[M] Amherst，NY：Prometheus Books，1997.

[33] MACINTYRE. Whose justice? which rationality?[M]. London：Duckworth，1988.

[34] KENNETH ARROW. The theory of discrimination[M]// ORLEY ASHENFELTER AND ALBERT REES，EDS. Discrimination in labor markets. Princeton，N.J.：Princeton University Press，1973.

[35] DAVIE，SHARON L. Diversity[M]// P H WERHANE，R E FREEMAN，EDS. Encyclopedic dictionary of business ethics. Osford：Blackwell，1997.

[36] EUROPE-AN COMMISSION. European employment observatory review，youth employment measure，2010[M]. Luxembourg：Publications Office of the European Union，2011.

[37] MALCOLM SARGEANT，DAVID LEWIS. Employment law[M]. 3rd ed.，Pearson Education Limited，2006.

[38] EUROPEAN COMMISSION. European employment observatory review-youth employment measure，2010[M]. Luxembourg：Publications Office of the European Union，2011.

[39] COMMISSION OF THE EUROPEAN COMMUNITIES. Promoting young people's full particication in education，employment and society，Brussels，5.9.2007，COM（2007）498 final，SEC（2007）1084 and SEC（2007）1093.

[40] WAITER R. HEINZ. Youth transition and employment in Germany"，ISSJ 164/2000©UNESCO 2000.

[41] 任东来，陈伟，白雪峰. 美国宪政历程：影响美国的 25 个司法大案[M]. 北京：中国法制出版社，2004.

二、论文和其他文献

[1] 埃丽卡·李·纳尔逊. 印度采取的积极措施颠倒种姓地位[N]. 华盛顿邮报，2006-09-25.

[2] 钱再见，高晓霞. 弱势群体社会保护中政府责任的理论求证[J]. 河南师范大学学报：哲学社会科学版，2002（6）.

[3] 王思斌. 社会转型中的弱势群体[J]. 中国党政干部论坛，2002（2）.

[4] 李林. 法治社会与弱势群体的人权保障[J]. 前线，2001（5）.

[5] 冯彦君. 社会弱势群体法律保护问题论纲[J]. 当代法学，2005（7）

[6] 李昌麒. 弱势群体保护法律问题研究[J]. 中国法学，2004（2）.

[7] 余少祥. 法律语境中弱势群体概念构建分析[J]. 中国法学，2009（3）.

[8] 周长明. 论弱势群体与和谐社会构建[J]. 西南民族大学学报：哲学社会科学版，2005（9）.

[9] 刘德中，牛变秀. 中国的职业性别隔离与女性就业[J]. 妇女研究论丛，2000（4）.

[10] 周伟. 中国城市就业中的性别歧视研究[J]. 政治与法律，2008（4）.

[11] 赵银侠. 制约女性就业的社会结构性因素探析[J]. 社会学研究，2003（11）.

[12] 曹艳春. 性别就业歧视的法律救济之思考[J]. 政治与法律，2007（4）.

[13] 孙劲悦. 关于就业年龄歧视原因的调查分析[J]. 财经问题研究，2004（4）.

[14] 蔡定剑，王福平. 韩国反歧视法律制度研究[J]. 政治与法律，2010（1）.

[15] 刘勇. 论我国弱势劳动者群体的法律界定[J]. 江汉论坛，2011（6）.

[16] 高一飞. 论残疾人就业优先权[J]. 四川理工学院学报：社会科学版，2011（3）.

[17] 尹海洁，韩阳. 残疾人的受教育状况：公平缺失与水平滑坡[OL]. 湖南社会学网，2013-10.

[18] 乔庆梅. 德国残疾人就业：立法，实践与启示[J]. 社会保障研究，2009（2）.

[19] 孙玉军，孟凡强. 我国竞技体育"阴盛阳衰"现象的成因分析[J]. 南京体育学院学报：社会科学版，2006（1）.

[20] 周伟. 中国城镇就业中的性别歧视研究——以1995年至2005年上海和成都市30万份报刊招聘广告条件为例[J]. 政治与法律，2008（4）.

[21] 杂志编者. 女大学生欲说就业好困惑——解读女大学生就业的性别歧视[J]. 教育与职业，2003（5）.

[22] 李春玲，李实. 市场竞争还是性别歧视[J]. 社会学研究，2008（2）.

[23] 孙笑侠，郭春镇. 法律父爱主义在中国的适用[J]. 中国社会科学，2006（1）.

[24] 潘锦棠. 促进女性就业的政府责任[J]. 甘肃社会科学, 2009 (2).

[25] 刘伯红. 特殊保护势在必行, 平等发展更需坚持[J]. 妇女研究论坛, 2012 (4).

[26] 林佳玟. 中高年劳工失业问题暨辅导政策之研析[D]. 台南: 台湾成功大学, 2005.

[27] 高月. 我国农民工就业及其制约因素研究[J]. 长春: 吉林大学, 2011.

[28] 兰启发. 财政支出方向与农民工就业[J]. 经济研究导刊, 2010 (34).

[29] 若·科特尼埃尔. 欧洲的就业灵活保障机制与劳动的非正规化[J]. 国外理论动态, 2010 (1).

[30] 蒋丰. 日本如何化解"农民工"问题[J]. 环球时报, 2010.

[31] 李斌, 韩廉, 王红燕. 社会性别主流化:中国妇女就业立法新阶段[J]. 江西师范大学学报:社会科学版, 2007 (2).

[32] 杨伟国, 陈玉杰. 美国残疾人就业政策的变迁[J]. 美国研究, 2008(2).

[33] 许琳. 残疾人就业难与残疾人就业促进政策的完善[J]. 西北大学学报:哲学社会科学版, 2010 (1).

[34] 郑东亮, 付红专. 残疾人就业岗位变迁研究[J]. 中国劳动, 2008 (3).

[35] 中国残教部. 国外残疾人就业立法情况概述[J]. 中国残疾人, 2007(4).

[36] 乔尚奎, 李坤. 就业优先战略下的残疾人"劳动保障型就业"探讨[J]. 残疾人研究, 2011 (3).

[37] 马洪, 李志忠. 残疾人就业影响因素的调查研究[J]. 中国残疾人, 2006(1).

[38] 范海珍. 对弱势群体的政策支持刍议——以武汉市 A 区实施分散按比例安排残疾人就业政策为例[J]. 行政与法, 2010 (1).

[39] 胡蓉. 浅析新"残疾人保障法"的不足及立法建议[J]. 三峡大学学报:人文社会科学版, 2011 (2).

[40] 杨鹏飞. 残疾人就业立法何以参照德国模式?[J]. 社会观察, 2007(8).

[41] 张爱民. "肯定性行动计划"的由来及影响[J]. 历史教学问题, 2002(3).

[42] 华涛. 约翰逊总统与美国肯定性行动的确立[J]. 世界历史, 1999(4).

[43] 王平. 美国积极行动政策简评[J]. 贵州民族学院学报:哲学社会科学版, 2008 (1).

[44] 张文静. 美国肯定性行动的政策变迁[J]. 清华大学教育研究, 2009(5).

[45] 袁玉红. 美国积极行动政策与实践研究[D]. 北京: 中央民族大学, 2012.

[46] 胡晓进. 肯定性行动与逆向歧视——以美国最高法院的相关判决为中心[J]. 南京大学学报：哲学社会科学版，2008（2）.

[47] 李薇薇. 平等原则在反歧视法当中的运用和发展[J]. 政法论坛，2009（1）.

[48] MICHELE TIRABOSCHI. Productive employment and the evolution of training contracts in Italy[J]. The International Journal of Comparative Labour Law and Industrial and Industrial Relations，2006，22/4：635-649.

[49] MALCOLM SARGEANT. Young workers and age discrimination[J]. The International Journal of Comparative Labour Law and Industrial and Industrial Relations，2010，26/4：467-478.

[50] M. ASCENSION GARCIA TRASCASAS. Young people and training contracts：the spanish experience[J]. The International Journal of Comparative Labour Law and Industrial and Industrial Relations，2008，24/2：289-306.

[51] JUSTIN ALEXANDROS STEINHARDT. From civil right to affirmative action[J]. Law and Society Journal at UCSB，2005：12.

[52] HELTONVILLE，NICK，PAPAGEORGIOU，CHRIS. An experimental study of statistical discrimination by employers[J]. Southern Economic Journal，2004，4.

[53] STEPHEN COATE，GLENN C. LOURY. Will affirmative-action policies eliminate negative stereotype?[J]. American Economic Review 1993：1220.

[54] WAITER R. HEINZ. Youth transition and employment in Germany[J]. UNESCO，2000，164.

[55] NIALL O'HIGGINS. The challenge of youth unemployment[J]. International Social Security Review，1997，50，4/97.

[56] MICHELE TIRABOSCHI. Prodctive employment and the evolution of training contract in italy[J]. The international journal of comparative labour law and industrial relations，2006，22/4：635-649.

[57] SEBASTIAN KREBBERT. Status and potential of the regulation of labor and employment law at the european level[J]. Comp.Labor Law and Pol'y Journal，2009，30：877.

[58] SASKIA KLOSSE. The european employment strategy: which way forword[J]. The international journal of comparative labour law and industrial relations, 2005, 21/1, 5-36.

[59] TOMAS KORPI, ANTJE MERTENS. Training system and labor mobility: a comparison beween Germany and Sweden[J]. Scand.J. of economics, 2003, 105（4）: 597-617.

[60] CHRISTINE GREENHALGH. Does an employer training levy work?the incidence of and returns to adult vocational training in France and Britain[J]. Fiscal Studies, 2002, 23: 223-263.

[61] MICHELE TIRABOSCHI. Young people and employment in italy- the （difficult）transition from education and training to the labour market[J]. The international journal of comparative labour law and industrial relations, 2006, 22/1: 81-116.

[62] HELTONVILLE, NICK, PAPAGEORGIOU, CHRIS. An experimental study of statistical discrimination by employers[J]. Southern Economic Journal, 2004（4）.

[63] M. ASCENSION GARCIA TRASCASAS. Young people and training contracts: The Spanish experience[J]. The international journal of comparative labour law and industrial relations, 2008, volume 24/2, 289-306.

[64] JODY FEDER. The age discrimination in employment act（adea）: a legal overview[J]. CRS Report for Congress, 2010（6）.

[65] CHRISTIANE VOSS-GUNDLACH. Strategies to promote employability of older workers-country example[J]. Thematic Review Seminar of the European Strategy, 2005（4）.

[66] LAURA ROMEN GORDEN, JOACHIM WOLFF. Creating employment or keeping them busy? an evaluation of training program for older workers in Germany[J]. Deutsches Zentrum Alterfragen, 2010（1）.

[67] KADRIYE BARKICI. Protection of women employees before and after childbirth in Turkish employment law[J]. The international journal of comparative labour law and industrial relations, 2006, 22/4: 615-633.

[68] OCKERT DUPPER. Remedying the past or reshaping the future-justifying

race-based affirmative action in south africa and the united states[J]. The international journal of comparative labour law and industrial relations, 2005, 21/1: 89-130.

[69] MARK HARCOURT, ADRIAN WILKINSON AND GEOFFREY WOOD. The effect of anti-age discrimination legislation : a comparative analysis[J]. The international journal of comparative labour law and industrial relations, 2010, 26: 447-465.